狀況別 中國語

내 인생을 바꾸는
중국에서 홀로서기

狀況別 中國語

내 인생을 바꾸는

중국에서 홀로서기

지은이 김명순, 이성연, 김동욱
감수 곽효린(郭曉麟)

저자의 말 _

96학번인 나는 제대한 후인 1999년에 '니하오'라는 인사말 정도밖에 모르는 상태로 중국으로 어학연수를 떠났다. 숫기가 너무 없었던 나는 중국인에게 말을 하는 것이 두려워 중국에 도착한 지 3일 만에 겨우 기숙사 사감에게 "니하오"라고 처음 말을 건넸다. 중국어를 하나도 모른 채 중국으로 간 데다 처음 접하는 외국생활에 더욱 움츠러들었던 것이다. 처음 배운 중국어인 "아저씨, 이 물건 얼마인가요?"헤이(저기요) 스푸(아저씨) 쩌이거(이) 똥시(물건) 뚜얼(얼마) 치엔(돈)를 외우려고 며칠을 중얼중얼거렸는지. 중국에서 물건을 사려면 일단 알아두어야 하는 문장이다.

조금 다른 이야기지만, 베이찡(北京, 북경)에서는 '뚜어샤오'(얼마)라는 말을 '뚜얼'이라고 한다. 베이찡에 있다 보면 발음을 하도 꼬아서 말을 못 알아듣는 경우가 종종 있다. 표준어를 구사할 줄 알았던 베이찡에서 꼬는 발음 때문에 알아듣지 못하리라고는 생각지도 못했다. 택시를 타면 더욱 가관이다. 정말이지 택시기사의 꼬는 말투는 따라하기도 힘들 정도다.

거두절미하고 나는 '이 물건 얼마입니까?'라는 말과 '커코우커러'(可口可乐, 콜라)를 죽어라고 외운 후 매점으로 향했다. 작은 매점에 들어선 나는 콜라를 달라고 했고 매점주인은 알아듣지 못했다. 결국은 물건에 손가락질을 해가며 주문을 해야 했고 일주

일이 지나서야 콜라 한 병을 겨우 살 수 있었다. 그러면서 한 가지 느낀 점이 있었다. 이런 간단한 회화 정도라도 한국에서 미리 알고 가면 얼마나 좋을까? 중국에 어학연수 가는 학생들이 한국에서부터 알고 가면 도움이 되지 않을까? 이런 심정으로 '중국어학연수 & 유학 스스로 준비모임'을 만들게 되었다. 중국에 관심이 있거나 중국어를 공부하는 학생에게 중국의 진실을 알리는 방법으로도 좋을 듯했다. 그리고 중국으로 연수를 떠나거나 유학을 목적으로 가는 사람들에게 혼자서 준비할 수 있도록 도움을 주고 싶었다.

나는 대학을 졸업한 후 미국계 기업에서 중국 합작회사와 독자회사를 설립했으며 3년간 중국무역 파트를 담당했다. 회사를 옮긴 후 2년간 통신업체에서 중국연통, 중국철통과 국제전화통신에 대한 업무를 추진했고 무역과 독자회사 설립을 추진했다. 5년간 중국 파트에서 일하며 중국에서 주재원으로 있으면서 어학연수 때보다 중국에 대해 더 많은 것을 알게 되었고 이 책을 집필하는 데 많은 도움이 되었다. 그래도 아직 '중국에서 홀로서기'는 완성된 것이 아니다. 마지막 미완의 내용은 여러분의 몫으로 남겨두고 싶다.

김 명 순

Contents 목차

Part 1. 출국 준비하기
01 떠나기 전에 미리 알고 가자! ★ 22
02 비자의 종류 및 특성 ★ 26
03 항공편 ★ 29
04 배편 ★ 32
05 준비물 ★ 35

Part 2. 출국하기
01 공항 ★ 46
02 비행기 안에서 ★ 51
03 중국 공항 입국 ★ 54
04 공항에서 시내로 ★ 59

 ## 숙소 구하기
01 대학 기숙사 ★ 69
02 월세 ★ 74
03 호텔 ★ 81
04 민박, 홈스테이 ★ 86
05 초대소 및 게스트하우스 ★ 90

 ## 생활하기(1)
01 전화 ★ 94
02 은행 ★ 104
03 PC방 ★ 111
04 대중교통 ★ 113

Contents

Part 5. 생활하기(2)
- 01 음식 ★ 128
- 02 쇼핑 ★ 146
- 03 영화관, 불법복제 DVD ★ 152
- 04 우체국 ★ 155
- 05 미용실 ★ 159
- 06 병원 ★ 161

Part 6. 중국 친구 사귀기 & 중국어 공부하기
- 01 중국 친구 사귀기 ★ 168
- 02 중국어 공부하기 ★ 178

Part 7. 여행하기
- 01 여행 계획 ★ 188
- 02 추천 여행지 ★ 202

 **문제 해결하기**
　01 여권 분실 ★ 257
　02 은행카드 분실 ★ 261
　03 교통사고 ★ 263

 **귀국하기**
　01 짐 정리 ★ 268
　02 항공권 예약 ★ 269
　03 공항 ★ 274

부 록
　• 어학연수 ★ 277
　• 학교소개(어학연수 기준) ★ 281
　• 베이찡 지도 & 지하철 노선도 ★ 292
　• 상하이 지도 & 지하철 노선도 ★ 296

중국에서 홀로서기 10계명
중국에서 생활하는 데 도움이 될 알찬 정보

1... 중국 문화를 이해하자

중국에서 생활하다 보면 정말 중국 사람들을 이해하기 힘든 상황이 생긴다. 지금은 많이 좋아졌지만 물건을 사고 돈을 거슬러줄 때 돈을 던지는 사람들, 웃통을 벗고 다니는 남자들, 쓰레기를 아무 데나 버리는 사람들, 장시간 기차 여행을 할 때 기차 바닥에서 자는 사람들, 싸움이 나면 주위에 우르르 몰려들어 구경하는 사람들, 교통사고가 나도 신경 안 쓰고 구경만 하는 사람들…. 중국의 문화를 이해하지 못하면 정말 이런 모습들이 싫어지고 중국 또한 싫어진다. 하지만 이것만은 알아두자. 우리나라도 1970년대만 해도 현재 중국인들과 그다지 다르지 않았다는 것을. 또한 중국만의 문화를 우리의 잣대로 함부로 평가해서는 안 된다는 것을.

2... 중국 유학 시에는 낮잠을 멀리하자

뉴스나 매체들을 보면 약간의 낮잠은 보약이 된다고 한다. 하지만 중국 유학에서 낮잠은 보약이 아닌 쥐약이다. 어학연수 학교는 일반적으로 오전 8시에 수업을 시작해서 정오에 끝난다. 유학생들은 친구들과 점심을 먹고 기숙사나 집으로 돌아와 딱히 할 일이 많지 않아 낮잠을 자는 경우가 많다. 누군가가 깨워주면 좋겠지만 그런 사람도 없다. 2~3시간 낮잠을 자면 분명

밤에 잠이 오지 않을 것이고 다음날 늦잠을 자서 아침 8시 수업에 지각하거나 수업 중에 비몽사몽 상태가 된다. 8시 수업에 늦지 않으려면 적어도 7시에는 기상을 해야 하기 때문이다.

3... 중국에서는 중국인과 술을 마시자

중국 유학생활 중에 술을 마시는 유학생들이 많다. 하지만 주중에는 절대 술을 마시지 않도록 한다. 또 주말에도 한국인들끼리 마시지 말고 중국 친구들과 마실 기회를 갖도록 하자. 중국인들은 처음에는 한국 사람과 술을 마시기 꺼린다. 그렇다고 술 마시는 것을 싫어하는 것은 아니다. 다만 중국인들은 정말 친해지거나 자신에게 이익이 있을 때만 서먹서먹해도 술자리를 같이한다. 결론은, 술 마시기를 좋아한다면 중국인과 바이지오우(白酒, 백주) 한 잔 기울여보자.

4... 한국말로 중국인에게 욕하지 말자

중국인이 한국 욕을 알아듣지 못한다고 생각해서 지나가면서 욕을 하는 한국 사람들이 많다. 나는 중국의 거의 모든 욕을 알아듣는데 여태껏 중국인이 지나가면서 나한테 욕하는 것을 들어본 적은 없다. 그런데 희한하게도 중국인에게 욕을 하는 한국인은 많은 것 같다. 말이란 언어의 장벽을 넘어 느낌과 감정이 전달되니 무의미한 언행은 삼가도록 하자.

5... 자전거를 꼭 구입하자

자전거는 중국을 대표하는 교통수단이다. 중국인들은 자전거를 자가용으로 인식하고 타고 다닌다. 베이찡이나 다른 대도시에서 출퇴근하는 시간에 자전거의 대이동을 보면 정말 놀랍다. 여러분도 자전거로 그 대열에 섞여보면 어떨까? 길가에 자전거를 고쳐주는 수리점도 많다. 수리하는 사람과 이야기를 나누면서 중국어를 연습해보는 것도 좋고 중국 뒷골목을 자전거로 다녀보는 것도 중국을 아는 데 도움이 된다. 나는 지도가 너덜거리도록 베이찡 뒷골목을 헤집고 돌아다녔다. 시간이 나면 자전거로 도시를 유랑해보자. 그러나 칭다오와 같이 언덕이 많은 도시에는 자전거가 많지 않으니 도시 정보 정도는 확인한 후 구매하기 바란다.

6... 푸다오를 공짜로 구해보자

한국 유학생들은 중국에 가면 푸다오(輔導, 개인 과외)를 구해서 시간당 몇 元을 지출하고 있다. 사실 돈이 아까워서 공짜로 구하라는 것은 아니다. 돈이 걸려 있으면 중국 학생도 시간에 맞춰 수업에 열중하고 한국 학생도 좀 더 적극적으로 배우게 된다. 하지만 돈을 내고 배우는 것은 한 달이면 족하다. 이후에는 그 푸다오를 친구로 만들고 그 푸다오의 친구들을 소개받아 친구들로 만들자. 그럼 점점 더 많은 친구들이 생기고 그 친구들의 생일파티나 모임에 같이 갈 수 있다. 공짜 푸다오보다 더 좋은 중국어 교실이다. 중국인 친구를 사귀는 건 어렵지 않으니 조금만 용기를 내어 먼저 다가가보자.

7... 물건 값을 깎아보자

대다수의 한국인들은 중국에서 물건을 살 때 물건 값을 깎는다. 그런데 어느 정도 깎아야 할까? 중국인들은 실제 가격의 몇 배를 부른다. 일단 70% 정도 깎아본다. 그리고 천천히 올려주면서 반 정도의 가격을 마지노선으로 보고 그렇게 팔지 않으면 돌아선다. 하지만 물건마다 다르니 너무 터무니없는 가격이 형성된 물건에만 이 방법을 적용하자. 생필품들은 터무니없는 가격이 없으니 20% 정도만 깎는다. 음식 가격은 절대 깎아주지 않는다.

8... 소매치기에 주의하자

사람들이 붐비는 곳에는 항상 소매치기가 있다. 이는 전 세계적인 현실이며 물론 중국도 예외는 아니다. 아침에 자전거의 물결 속에서도 소매치기의 수법은 기상천외하다. 옆에서 나란히 자전거를 타고 가면서 자전거 탄 사람의 가방 지퍼를 열고 물건을 빼내간다. 가능하면 크로스백을 매거나 가방을 앞으로 오도록 매고 자전거를 타도록 하자. 또한 사람이 붐비는 곳을 지날 때도 크로스백을 앞으로 매고 이동하는 것이 좋다. 그렇지 않으면 어느새 가방이 가벼워져 있을 것이다.

9... 중국 노래 3개 정도는 외워두자

중국 노래를 많이 듣게 되다 보니 자신도 모르는 사이에 중국 노래를 흥얼거리는 한국인들이 많다. 자, 그럼 흥얼거리던 중국 노래를 한번 외워보자. 중국 관련 사이트들을 보면 중국 노래와 가사를 금방 찾을 수 있다. 앨범을 구매해도 중국어 가사가 수록되어 있다. 중국 노래를 3곡 정도 외워두면 중국 친구와 노래방에 갈 수도 있고 훗날 중국 관련 업체에 취업할 경우에도 상당히 좋다. 리바이(李白, 이백)의 시 〈찌양찐찌오우(將进酒, 장진주)〉를 외워두는 것도 중국인들에게 상당히 호감을 줄 수 있는 방법이다.

10... 중국인과 하나가 되자

우리 문화에도 중국 문화가 많이 흡수되어 있다는 사실은 잘 알고 있을 것이다. 그럼에도 우리나라에는 우리만의 독특한 문화가 있다. 중국 문화와 한국 문화는 다르다면 완전히 다르고 비슷하다면 정말 비슷하다. 여러분은 중국어가 좋고 중국이 좋아 중국으로 떠난다. 하지만 막상 그곳에서의 생활은 중국을 좋아할 수 없고 중국어를 좋아할 수 없게 할지도 모른다.

중국이 싫거나 싫어진 분들은 노력해보자. 한 가지만 추천해보겠다. 일단 중국의 음식을 섭렵해보고 그래도 중국이 싫다면 그때 싫다고 말하자. 그 사람은 정말 중국이 싫은 사람이다. 그럴 용기가 없는 분들은 이 책을 서점의 원래 있던 장소에 조용히 내려놓으면 된다.

언어표현

이 책은 중국에서 부딪히는 여러 상황에 도움을 주기 위한 것이다. 그래서 지명, 인명, 음식명 등의 중국 발음을 국립국어원의 「외래어 표기법」에 준하지 않고 현지 발음에 가깝게 표기하였다.
예) 베이찡(北京, 북경), 씨양차이(香菜, xiāngcài)

단, 항공사 이름과 대학 명칭은 우리나라에서 일반적으로 부르는 한자 발음 그대로 표기하였다.
예) 사천(四川)항공, 북경(北京)대학

일러두기

part. 1

출국 준비하기

01 떠나기 전에 미리 알고 가자!

국명	중화인민공화국
수도	베이징
인구	약 13억(92%의 한족과 8%의 55개 소수민족으로 구성)
면적	9,596,961㎢(남한의 약 97배)
언어	베이찡어(만다린어)가 표준말이지만 꽝죠우(广州, 광주)나 씨양강(香港, 홍콩)에서는 아직도 꽝뚱위(广东语, 광동어)를 사용하고 있다. 각 지역의 언어는 사투리가 심해서 서로 알아듣지 못하는 경우도 많다. 참고로 베이찡어와 샹하이(上海, 상해) 사투리는 통역이 없으면 서로 알아듣지 못한다.
국가 성립	1949년 10월 1일(국경일: 10월 1일)
정체	인민민주공화제(중국공산당이 지배하는 사회주의 국가)
주요 정당	중국공산당(일당체제)
국기	오성홍기라고 부르며 붉은색은 혁명을, 황색은 광명을 상징한다. 4개의 작은 별의 뾰족한 각이 큰 별의 중심을 향하고 있는데, 이것은 중국공산당을 중심으로 중국인민의 대단결을 의미한다. 다섯 개의 별 중에서 가장 큰 별은 공산당을 상징하며 나머지 네 개의 별은 각각 농(农), 공(工), 상(商), 지식인을 나타낸다.
국토	남한의 약 97배. 면적이 약 960만㎢로, 국경과 닿아 있는 국가는 12개국에 달한다. 동고서저(东高西低)이며 동쪽부터 서쪽까지의 시차는 4시간이다. 국토가 넓은 만큼 풍토와 문화가 서로 다르다.
민족	모두 56개의 민족으로 이루어져 있다. 그중 19개 민족의 인구는 백만이 넘는다. 한족은 전체 인구의 약 92%를 차지하고 경제와 정치를 장악하고 있다. 그 외 장족, 회족, 위구르족, 묘족, 만주족, 몽고족, 투족, 부이족, 조선족 등 55개 소수민족이 있다.

종교	중국은 다양한 민족으로 구성된 만큼 다양한 종교를 가지고 있다. 불교, 도교, 이슬람교, 천주교, 기독교가 주요 종교다(불교 50%, 도교 30%, 회교도 2~3%, 기독교 1%). 이들은 각각 자체의 전국적·지방적 조직을 가지고 있다. 모든 정상적인 종교 활동은 헌법의 보호를 받는다. 하지만 중국공산당은 종교를 쉽사리 받아들이지 않고 있다. 헌법상에는 문제가 없으나 종교단체가 모임을 가진다거나 종교 지도자가 회동을 할 때 상당히 민감한 반응을 보인다. 중국은 여러 종교가 뭉쳐 있는 국가이나 중국공산당이 숭배하는 것은 오직 공산당 자체이므로 중국에서 종교 활동을 할 때는 조심해야 한다.
환율	런민삐 1元(위안) = 약 180원(2011년 10월 기준)
국가 전화번호	86

중국의 월별 평균 기온

기후가 복잡하고 다양하다. 국토의 대부분이 온대 몬순권 기후지만 지역이 워낙 광대하다 보니 기후 분포 역시 다양하다. 남부의 하이난다오(海南島, 해남도)는 열대지방과 같은 기후를 가지고 있어 관광지로 유명한 반면, 북부의 헤이룽찌양성(黑龙江省, 흑룡강성)은 겨울에 무려 영하 20도까지 떨어져 매년 1월 말에서 2월 초까지 삥쉐지에(冰雪节, 얼음조각축제)가 열린다. 또한 동쪽과 서쪽도 큰 기온차를 나타낸다.

베이찡이나 난찡(南京, 남경), 총칭(重庆, 중경)과 다른 내륙지역도 여름철 날씨가 섭씨 40도 이상 올라갈 때가 있으니 여행, 유학 및 어학연수를 떠날 때는 그 지역의 날씨나 온도를 미리 확인해서 옷을 챙겨가는 것이 좋다.

도시명\월	1월	2월	3월	4월	5월	6월	7월	8월	9월	10월	11월	12월	연평균
베이찡	-3.7	1.8	6.9	15.0	21.3	25.3	25.1	24.5	19.8	11.4	3.4	-1.7	12.1
챵춘	-17.1	-12.0	-1.2	6.5	15.2	21.5	21.6	20.2	14.8	5.6	-4.2	-10.6	5.0
챵샤	5.6	6.4	10.8	16.9	23.4	25.6	28.4	29.3	27.8	24.2	19.1	15.82	2.1
칭다오	6.4	6.7	10.8	15.6	21.5	23.8	23.3	22.9	20.2	15.4	10.2	8.7	15.2
총칭	7.0	10.0	14.5	19.5	23.0	25.5	29.0	30.0	25.0	19.0	14.0	10.5	18.9
푸죠우	10.4	9.1	12.4	18.5	22.5	26.0	29.0	28.9	24.5	18.4	12.	18.4	17.6
꽝죠우	13.9	13.1	16.9	23.3	26.2	27.3	28.1	28.7	26.9	22.7	18.0	16.8	21.9
지린	8.2	9.5	13.0	18.2	23.4	26.4	28.0	28.7	26.1	21.0	15.8	10.5	19.1
구이양	6.3	5.3	11.6	15.4	20.0	22.6	23.3	22.9	20.2	15.4	10.2	8.7	15.2
하얼빈	-20.2	-14.2	2.5	6.0	14.7	21.3	22.2	19.8	14.3	4.1	-5.5	-12.7	3.9
항죠우	4.3	4.5	9.7	15.2	21.3	24.5	28.4	27.8	22.5	16.9	11.8	7.1	16.2
허베이	3.1	3.7	9.6	15.7	22.2	25.0	26.6	27.1	22.7	16.2	9.8	4.5	15.5
지난	-0.1	0.9	9.1	16.5	22.8	27.0	28.2	25.6	22.3	14.2	7.3	1.2	14.6
쿤밍	7.5	10.0	12.3	16.3	19.0	20.5	18.8	18.7	16.6	14.0	11.6	9.0	14.5
란죠우	-4.9	-1.2	4.2	11.5	18.0	18.8	21.4	20.9	16.7	10.2	1.6	-3.0	9.5
난찡	2.4	3.0	8.7	14.6	21.1	24.6	26.7	26.9	22.3	15.8	9.8	4.5	15.0
상하이	3.3	4.1	8.7	13.8	19.9	24.1	27.5	27.4	22.6	17.3	12.7	7.0	15.7
션양	-11.9	-7.5	2.6	9.7	17.0	22.2	23.2	22.3	17.0	8.4	0.1	-5.8	8.1
쑤죠우	3.5	4.0	8.5	12.8	18.0	24.1	27.0	27.1	21.7	16.8	13.0	6.9	15.3
타이위엔	-5.2	-4.3	4.3	11.5	18.8	22.3	23.7	29.0	16.4	8.7	1.0	-0.3	10.5
티엔진	-3.2	-1.3	6.4	15.1	20.7	25.0	25.9	25.2	21.2	12.4	4.6	-0.9	12.6
우한	2.7	5.2	10.6	16.4	21.2	25.7	29.5	27.9	22.9	16.6	11.4	5.6	16.4
씨안	1.4	2.1	7.9	14.4	20.7	24.8	26.6	25.1	20.5	12.9	5.9	1.6	13.7
정죠우	0.8	1.1	8.3	15.9	21.9	26.7	27.4	25.6	20.6	13.6	6.9	1.9	14.2
씨양강	15.9	14.7	17.6	22.6	25.9	28.0	28.5	29.0	27.8	25.0	20.6	17.7	22.8

시차 1시간(한국보다 1시간 느림) – 예) 한국 13:00 / 중국 12:00

02 비자의 종류 및 특성

비자란 방문하고자 하는 상대국 정부에서 입국을 허가해주는 일종의 허가증이다. 비자를 받으려면 신청일 현재 신청자가 한국 및 중국의 국내법 제약을 받고 있지 않아야 한다.

2007년 9월부터 주한 중화인민공화국 대사관에서는 일반적인 중국비자의 개인접수를 받지 않고 있으며 지정 여행사를 통해서만 중국비자를 신청할 수 있다.

중국대사관 홈페이지
www.chinaemb.or.kr/kor

비자의 종류

관광비자(L)

관광비자

관광비자는 여행을 목적으로 하는 사람이나 개인적인 용무로 입국하는 사람들이 신청할 수 있는 비자다. 관광비자는 3개월 유효기간 내에 한 번 입국이 가능한 LA(30일), LC(60일), LD(90일), LF(180일)와 3개월 유효기간 내에 두 번 입국이 가능한 LB(체류기간은 각각 30일)가 있다. 중국 내 사정에 의해 관광비자(체류기간) 발급 기준이 수시로 변경되니 문의 후 발급받도록 하자.

중국에서는 L비자의 발급 기준을 수시로 변경하기 때문에 LA 이상을 계획 중인 사람은 미리 발급 가능 여부를 알아보고 준비하는 것이 좋다. 학교에 등록할 사람은 F비자를 받고 들어갈 수 있도록 미리 준비한다.

방문/상무비자(F)

방문, 사업, 시찰, 단기연수 등을 하는 사람들이 신청할 수 있는 비자다. F비자 또한 3개월 유효기간 내에 한 번 입국이 가능한 FA(30일), FC(60일), FD(90일)가 있으며, 3개월 유효기간 내에 두 번 입국이 가능한 FB(30일), 복수 입국 비자로 유효기간 내에 복수로 출입국이 가능한 FH(6개월), FI(1년)가 있다.

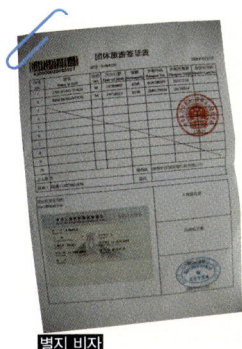

별지 비자

유학비자(F, X)

유학이 목적일 때 신청하는 비자로, 단기유학 비자(FF)와 장기유학 비자(X)가 있다. 단기 F비자는 체류기간을 기준으로 FD(90일), FE(120일), FA(150일), FF(180일)가 있다. 발급받으려면 JW-202(학습기간이 6개월 이하인 것)와 입학통지서 원본 및 사본 각 1부 등을 준비해야 한다. X비자는 3개월 이내에 입국을 해야 하며, 체류기간이 명시되어 있지 않다. 하지만 X비자를 신청하기 위해서는 JW-202(학습기간이 7개월 이상인 것), 입학통지서 원본 및 사본 각 1부와 지정된 병원에서 진단을 받은 건강진단서 원본 및 사본 각 1장이 있어야 한다.

입학허가증

학생비자(X)

중국 내에서 단기(단, 6개월 이상) · 장기 언어연수, 학부, 석 · 박사과정을 이수하는 등 학업을 목적으로 입국하려는 자(일반적인 6개월 미만의 어학연수의 경우 F비자로 입국 가능)가 신청할 수 있는 비자다.

주재원비자(Z)

중국 주재원이나 취업자, 지사, 자회사, 주재사무소 등에 파견 근무하

거류증, 거류허가

X, Z비자와 같이 장기체류 비자를 받은 경우에는 거류허가를 받아야 한다. 현재는 거류증(居留证)이 없어지고 거류허가(居留许可)로 바뀌었지만 개념은 같다. 아직도 거류허가로 바뀐 줄 모르고 거류증이라 부르는 사람들이 많아 그대로 통용되고 있다.

예전에는 여권같이 생긴 거류증을 따로 발급받아야 했지만 현재는 여권에 거류허가가 스티커로 붙어 나오며, 거류사유(居留事由)에 따라 X(학생)비자는 학습(学习), Z(취업)비자는 취업(就业)이라 적혀 있다. 거류허가는 유효기간(有效期至)이 가장 중요하다. 기간을 연장하게 될 경우에는 반드시 만료되기 한 달(최소 2주) 전쯤 다시 갱신해야 한다.

L: 여행(旅游) Lǚ You
F: 방문(访问) Fang Wen
X: 학생(学生) Xue Sheng
Z: 취업(工作) Gong Zuo
D: 정착거주(定住) Ding Zhu
J: 기자(记者) Ji Zhe

는 자와 그 수행 가족들이 신청하는 비자다. 유효기간은 3개월이며 체류기간은 명시되어 있지 않다.

기타 비자(D, J)

D비자: 중국 내에 정착해 장기 거주하는 자
J비자: 신문·방송사 등 각 언론매체에서 파견 근무하는 자

여행사의 중국 비자 대행 안내

비자 종류/ 소유 기간	3박 4일 발급 여부 변동	1박 2일 발급 여부 변동	오전 당일 발급 여부 변동	구비서류 및 조건
별지 비자(종이 비자)				여권 복사본
단수 30일 체류비자	45,000원	75,000원	문의 요망	여권, 사진 1장, 신분증 복사본 또는 명함, 신청서
단수 90일 체류비자	50,000원	80,000원	문의 요망	여권, 사진 1장, 신분증 복사본 또는 명함, 신청서
단수 180일 체류비자	80,000원	110,000원	문의 요망	여권, 사진 1장, 신분증 복사본 또는 명함, 신청서
상용 180일 체류비자 (입국일로부터 180일 체류 가능, 현지 연장 180일 가능)	100,000원	130,000원	문의 요망	여권, 사진 1장, 명함, 신청서
더블비자 (3개월 내에 2회 입국 가능)	80,000원	110,000원	문의 요망	여권, 사진 1장, 신분증 복사본 또는 명함, 신청서
1년 복수비자 연장 (1년간 수시로 중국 입출국 가능, 입국할 때마다 30일 체류 가능)	130,000원	160,000원	문의 요망	여권, 사진 1장, 명함, 신청서 신규
1년 복수비자 (1년간 수시로 중국 입출국 가능, 입국할 때마다 30일 체류 가능)	160,000원	190,000원	문의 요망	여권, 사진 1장, 명함, 신청서
6개월 복수비자 연장 (6개월간 수시로 중국 입출국 가능, 입출국 때마다 30일 체류 가능)	90,000원	120,000원	문의 요망	여권, 사진 1장, 명함, 신청서
신규 6개월 복수비자 연장 (6개월간 수시로 중국 입출국 가능, 입국할 때마다 30일 체류 가능)	120,000원	150,000원	문의 요망	여권, 사진 1장, 명함, 신청서
취업비자	50,000원	80,000원	문의 요망	여권, 사진 1장, 취업허가서, 신청서, 초청장, 건강진단서(지정병원)
유학비자	50,000원	80,000원	문의 요망	여권, 사진 1장, JW-202, 입학허가서, 신청서, 건강진단서(지정병원)
단체비자(5명 이상)	25,000원	40,000원	문의 요망	여권 복사본

* 비용은 여행사마다 조금씩 다르다.
* 주의: 일반적으로 비자를 받을 때는 복수(멀티)비자를 받지 않는다. 복수비자는 중국에서 한 번에 최대 30일까지밖에 체류하지 못하기 때문에 30일이 넘기 전에 한국이나 씨양강(香港, 홍콩)으로 들어가야 한다. 복수비자는 비자 기간 내에 마음대로 왔다갔다하는 비자가 아니라 중국 내 최대 체류기간이 30일인 비자라는 것을 기억하자.

03 항공편

중국행 항공권을 저렴하게 구매하려면 일단 인터넷 발품이 필요하다. 각 여행사 홈페이지에 나와 있는 특가나 학생할인가 등을 살펴보면 저렴한 것이 많이 있다. 또한 각 여행사마다 '땡처리' 항공권이 있는데 급하게 나온 자리이기 때문에 가격적인 측면에서 상당히 저렴하다. (보통 단기 여행용이 나온다.) 또 중국전문 유학원에서 학기가 시작될 즈음에 공동구매 항공권을 판매하고 있으니 알아보면 서비스 좋은 항공사에 가격까지 저렴한 항공권을 구매할 수 있다. 최근에는 '21일 전 발권' 등 미리 발권하면 저렴하게 구할 수 있는 항공권도 많이 나와 있으니 계획이 잡혀 있다면 빨리 항공권을 알아보는 것이 좋다.

항공권 예약 및 구매 절차

1. 여행사나 항공권 판매처에 예약 신청
- 반드시 여권에 기입된 영문 성명과 여권만료일을 정확하게 알려주어야 한다.
- 목적지를 확실하게 알려주어야 한다.
- 항공 스케줄을 파악해야 한다.
- 발권기한일이 언제인지 파악해야 한다. (항공권 입금일이 지나면 자동으로 취소됨)
- 항공권의 유효기간을 살펴봐야 한다.
- 특가나 땡처리 항공권에서 특약이 어떻게 되는지 확인해야 한다.

항공권을 저렴하게 구할 수 있는 인터넷 사이트
넥스투어
www.nextour.co.kr
투어익스프레스
www.tourexpress.com
인터파크
www.interpark.com
G마켓
www.gmarket.co.kr
저스트고
www.justgo.kr

2. 발권 신청

- 항공 발권 요금을 정확하게 보냈는지 확인한다.
- 여권에 기입된 영문 성명과 항공권의 영문 성명이 일치하는지 확인한다.
- 왕복항공권은 돌아오는 날짜가 언제인지 확인한다.
- 전자항공권을 미리 한 장 복사해놓는다. (전자항공권은 티켓번호만 알고 있어도 발권이 가능하다.)
- 전자항공권은 자신의 메일함에 저장해둔다.
- 출발지가 인천인지 김포인지 확인한 후 도착 공항까지 확인한다.

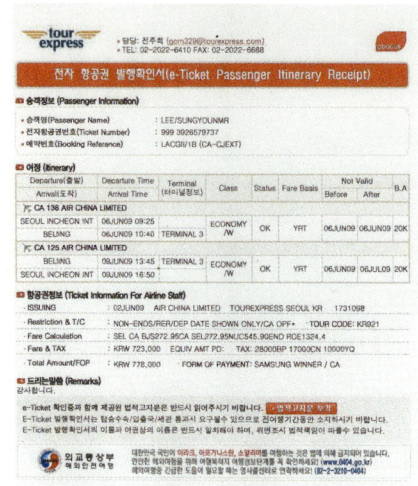

전자항공권

한국에서 중국으로 취항하는 노선

예전에는 한국에서 중국으로 들어갈 때 대부분 한국 국적기를 많이 이용했지만 지금은 중국 국적의 항공사들이 한국으로 취항하면서 가격을 많이 낮추었다. '중국 국적기는 서비스가 좋지 않다'는 인식도 점점 사라져가고 있고 중국 국적의 항공사들이 한국으로 취항하는 항공기를 최신 항공기로 대체하면서 사고 발생률도 상당히 낮아졌다.

1. 한국 국적기

- 대한항공 중국 취항 지역 http://kr.koreanair.com

꽝죠우(广州), 따리엔(大连, 대련), 베이찡(北京), 샹하이[上海-푸똥(浦东, 포동), 홍치아오(红桥, 홍교)], 씨아먼(厦门, 하문), 선양(沈阳, 심양), 션젼(深圳, 심천), 씨안(西安, 서안), 싼야(三亚, 삼아), 옌지(延吉, 연길), 옌타이(烟台, 연태), 우루무치(乌鲁木齐, 오노목제), 우한(武汉, 무한), 웨이하이(威海, 위해), 졍죠우(郑州, 정주), 지난(济南, 제남), 챵샤(长沙, 장사), 칭다오(青岛, 청도), 쿤밍(昆明, 곤명), 씨양강(香港, 홍콩)

- 아시아나항공 중국 취항 지역 http://flyasiana.com

꽝죠우, 난찡(南京, 남경), 따리엔, 무딴찌양(牡丹江, 목단강), 베이찡, 샹하이(푸똥), 션젼, 씨안, 옌지, 옌타이, 웨이하이, 챵샤, 챵춘(长春, 장춘), 청뚜(成都, 성도), 총칭(重庆, 중경), 칭다오, 티엔진(天津, 천진), 하얼빈(哈尔滨, 하얼빈), 항죠우(杭州, 항주)

2. 중국 국적기

- 중국국제(国际)항공[중국 민항(民航)] www.airchina.com.cn
  베이찡, 칭다오, 항죠우, 웨이하이, 옌타이, 옌지, 청뚜, 따리엔, 티엔진, 지난, 총칭

- 중국동방(东方)항공 www.ce-air.com
  베이찡, 씨안, 난찡, 옌타이, 칭다오, 쿤밍

- 중국남방(南方)항공 www.csair.com
  베이찡, 꽝죠우, 따리엔, 챵샤, 샹하이(푸똥), 하얼빈, 챵춘

- 산동(山东)항공 www.shandongair.co.kr
  베이찡, 옌지, 지난, 옌타이, 웨이하이, 항죠우, 따리엔, 티엔진, 칭다오

- 사천(四川)항공 www.scal.com.cn
  청뚜

- 상해(上海)항공 www.shanghai-air.co.kr
  샹하이[푸똥(훙치아오(红桥, 홍교)](훙치아오는 김포공항에서 출발)

- 심천(深圳)항공 www.shenzhenair.co.kr
  션전

- 마카오항공 www.airmacau.co.kr
  마카오

04 배편

항공 택스tax 가격이 많이 오를 때는 상대적으로 배편이 저렴하다. 배의 단점이라면 시간이 오래 걸린다는 것인데, 반대로 여유와 낭만을 느낄 수 있다는 뜻이기도 하니 시간적인 여유가 있다면 배를 이용해 보자. 배가 상당히 크기 때문에 멀미 걱정은 크게 하지 않아도 된다. 학생증을 지참하면 할인도 받을 수 있다. (전화 예매 가능)

베이찡올림픽 전에 잠정 중단되었다가 올림픽이 끝난 후 인천-칭다오 간을 운항하는 위동항운에서 선상비자를 다시 발급하고 있다. 중국은 언제 바뀔지 모르니 선상비자를 받기 원한다면 반드시 해당 선사에 문의한 후 준비하도록 한다.

• 구비서류

여권, 사진 1장, 단수비자 $20, 복수 6개월 비자 $50(각 선사마다 상이하니 문의 바람.)

선상비자 신청 절차

1. 출항 당일 2시간 전에 여객터미널 내 승선 수속 창구에서 신청
2. 탑승 후 선내에 비치된 비자발급 신청서 작성(사진 1장 부착)
3. 하선 후 중국 터미널 내 전용 창구에 제시한 후 비자 취득

   (여권, 비자발급 신청서, 비자 인지대 $20, $50)

- 선상비자는 체류기간 30일 단수비자, 6개월 복수비자
- 한국인만 가능
- 만 18세 미만은 신청 불가
- 개별적인 초청장을 소지한 사람은 도착비자를 받을 수 있는 초청장 인지를 미리 확인(도착비자 가능한 초청장 발행기관: 웨이하이 시 인민정부 외사처, 산둥성(山東省) 대외경제무역위원회)

배로 중국에 들어가기

인천국제여객터미널 www.incheonferry.co.kr

인천에는 국제여객터미널이 두 군데가 있으니 인천에서 배편을 이용할 때는 출항하는 곳이 어디인지 확실히 확인하고 가는 것이 좋다.

제1 국제여객터미널

항로명	선사(선명)	소요시간	입항	출항	운임(편도)	대표전화
인천↔잉코우(營口)	범영훼리 (자정향호)	22시간	화/금 (14:00)	화(19:00) 토(12:00)	115,000원 130,000원 220,000원	032) 891-5858 www.yingkouferry.com
인천↔친황다오(秦皇島)	진인훼리 (신옥금향호)	21시간	월/목 (13:00)	월(19:00) 금(12:00)	115,000원 180,000원 250,000원	032) 891-9600 www.qininferry.com
인천↔옌타이	한중훼리 (향설란호)	15시간	화/목/토 (10:00)	화/목/토 (20:00)	120,000원 140,000원 336,000원	032) 891-8880 www.hanjoongferry.co.kr
인천↔따리엔	대인훼리 (대인호)	17시간	화/목/토 (09:00)	화/목/토 (17:00)	128,200원 178,200원 244,200원	032) 891-7100 www.dainferry.co.kr
인천↔스다오(石島)	화동훼리 (화동명주1호)	14시간	월/수/금 (09:00)	월/수/금 (18:00)	110,000원 140,000원 170,000원	032) 891-8877 www.huadong.co.kr
인천↔딴뚱(丹東)	딴뚱훼리 (동방명주호)	16시간	월/수/금 (09:00)	월/수/금 (17:00)	115,000원 145,000원 210,000원	032) 891-3322 www.dandongferry.co.kr

제1 국제여객터미널 고객안내센터 032) 887-9120

제2 국제여객터미널

항로명	선사(선명)	소요시간	입항	출항	운임(편도)	대표전화
인천↔웨이하이	위동항운 (뉴골든브릿지III)	13시간	월/수/금 (09:00)	월/수/토 (19:00)	100,000원 120,000원 140,000원	032) 777-0490 www.weidong.com
인천↔칭다오	위동항운 (뉴골든브릿지IV)	14시간	화/목/토 (10:00)	화/목/토 (17:00)	100,000원 120,000원 140,000원	032) 777-0490 www.weidong.com
인천↔티엔진	직할시진천훼리 (천인호)	25시간	월/금 (14:00)	화(13:00) 금(19:00)	115,000원 130,000원 160,000원	032) 777-8260 www.jinchon.co.kr
인천↔리엔윈강 (连云港)	연운항훼리 (자옥란)	24시간	화(13:00) 금(15:00)	화(21:30) 토(15:30)	115,000원 140,000원 350,000원	032) 770-3700 www.lygferry.com

제2 국제여객터미널 고객안내센터 032) 764-1820

그 밖의 여객터미널

항로명	선사(선명)	소요시간	입항	출항	운임(편도)	대표전화
군산↔칭다오	청해윤도	17시간	월/목/토 (11:00)	수/금/일 (17:00)	124,000원 144,000원 169,000원	063) 471-6431
평택↔롱성(荣成)	대룡페리	15시간	수/금/일 (08:00)	화/목/토 (17:00)	100,000원 110,000원 120,000원	02) 511-9046~7
속초↔훈춘(珲春)	동춘항운	20시간	월/수/금 (10:00)	화/목/일 (15:00)	130,000원 140,000원 160,000원	02) 720-0101

05 준비물

여권

여권에는 일반여권, 관용여권, 외교관여권 등이 있으며 보통 사람들이 받는 여권은 일반여권이다. 일반여권은 복수여권과 단수여권이 있는데, 복수여권은 10년 동안 횟수에 제한 없이 해외에 나갈 수 있는 여권이고, 단수여권은 단 한 번만 사용할 수 있는 여권이다.

여권 신청은 전국 66개 기관(각 시청 및 구청 등)에서 가능하다. 여권을 발급받는 데 소요되는 시간은 지역에 따라 조금씩 다른데, 보통 4~6일 정도 걸린다. 여권을 수령할 때는 반드시 본인의 신분증이 있어야 하며, 대리인이 수령할 경우에는 본인의 위임장, 신청인의 주민등록증이나 운전면허증이 있어야 한다.

일반여권 신청 시 준비물
여권발급 신청서, 여권용 사진 1매(6개월 이내에 촬영한 여권용 사진, 배경이 흰색이며 얼굴 윤곽이 보이게 촬영), 신분증 원본 (주민등록증 또는 운전면허증)
- 병역의무자의 경우: 병역관계서류
- 만 18세 미만의 경우: 여권발급 동의서 (부 또는 모의 인감날인)와 부 또는 모의 인감증명서

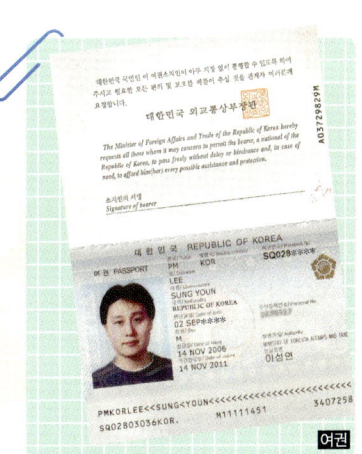

여권 재발급

여권 기간이 만료되었을 때는 기간 연장 재발급, 분실했을 때는 분실 재발급, 여권이 파손되었을 때는 훼손 재발급을 할 수 있다. 기간을 연장할 때는 반드시 기간 만료 전후 1년 이내에 해야 한다. 분실했을 때는 여권발급 신청서, 여권용 사진 2매, 여권 재발급(분실) 사유서, 주민등록증이 필요하다. 여권이 훼손된 경우 상대 국가로부터 입국을 거절당할 수 있으므로 사전에 여권을 확인해야 한다. 재봉선 터짐 등의 현상이 발생한 여권은 무료로 재발급을 받을 수 있다.

환전

중국의 화폐는 런민삐(人民币. 인민폐)이고, 영문으로는 RMB, 부호로는 '¥'로 표기한다. 런민삐의 화폐 단위는 元(위안), 角(지아오), 그리고 分(펀)이 있다. 이 중에서 현재 分은 거의 사용되지 않는다.

지폐는 1元, 5元, 10元, 20元, 50元, 100元이 있으며, 동전은 1角, 5角, 1元이 있다. 한때 5元짜리 동전이 나왔으나 지금은 찾아보기 힘들다. 만약 5元짜리 동전을 발견한다면 소장하기 바란다. 아마도 적지 않은 가격에 거래될지도 모른다. 나는 5元짜리 동전을 가지고 있다가 중국 여행 당시 만난 중국 친구에게 선물로 주고 나서 나중에 몹시 후회했다. 현재(2011년 10월) 1元은 한화 180원 정도다.

예전에는 한국에서 달러로 환전해서 중국에 도착한 후 다시 런민삐로 환전했다. 하지만 최근에는 급변하는 환율로 어느 것이 유리한지 매일 계산을 해봐야 하는 상황이다. 한국에서 환전하려면 은행에서 환

전하는 방법과 인터넷 중국 여행카페 등에서 여행 후 남은 돈을 환전하려는 사람들과 매매기준율로 직거래 환전하는 방법, 그리고 명동이나 동대문에 있는 사설 환전소를 이용하는 방법이 있다. 은행보다는 사설 환전소에서 더 높은 환율 우대를 받을 수 있다.

공항에서 환전할 경우에는 환율 우대 서비스를 받지 못하기 때문에 손해를 많이 보게 된다. 이것저것 따져볼 때 본인 또는 부모님이 거래하고 있는 은행에서 환전하거나 유학원과 거래하는 은행에서 환전하는 것이 바람직하다. 한꺼번에 많은 돈을 환전해서 들고 가면 위험할 수 있으므로 필요한 액수만 환전하도록 하자.

최근에는 중국에도 ATM이 많이 보급되었다. 한국 계좌로 국제 직불카드를 만들어 가서 매달 생활비를 인출해서 쓰는 것도 좋은 방법이다. 국제 직불카드는 2, 3개 정도 만들어야 현지에 가서 카드의 마그네틱선 손상과 3회 이상의 비밀번호 오류로 인한 카드정지에 대처할 수 있다. 통장 하나에 여러 장의 카드를 발급받을 수 있으니 카드를 만들 때 은행에 문의하자.

여행을 가는 경우라면 분실의 위험이 있기 때문에 약간의 환율 손해를 보더라도 여행자수표를 만들어 가는 것이 안전하다. 하지만 여행자수표를 환전해주는 중국 은행이 많지 않아 발품을 팔아야 한다는 단점이 있기는 하다. 여행자수표는 분실하면 재발급을 받을 수 있는

여행자수표

중국은행 서울지점 전화번호
02) 399-5942, 5945, 5993

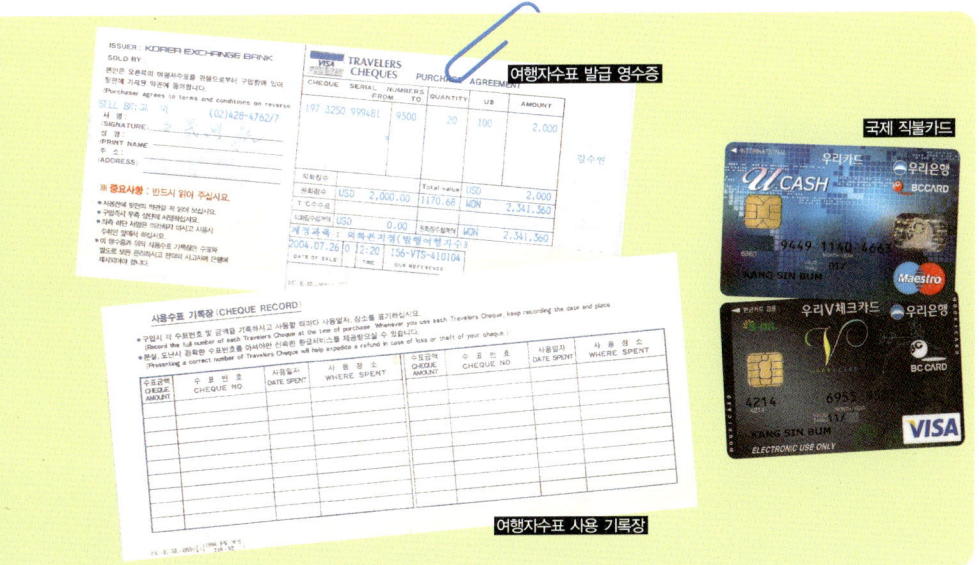

데 반드시 자필로 서명한 후 복사본을 보관해야 한다. 서명이 되어 있는 복사본을 가지고 있지 않으면 분실 시 재발급을 받을 수 없으니 발급 후 반드시 복사본을 준비하도록 하자.

생활비

일반적으로 중국이라 하면 물가가 싼 나라라고 생각하기 쉽다. 그러나 중국의 물가가 결코 싸다고는 할 수 없다. 내가 중국 유학할 당시 우리나라 택시의 기본요금이 1,300원이었는데 베이찡의 택시요금이 10元(1,800원가량)이었다. 특히 베이찡, 샹하이, 꽝죠우, 션전 등 큰 도시는 중국의 다른 지방보다 물가가 비싸다. 택시요금을 예로 들어보면 션전이나 샹하이 같은 경우는 기본요금이 10元 이상인데 기본요금이 5元인 지역도 있다. 어디서나 마찬가지겠지만 소비를 어떻게 하느냐에 따라 생활비에 많은 차이가 난다.

우리나라보다 물가가 싸고 돈의 기본단위가 상대적으로 낮기 때문에 처음에는 돈을 쓸 때 비싼지 싼지 감이 잘 오지 않는다. 돈을 쓸 때는 늘 머릿속으로 계산을 하고 1元도 소중하게 생각해야 한다.

일반 학생을 기준으로 지역별 생활비를 보면 앞에서 말한 큰 도시에서는 한 달에 약 40만 원, 다른 지방도시에서는 약 30만 원 정도다. 한인 식당 같은 곳에서 음주를 즐기고 흥청망청 쓰지 않는 이상 이 돈도 남을 것이다.

한국인의 문화는 한턱 쏘는 문화다. 하지만 외국인들은 대부분 AA쯔(AA制, 더치페이) 문화다. 중국에 가면 외국인 친구를 적잖이 만나게 되는데 외국인 친구에게 한 번 사는 것도 좋지만 눈치를 봐서 외국인 친구가 하는 대로 따라가는 것도 좋다. 그렇지 않으면 그들이 부담스럽게 느낄 수도 있기 때문이다.

> **중국으로 송금하기**
> 일반 은행에서 중국으로 송금하려면 반드시 중국의 통장 계좌번호, 영문 이름, 은행 지점명, 지점 코드명을 알아야 한다. 외환은행을 이용하면 여권번호만으로도 송금할 수 있고 현지에서도 여권번호로 돈을 찾을 수 있다. 다만 외환은행 지점을 직접 찾아가야 한다는 불편함이 있다.

환전 팁

환율 우대 〈2011년 10월 기준 환율〉

- 중국 위안 환율
단위: 원

통화명	매매기준율(A)	현찰 살 때(B)	현찰 팔 때	현찰 수수료(B−A)
중국 위안	168.11	179.87	159.71	20.16

매매기준율은 '현찰 살 때'(179.87)와 '팔 때'(159.71)의 중간(169.79) 가격이 아닌, 은행에 유리(168.11)하도록 '팔 때' 쪽으로 조금 치우쳐 있다.

- 현찰로 환전 시
단위: 원

통화명	매매기준율(A)	현찰 살 때(B)	현찰 수수료(B−A)	30% 우대환율
미국 달러	1,073.50	1,092.28	18.78	1,086.65
중국 위안	168.11	179.87	20.16	173.82

우대환율＝매매기준율＋{현찰수수료−(현찰수수료×우대율)}

- 여행자수표로 환전 시(중국에서 위안으로 환전 시 약간의 수수료가 추가된다.)
단위: 원

통화명	매매기준율(A)	여행자수표 살 때(B)	여행자수표 수수료(B−A)	30% 우대환율
미국 달러	1,073.50	1,086.38	12.88	1,082.52

우대환율＝매매기준율＋{여행자수표 수수료−(여행자수표 수수료×우대율)}

일반적으로 환전 수수료는 현찰 살 때(179.87)에서 매매기준율(168.11)을 뺀 현찰 수수료(20.16)를 말한다. 환율 우대란 현찰 수수료(20.16) 중 몇 %를 우대해주는가를 뜻한다. 얼마 안 되는 돈이기는 하지만 액수가 커지면 적지 않은 돈이다.
현재 일반 시중에서는 예전과는 달리 중국 위안화를 환율 우대해주고 있다. 하지만 환율 우대 쿠폰이 있을 경우에만 가능하다. 환율 쿠폰은 해당 은행에 비치해두는 경우가 많다. 또한 시중 은행 홈페이지에 들어가면 환율 우대에 관하여 상세하게 설명되어 있으니 참고하자.

- 중국은행 환율 www.boc.cn/cn/common/whpj.html
$100 기준 | 단위: 元

통화명(货币名称)	매매기준율(基准价)	현찰 살 때(卖出价)	현찰 팔 때(现钞买入价)
미국 달러(美元)	638.89	639.55	631.89

이제 한국에서 미국 달러로 환전해야 유리한지 중국 위안화로 환전해야 유리한지 알아보자.
한국에서 환전할 경우 한국 돈 → 미국 달러 → 중국 위안 ← 한국 돈
(→ 달러로 환전 시 / ← 인민폐로 환전 시)

$ 환율 우대	한국 돈	미국 달러	중국 위안	元 환율 우대	한국 돈
0% (1,092.28원)	1,092,280원	$1,000	6,395.5元	0% (179.87元)	1,150,358원
10%(1,090.41원)	1,090,410원	$1,000	6,395.5元	10%(177.86元)	1,137,503원
20%(1,088.54원)	1,088,540원	$1,000	6,395.5元	20%(175.85元)	1,124,648원
30%(1,086.65원)	1,086,650원	$1,000	6,395.5元	30%(173.82元)	1,111,665원
40%(1,084.78원)	1,084,780원	$1,000	6,395.5元	40%(171.81元)	1,098,810원
50%(1,082.91원)	1,082,910원	$1,000	6,395.5元	50%(169.80元)	1,085,955원

중국에서 $1,000의 값어치인 6,395.5元을 우대환율을 제외하고 한국에서 환전한다고 생각하면, 달러로 환전했을 경우 1,092,280원이고, 위안화로 환전했을 경우 1,150,358원으로, 약 5만 8천 원의 차이가 난다. 환율은 늘 변하는 것이니 조금 귀찮더라도 본인이 환전할 당시의 환율을 보고 잘 계산해서 돈을 아끼자.

보험

중국뿐 아니라 해외에서는 외국인이 의료시설을 이용하기가 최근에는 많이 개선되었다고 해도 쉽지 않을뿐더러 의료보험이 적용되지 않기 때문에 의료비가 상당히 많이 든다. 따라서 만약의 경우에 대비해 보험에 가입하는 것이 안전하다. 최근에는 어학연수 시 유학생보험 가입을 의무사항으로 하는 학교들이 늘고 있고, 부모님들의 걱정과 혹시 생길지 모를 경제적 부담을 덜기 위해서라도 유학생보험에 가입하는 것이 좋다.

유학생보험료는 상품에 따라 보험료와 보상 한도액이 다르지만 일반적으로 6개월에 11만 원, 1년에 16만 원 정도다. 여행자보험은 훨씬 저렴하나 최대 2개월까지 가입할 수 있다.

보상금액은 상해로 다쳤을 경우에만 전액 보상받을 수 있고 질병으로 입원하거나 치료를 받았을 때는 자기부담금 10만 원을 내야 한다. 나머지 금액은 전액 보상받을 수 있다. 최근에는 자기부담금 10만 원을 내지 않는 보험도 있으니 잘 알아보고 가입하도록 하자.

여행자들은 환전할 때 은행에서 여행자보험을 공짜로 들어주는 경우가 많이 있으니 환전할 때 은행에 문의해보자. 어학연수나 유학을 가는 학생들은 유학원을 통해 유학생보험에 가입하는 것이 편하다.

유학생보험

짐 꾸리기

생활용품은 중국 현지에서 간편하고도 훨씬 저렴하게 구입할 수 있다. 따라서 MT 가는 기분으로 가볍게 짐을 꾸려보자. 개인용품과 전자제품(전자사전, 화장품, 생리용품, 디지털카메라, MP3 등)만 빼놓지 않고 챙기면 된다. 중국이 우리나라보다 GNP가 낮다고 한참 못사는 나라라고 생각하면 안 된다. 중국에도 10여년 전부터 까르푸, 이마트, 월마트 등 대형마트들이 많이 진출해 있다.

전자제품을 가지고 갈 때 주의할 점은 전압이다. 중국도 우리나라와 마찬가지로 220V를 사용하지만 콘센트 모양이 110V(ǀǀ)와 비슷한 것이 많다. 따라서 220V(● ●) 모양을 110V 모양으로 전환하는 소켓을 한두 개 구입해 가는 것이 좋다. 일반적으로는 두 가지 모양을 다 끼울 수 있는 형태의 플러그로 되어 있다.

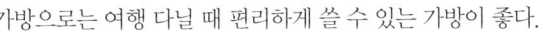

자, 이제 수화물 가방을 꾸려보도록 하자.
수화물의 무게 규정은 항공사마다 약간씩 차이가 있지만 한 사람당 수화물 2개까지 허용하며 20kg을 기본으로 한다. 일반적으로 크기(가로+세로+높이)가 15cm를 넘지 않아야 하며 수화물 2개의 총합이 273cm를 초과하지 않아야 한다. 만약 수화물의 무게가 20kg을 초과할 것 같으면 작은 가방을 하나 더 준비해 가자. 무게가 초과되면 바로 그 자리에서 수화물 가방에 있는 짐을 꺼내 작은 가방에 넣고 기내로 가져가면 된다. 기내용 가방은 비행기 선반에 넣을 수 있는 크기로, 3면의 합이 115cm를 넘지 않으면 된다. 무게가 10kg 이상이면 추가 운임을 내야 하지만 기내용 가방은 무거워 보이지 않으면 특별히 무게를 재지 않기 때문에 10kg이 조금 넘어도 큰 문제가 되지 않는다. 기내용 가방으로는 여행 다닐 때 편리하게 쓸 수 있는 가방이 좋다.

이것만은 꼭 가져가자

학비 및 기숙사비
모두 현금으로 환전하는 것이 유리하다. 분실 위험이 있으니 반드시 몸에 휴대한다. 필수

증명사진
학교 제출용 및 HSK 시험이나 비자연장 시 필요하다.
(어학연수 시) 필수

항공권
왕복항공권의 경우 돌아올 때도 사용해야 하니 잘 보관한다. 필수

여권
원본 외에 복사본을 준비해 따로 보관한다. (분실 위험이 있으니 반드시 몸에 휴대) 필수

입학허가서
학교 도착 후 등록 시 필요
(어학연수 시) 필수

건강진단서(X비자)
심전도 검사와 혈액검사 원본 (F비자의 경우 필요 없음)을 가지고 간다. (X비자 신청 시) 필수

JW-202표
학교 도착 후 등록 시 필요
(어학연수 시) 필수

디지털카메라
찍는 게 남는 거다. 선택

여행가이드 책자
여행할 계획이 있으면 하나정도는 챙기는 센스~ 선택

운동복
한 벌 정도. 현지에서 저렴하게 구입 가능하다. 필수

기타 경비
우리나라 돈 3만 원 정도는 비상금으로 항상 갖고 다닌다.
(귀국 시 필요한 비용) 필수

신발 종류
구두, 슬리퍼, 샌들, 운동화 등등 2~3켤레 필수

옷
실용적인 것들로. 현지에서 저렴하게 구입 가능하다. 필수

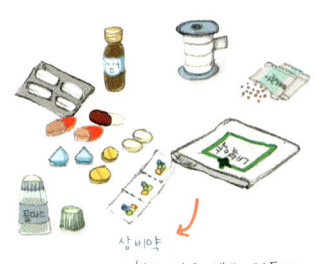

상비약
소화제, 연고, 밴드, 진통제,
적절한 생리용품 등등 필수

화장품
평소 사용하던 화장품은 꼭 가져가자.
현지에서 사면 엄청 비싸다.
중국 날씨는 건조하니 남성도
챙기면 좋다. 필수

사전
현지에서 저렴하게 구매
가능하다. 최근에는 전자사전을
많이 가져간다. 필수

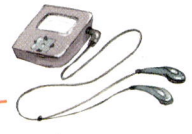

워크맨, MP3
공테이프는 중국에서 구입 가능하다.
배터리 충전기는 220V로 준비하자.
교재도 어학테이프가 나오는 경우가 많다.
공부를 위해서는 자주 들어야 한다. 선택

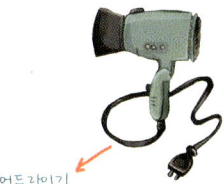

헤어드라이기
여성은 필수 선택

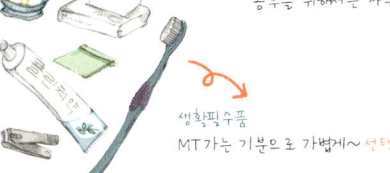

생활필수품
MT 가는 기분으로 가볍게~ 선택

참고용 서적
평소 공부하던 책 두어 권은
꼭 챙겨간다. 필수

월동용품
겨울철을 보내는 경우-전기장판
(중국에서 구입 가능하지만
화재위험이 조금 있다.),
타이즈 등등. 선택

기타 개인용품
수화물 짐이 총 20kg을
넘지 않으면 쓰던 것을
모조리 넣는다. 선택

노트북
평소 쓰던 거라면 가지고
갈 것. 굳이 사서 가져갈
필요는 없다. 선택

책가방
평소 가지고 다니던 가방에
짐을 담아 간다. 필수

part. 2

출국하기

01 공항

인천국제공항으로 가는 공항 리무진버스를 타면 공항 3층(입국수속)에 정차한다. 도착하면 가장 먼저 본인이 수속할 항공사 카운터를 찾아야 한다. 공항 청사 문으로 들어가면 알파벳이 크게 적혀 있는 카운터가 보이는데 해당 항공사 카운터를 찾아 체크인(탑승 수속을 뜻하며 좌석을 배정받는 것)을 한다. 탑승 수속 안내 모니터에서 본인이 타고 갈 항공편을 확인해보면 어느 카운터에서 수속하는지 알 수 있다. 안내 모니터를 찾지 못한 경우에는 안내데스크에 문의해보면 알 수 있다.

수속 카운터로 가면 수속을 하기 위해 사람들이 줄 서 있는 모습을 볼 수 있다. 그 줄에 서서 차례를 기다린 후 수속한다. 일반적으로는 출발 3시간 전후에 항공사의 수속 카운터가 열린다.

공항으로 출발하기 전에 항공권의 영문 성명과 여권의 영문 성명이 일치하는지 반드시 확인한다. 항공권을 예약할 때는 영문 성명의 일치가 가장 중요하다. 여권번호는 달라도 영문 성명만 일치하면 수속하는 데 지장이 없다. 하지만 영문 성명 중 알파벳 한 자라도 일치하지 않으면 수속할 수 없다.

항공사별 카운터 위치
아시아나항공(OZ): K, L, M
대한항공(KE): A, B, C, D
중국남방항공(CJ): E
중국국제항공(CA): H
중국동방항공(MU): F

해당 항공사 카운터에서 항공권(전자항공권)과 여권을 제시한(마일리지 카드가 있으면 이때 제시한다) 뒤 탑승권을 발급받고, 가지고 온 수화물을 부치면 승무원이 스티커로 된 수화물 보관증을 내주고 탑승구 번호, 출발시간 등을 확인해준다. 출발시간 30분 전까지는 탑승구로 가야 하므로 최소 1시간 전에는 항공사 카운터에서 수속을 마치는 것이 좋다.

공항에는 최소 2시간 전에 도착해야 한다. 수속을 하는 사람이 많을 경우 적지 않은 시간을 소비하게 될 수도 있기 때문이다. 또한 수속을 마친 뒤에 바로 비행기에 탑승하는 것이 아니라 출국신고를 해야 하고, 탑승구로 이동하는 거리가 멀 경우에는 시간이 꽤 걸린다.

한번은 비행기 시간을 잘못 알고 출발 40분 전에 공항에 도착한 적이 있었다. 수속하는 사람들이 너무 많아서 그냥 차례를 기다리면 비행기를 놓칠 것 같아 공항직원에게 상황을 설명한 후 바로 수속하고 비행기 출발시간 1분 전에 겨우 탑승할 수 있었다. 만약 공항에 늦게 도착했다면 당황하지 말고 직원에게 사정을 말해보자. 또 면세점을 여유롭게 구경하려면 출발시간 최소 2~3시간 전에 공항에 도착해야 한다.

카운터에서 수화물을 부칠 때는 자신이 알아볼 수 있는 표시를 해두거나 카운터에 있는 인식표를 얻어 수화물에 붙여놓는 것이 좋다. 내 가방이니 금방 알아보겠지 했다가는 수화물을 찾을 때 상당히 애를 먹는다. 의외로 똑같이 생긴 가방이 많기 때문이다.

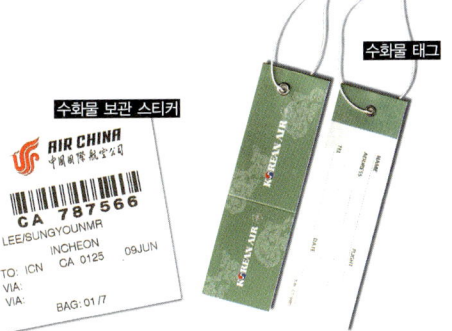

수화물 보관 스티커

수화물 태그

여객터미널 약도

스타라인 타는 곳

이제 탑승권과 여권을 가지고 국제선 탑승구로 들어가서 출국심사를 하도록 하자. 국제선 탑승구로 들어가기 전에 본인의 여권을 공항직원에게 보여주면 입구로 들어갈 수 있다.

입구로 들어가면 보완검색대에서 수화물로 부치지 않은 소지품들 검사와 신체검사를 한다. 호주머니에 있는 소지품을 모두 비치되어 있는 바구니에 넣고, 부츠같이 발목 높이 올라오는 신발이나 굽이 높은 신발은 벗어서 검색대를 통과해야 하므로 미리 알아두어 기분 상하는 일이 없도록 하자. 영화나 드라마에서 보았던 문틀로 된 검색대를 통과한 후 팔을 벌린 자세를 취하면 공항직원이 금속탐지기로 신체검사를 한다. 간혹 문틀을 통과할 때 '삐~~' 소리가 날 때가 있다. 허리띠나 옷에 금속성 물질이 있어서 나는 소리이니 긴장할 필요는 없다. 검색대를 통과하면 짐을 챙기고 출국심사대로 간다. 출국심사는 아무 곳에서나 받으면 되기 때문에 줄이 짧은 곳에서 기다린다.

출국심사를 마치고 나오면 국제선 탑승구가 안내되어 있는 모니터가 보인다. 가끔은 비행기 사정에 따라 탑승구가 갑자기 변경되기도 하니 탑승권과 안내 모니터에 나와 있는 탑승구가 일치하는지 확인하자. (바뀌면 방송을 해주지만 혹시 못 들을 경우도 있으니 주의한다.)

시간적인 여유가 있다면 면세점을 구경하다가 출발시간 30분 전에 해당 탑승구로 이동한 후 안내방송에 따라 탑승한다.

국내 항공을 이용할 사람들은 여객터미널 내에서 탑승하면 되지만 외

보안검색대

출국심사대

국 항공을 이용할 사람들은 여객터미널 지하 2층에서 경철선(스타라인)을 타고 탑승동으로 가야 한다. 외국 항공사의 출발·도착 기능이 여객터미널에서 탑승동으로 모두 옮겨졌기 때문이다. 새 '탑승동'은 단지 비행기를 타고 내리는 용도로만 사용되며, 짐을 부치고 찾는 과정은 여전히 기존 여객터미널에서 이뤄진다.

'스타라인'이라는 이름이 붙은 경전철은 여객터미널과 탑승동 사이

객실 내 휴대반입 통제 대상품목(예) -23개 종류	액체류: 7개종	물 및 드링크류, 스프류, 소스/액체류, 음식류, 로션류, 오일류, 향수류
	분무류: 2개종	스프레이류, 탈취제류
	젤류: 13개종	시럽류, 잼류, 스튜류, 반죽류, 크림류, 화장품류, 헤어/샤워젤, 면도 거품제, 치약류, 액체/고체 혼합류, 마스카라, 립글로스, 립밤
	기타류: 1개종	실온에서 용기 없이는 형상을 유지할 수 없는 물질

- 김치나 고추장, 된장 등도 액체류나 젤류에 포함되기 때문에 기내 반입이 금지되니 꼭 가져갈 사람들은 수화물 가방에 넣도록 하자.

반입 가능 물품

| 45㎖ 용기의 헤어 스프레이 | 50㎖ 용기의 구강청정제 | 75㎖ 용기의 핸드크림 | 100㎖ 용기의 치약 | 100㎖ 용기의 젤류 음료 |

반입 불가 물품

| 142㎖ 용기의 헤어 스프레이 | 250㎖ 용기의 구강청정제 | 125㎖ 용기의 베이비 로션 | 130㎖ 용기의 치약 | 120㎖ 용기의 음료 |

허용 규격
용기 1개당 100㎖ 이하로, 1인당 1ℓ 이하의 지퍼락 비닐봉투 1개
※ 1ℓ 지퍼락 비닐봉투는 공항 내 편의점, 약국, 서점에서 구입 가능

허용 조건
- 1리터(ℓ) 규격의 투명 지퍼락 비닐봉투 안에 용기를 보관해야 함
- 투명 지퍼락 봉투(크기: 약 20cm×약 20cm)에 담겨 지퍼가 잠겨 있어야 함
- 투명 지퍼락 봉투가 완전히 잠겨 있지 않으면 반입 불가 조치
- 보안 검색을 받기 전에 다른 짐과 분리해 검색요원에게 제시

액체류, 젤류 등이 담긴 100㎖ 이하의 용기가 1ℓ 이하의 투명 지퍼락 비밀봉투에 지퍼가 닫힐 만큼 적당량 담긴 경우, 항공기 객실 내 휴대반입 가능

의 900m 구간을 지하로 오간다. 평균 시속 50km로 3~5분 간격으로 운행되며 '탑승동'까지 가는 데 1분 정도 걸린다. 하지만 경전철을 타고 내리기 위해 3층에서 지하 2층까지 에스컬레이터를 이용해야 하므로 기존 이용시간보다 약 15~20분 더 걸리니 시간 체크를 잘 하도록 하자.

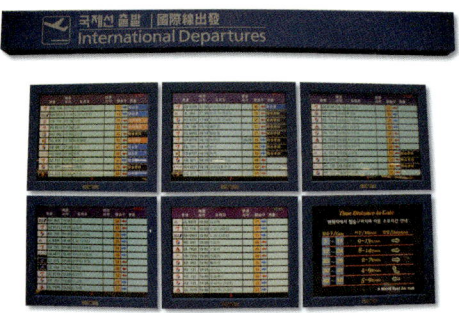

국제선 안내 표지

면세점

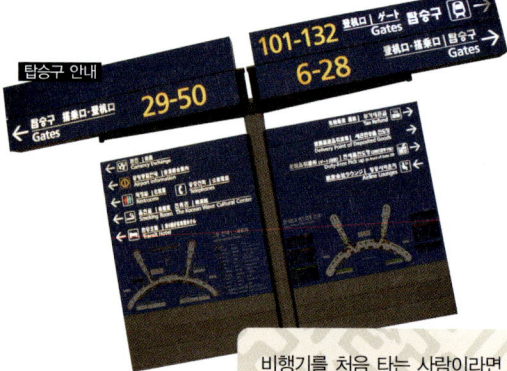

탑승구 안내

비행기를 처음 타는 사람이라면 조금 정신이 없을 수도 있다. 여기에 나와 있는 내용대로 하면 되는데, 가장 신경 써야 할 것은 여권과 탑승권을 분실하지 않도록 하는 것이다. 이런 일을 방지하기 위해서는 어깨에 멜 수 있는 작은 가방을 준비해서 그 안에 여권과 탑승권을 챙기는 것이 좋다. 지갑도 같이 챙긴다면 분실할 우려가 줄어들 것이다. 중국으로 여행을 가거나 어학연수를 가는 사람들은 허리에 차거나 어깨에 멜 수 있는 작은 가방을 꼭 준비한다.

02 비행기 안에서

비행기에 탑승한 후 승무원에게 탑승권을 보여주면 자리를 안내해준다. 자리로 이동한 후 짐은 선반이나 좌석 밑에 둔다. 대한항공과 아시아나항공을 이용할 경우는 승무원에게 도움을 청할 때 한국말로 하면 되지만 중국항공을 이용할 때는 중국어나 영어로 도움을 청해야 한다. 다음과 같은 중국어를 사용하면 도움을 받을 수 있다.

空中小姐 kōng zhōng xiǎo jie 승무원	欢迎乘坐. 我看看您的票. huān yíng chéng zuò wǒ kàn kan nín de piào. 어서오세요. 표 좀 보겠습니다.
东煜 dōng yù 동욱	在这儿, 给你. 请告诉我我的座位在哪儿? zài zhèr, gěi nǐ. qǐng gào su wǒ wǒ de zuò wèi zài nǎr? 여기 있습니다. 제 자리가 어디인지 알려주세요.
空中小姐 kōng zhōng xiǎo jie 승무원	27C, 您的位子是左边靠过道的座位. èr shí qī C, nín de wèi zi shì zuǒ biān kào guò dào de zuò wèi. 27C입니다. 손님 좌석은 왼편 복도쪽 좌석입니다.
东煜 dōng yù 동욱	能坐那个空位子吗? néng zuò nà ge kōng wèi zi ma? 저기 빈자리에 앉아도 되나요?
空中小姐 kōng zhōng xiǎo jie 승무원	不能. 不好意思. 请您系好安全带. bù néng. bù hǎo yì si. qǐng nín jì hǎo ān quán dài. 안 됩니다. 죄송합니다. 안전벨트를 착용해주세요.

세관신고서는 특별히 신고할 물품이 있는 경우에만 작성한다.

비행기가 출발하면 승무원들이 입국신고서, 입국검역신고서를 나누어준다. 여권과 탑승권의 편명을 보고 작성해보자. 입국신고서는 중국어와 영어로 되어 있다.

입국신고서

모든 기재사항은 영문으로 작성한다.

1. 성
2. 이름
3. 여권번호
4. 비자번호
5. 비자발행장소(여권상에 적혀 있음)
6. 항공편명
7. 한국(KOREA)
8. 중국 체류 기간 중 주소
9. 사인
10. 생년월일
11. 성(性)
12. 국적
13. 중국방문목적
14. 입국날짜

검역신고서

- 영문 성명 _____
- 생년월일 _____
- 여권번호 _____
- 편명(배/기차/버스) _____
- 성별: 남 ☐ 여 ☐
- 국적: Korea
- 도착지 _____
- 좌석번호 _____

1. 앞으로 7일 동안 중국에서의 체류여정
   여행할 때 이동수단, 편명(배/기차/버스) _____ 날짜 _____
   앞으로 7일 동안 중국에서 연락 가능한 주소 _____ 호텔명 _____
   연락 가능한 전화번호(휴대폰 또는 호텔 전화번호)
   비상시를 위해 앞으로 7일 동안 당신이 어디 있는지 가장 잘 아는 사람의 연락처
   이름 ____ 가이드 이름 ____ 전화번호 ____ 가이드 전화번호

2. 7일 이내 중국을 떠난다면 출발일 _____
   도착국가 _____, 편명(배/기차/버스) _____

3. 지난 7일 이내 체류한 국가 및 도시명
   _____

4. 지난 7일 이내 독감 증세가 있는 사람과의 접촉 여부
   예 ☐   아니오 ☐

5. 해당 증상이 있다면 체크하세요.
   ☐ 열 ☐ 기침 ☐ 목 아픔 ☐ 근육통 ☐ 코막힘
   ☐ 두통 ☐ 설사 ☐ 구토 ☐ 콧물 ☐ 숨쉬기 어려움 ☐ 피로
   ☐ 다른 증상

   서명 _____   작성날짜 _____

조금 있으면 기내식이 나오고 식사를 하고 있으면 승무원들이 물이나 음료를 권한다. 본인이 원하는 것을 선택하고 혹 다른 음료가 마시고 싶으면 승무원에게 요청하자.

空中小姐 kōng zhōng xiǎo jie 승무원	您想喝什么? nín xiǎng hē shén me? 어떤 걸 마시겠습니까?	
东煜 dōng yù 동욱	有什么饮料? yǒu shén me yǐn liào? 어떤 음료가 있나요?	따리엔에 갈 때는 인천공항에서 제주도로 가는 거리와 비슷하기 때문에 식사 대신 간단한 빵을 준다. 비행기를 처음 타고 가는 분들은 기내식에 너무 실망하지 않기 바란다.
空中小姐 kōng zhōng xiǎo jie 승무원	有橙汁, 可乐, 啤酒. yǒu chéng zhī, kě lè, pí jiǔ. 주스, 콜라, 맥주가 있습니다.	
东煜 dōng yù 동욱	请给我一杯水. qǐng gěi wǒ yì bēi shuǐ. 물 한 잔 주세요.	
空中小姐 kōng zhōng xiǎo jie 승무원	请问, 您要用餐吗? qǐng wèn, nín yào yòng cān ma? 저, 식사를 하시겠습니까?	
东煜 dōng yù 동욱	有什么菜? yǒu shén me cài? 어떤 요리가 있나요?	
空中小姐 kōng zhōng xiǎo jie 승무원	牛肉, 鸡肉. niú ròu, jī ròu. 소고기와 닭고기가 있습니다.	
东煜 dōng yù 동욱	请给我牛肉. qǐng gěi wǒ niú ròu. 소고기를 주세요.	

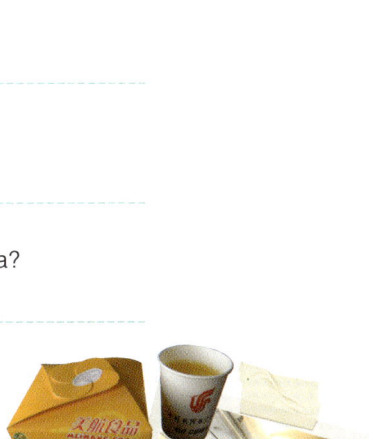

03 중국 공항 입국

입국심사대

비행기가 도착하면 기내에서 나와 입국 수속을 하러 간다. 사람들을 따라 이동하면 입국 신고를 하는 입국심사대(入境手续)가 나온다. 중국인과 외국인이 입국 수속하는 곳이 다르니 외국인 수속 장소에서 줄을 서서 차례를 기다린다. 심사관에게 여권과 입국신고서를 제시하면 심사관은 보통 아무것도 묻지 않고 간단한 확인을 거친 후 스탬프를 찍고 다시 돌려준다. 그러니 전혀 걱정할 필요 없다.

중국 공항

检查员	请给我看您的护照.	
jiān chá yuán	qǐng gěi wǒ kàn nín de hù zhào.	
검사원	여권을 보여주세요.	

东煜	给您.	
dōng yù	gěi nín.	
동욱	여기 있습니다.	

检查员	从哪个国家来的?	
jiān chá yuán	cóng nǎ gè guó jiā lái de?	
검사원	어느 나라에서 왔나요?	

东煜	从韩国来的.	
dōng yù	cóng hán guó lái de.	
동욱	한국에서 왔습니다.	

检查员	您大概要逗留几天?	
jiān chá yuán	nín dà gài yào dòu liú jǐ tiān?	
검사원	며칠 정도 머물 생각인가요?	

东煜	大概7天.	
dōng yù	dà gài qī tiān?	
동욱	7일 정도입니다.	

检查员	您的访问目的是什么?	
jiān chá yuán	nín de fǎng wèn mù dì shì shén me?	
검사원	방문 목적이 무엇인가요?	

东煜	休假/观光/业务.	
dōng yù	xiū jià/ guān guāng/ yè wù.	
동욱	휴가/관광/업무입니다.	

수화물 찾기

입국 수속을 마치고 나오면 안내 모니터에서 항공편과 수화물 찾는 위치를 확인하고 수화물을 찾는다. 그런 일은 자주 일어나지는 않지만 자신의 수화물이 보이지 않을 경우에는 분실물센터에 가서 문의하자. 이때 필요한 것이 여권과 수화물 보관증 스티커다. 따라서 수화물 보

수화물 찾는 곳 표지판

관중을 분실하지 않도록 주의한다. 노트북을 수화물에 넣었다가 분실했을 경우에는 보상을 전혀 받지 못하게 규정되어 있다.

东煜	我找不到我的行李了.
dōng yù	wǒ zhǎo bú dào wǒ de xíng li le.
동욱	제 수화물을 못 찾겠어요.
职员	您的行李是什么样的?
zhí yuán	nín de xíng li shì shén me yàng de?
직원	수화물이 어떻게 생겼나요?
东煜	是那种红色移民用的大包.
dōng yù	shì nà zhǒng hóng sè yí mín yòng de dà bāo.
동욱	저렇게 생긴 빨간색 이민용 가방입니다.
职员	您最好去报失中心举报一下.
zhí yuán	nín zuì hǎo qù bào shī zhōng xīn jǔ bào yí xià.
직원	분실물센터에 가셔서 신고하시는 것이 가장 좋겠습니다.
东煜	那个地方怎么走?
dōng yù	nà ge dì fāng zěn me zǒu?
동욱	그곳에는 어떻게 가나요?
职员	往前走50米. 然后右边就是.
zhí yuán	wǎng qián zǒu wǔ shí mǐ, rán hòu yòu biān jiù shì.
직원	전방으로 50m 가시면 바로 오른편에 있습니다.

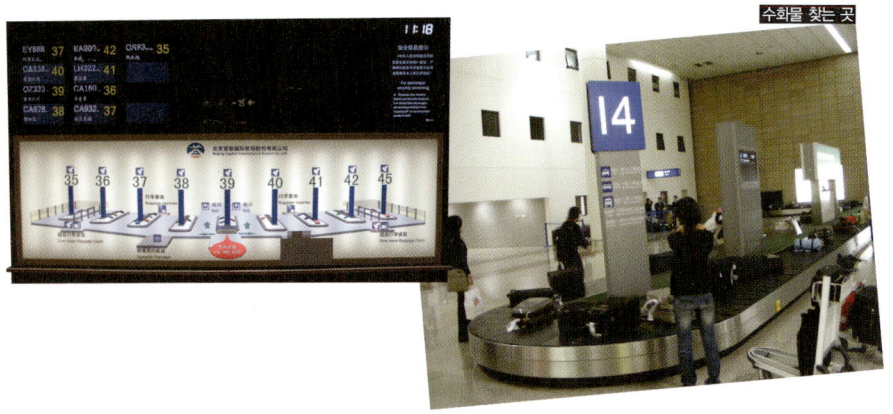

(분실물 센터에 도착해서)

东煜 dōng yù	我的大包丢了. 请帮我找一找我的行李. wǒ de dà bāo diū le. qǐng bāng wǒ zhǎo yi zhǎo wǒ de xíng li.
동욱	큰 가방을 잃어버렸습니다. 제 수화물 찾는 것 좀 도와주세요.

职员 zhí yuán	给我看一下您的行李牌. gěi wǒ kàn yí xià nín de xíng li pái.
직원	수화물표를 보여주세요.

东煜 dōng yù	在这里. zài zhè lǐ.
동욱	여기 있습니다.

职员 zhí yuán	这个行李是你的吗? zhè ge xíng li shì nǐ de ma?
직원	이 수화물이 당신 것인가요?

东煜 dōng yù	对, 这是我的. 谢谢. duì, zhè shì wǒ de. xiè xie.
동욱	맞습니다, 제 것입니다. 고맙습니다.

세관검사대

기내에서 작성한 세관신고서를 제시하면 공항직원이 확인하는데, 세관에 신고해야 할 물건이 있으면 이때 신고하도록 하자. 보통은 자세히 검사하지 않지만 만약 신고해야 할 물품을 신고하지 않았다가 걸리면 압수당하고 벌금까지 물어야 한다.

세관검사가 끝났다면 이제 출구로~~!

세관에 신고해야 하는 물품 목록

아래 사항에 해당하지 않는다면 세관신고서를 작성하지 않아도 된다.
(조금 차이 나는 정도는 무난하게 넘어간다.)

- 6,000元을 초과하는 런민삐 및 50g을 초과하는 금, 은 및 유사 제품
- 12% 이상의 도수를 가진 1,500㎖ 이상의 주류, 400개비 이상의 담배, 100개비 이상이거나 500g 이상의 시가
- 20,000元 이상 또는 미화 $5,000 이상으로 환전 가능한 현금
- 동/식물을 원료로 제조한 제품

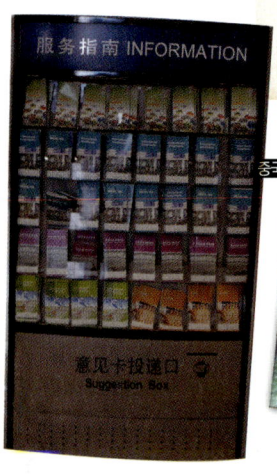

중국 공항의 각종 정보자료

04 공항에서 시내로

마중하러 나오는 경우

수속을 마치고 출구로 나오면 피켓을 들고 마중 나온 사람들을 볼 수 있다. 누군가 마중 나와줄 사람이 있다면 출국 전에 약속 시간과 장소를 몇 번이고 확인해놓아야 한다. 약속 시간을 정할 때는 본인이 타고 갈 항공기 편명을 알려주는 것이 가장 좋다. 가끔은 기상 악화로 비행기가 연착되기도 하는데, 이럴 때 마중을 나온 사람이 항공기 편명을 알면 도착 알림 전광판을 보면서 연착 여부를 알 수 있다.

만약 마중 나오기로 한 사람을 만나지 못했을 경우에는 당황하지 말고 공중전화기를 찾는다. 공항의 공중전화기 옆에는 전화카드를 파는 곳이 있다. 출발하기 전에 마중 나올 사람의 전화번호를 알아 왔다면 바로 연락할 수 있겠지만 그렇지 않을 경우에는 한국으로 전화해서 확인하는 방법밖에 없다.

어학연수를 가는 경우에는 작은 지방 도시를 제외한 큰 도시들은 해당 유학원 실장이나 소속 직원이 마중을 나온다. 혹은 학교에서 중국인이 직접 나오기도 하니 유학원 전화번호와 마중 나올 사람의 전화번호를 미리 확인해 가는 것이 좋다.

마중 나온 사람들

공항버스

공항을 빠져나오면 버스와 택시 타는 곳이 있다. 행선지가 정해져 있다면 버스를 타고 시내로 이동하는 것이 가장 저렴하다. 베이찡, 샹하이 같은 지역에는 지하철이 있기 때문에 지하철역 근처로 가는 공항버스를 타는 것도 좋은 방법이다. 공항버스는 가는 곳에 따라 가격이 달라지는데 보통 14~30元 정도 한다.
버스노선 안내도를 보면 목적지를 자세히 찾을 수 있다.

중국 공항버스 매표소

지하철

베이찡공항이나 샹하이공항에서 바로 지하철을 이용할 수 있다. 공항지하철 요금은 25元이며 베이찡공항 기준으로 똥쯔먼에서 하차하면 2호선이나 13호선으로 갈아탈 수 있다.

- 베이찡공항에서 왕징 가기 :

공항라인→똥쯔먼(13호선으로 갈아타기)→왕징 도착

- 베이찡공항에서 우따오코우 가기 :

공항라인→똥쯔먼(2호선으로 갈아타기)→씨쯔먼(13호선으로 갈아타기)→우따오코우

售票员 shòu piào yuán 매표원	您好. 您需要什么帮助? nín hǎo. nín xū yào shén me bāng zhù? 안녕하세요. 무슨 도움이 필요하신가요?
东煜 dōng yù 동욱	您好.˚我想去五道口.˚可是不知道怎么走. nín hǎo. wǒ xiǎng qù wǔ dào kǒu. kě shì bù zhī dao zěn me zǒu. 안녕하세요. 우다오코우까지 가려고 하는데, 어떻게 가야 할지 모르겠습니다.

售票员	那您要打的，还是坐机场大巴？	
shòu piào yuán	nà nín yào dǎ dì, hái shì zuò jī chǎng dà bā?	
매표원	택시를 타실 건가요, 공항버스를 타실 건가요?	

东煜	打的比较贵。先坐机场大巴，然后换乘地铁行吗？
dōng yù	dǎ dì bǐ jiào guì. xiān zuò jī chǎng dà bā, rán hòu huàn chéng dì tiě xíng ma?
동욱	택시는 좀 비싸서요. 먼저 공항버스를 타고 지하철로 환승해도 괜찮죠?

售票员	行。先上5号线的机场大巴，然后在学院桥下车。那儿就有地铁站。在学院路地铁站坐万柳方向的。过了一站就到知春路。在知春路换乘东直门方向的13号线地铁。在五道口下车就好了。
shòu piào yuán	xíng. xiān shàng wǔ hào xiàn de jī chǎng dà bā, rán hòu zài xué yuàn qiáo xià chē. nàr jiù yǒu dì tiě zhàn. zài xué yuàn lù dì tiě zhàn zuò wàn liǔ fāng xiàng de. guò le yí zhàn jiù dào zhī chūn lù. zài zhī chūn lù huàn chéng dōng zhí mén fāng xiàng de shí sān hào xiàn dì tiě, zài wǔ dào kǒu xià chē jiù hǎo le.
매표원	그럼요. 먼저 5호선 공항버스를 타고 가다가 쉐위엔치아오에서 하차하세요. 거기에 바로 지하철역이 있어요. 쉐위엔루에서 완리오우 방향의 지하철을 타고 역 하나 지나면 즈춘루입니다. 즈춘루에서 똥즈먼 방향의 13호선을 타고 우다오코우에서 하차하면 됩니다.

东煜	谢谢! 到学院桥的票一张多少钱？
dōng yù	xiè xie! dào xué yuàn qiáo de piào yì zhāng duō shao qián?
동욱	고맙습니다. 쉐위엔치아오 가는 표는 한 장에 얼마지요?

售票员	一张16块钱。要几张？
shòu piào yuán	yì zhāng shí liù kuài qián. yào jǐ zhāng?
매표원	16위안입니다. 몇 장 드릴까요?

东煜	给我两张。
dōng yù	gěi wǒ liǎng zhāng.
동욱	두 장 주세요.

공항버스

베이찡 쇼우뚜찌챵(北京首都机场, 북경수도공항)

*정차역은 상/하행에 차이가 있을 수 있음

노선	시발역	종착역	운행시간	배차 간격	가격	정차역
机场一线	首都机场	方庄	07:30~22:30	30분 내		亮马桥-呼家楼-大北窑(国贸)-潘家园-十里河(京瑞大厦)-方庄(贵友大厦)
	方庄	首都机场	06:00~19:30			
机场二线	首都机场	西单(民航营业大厦)	07:00~항공 운행시간까지	10분		三元桥-东直门-东四十条桥-西单(民航营业大厦)
	西单(民航营业大厦)	首都机场	05:40~21:00			
机场三线	首都机场	北京站	07:30~항공 운행시간까지	15분	16元	渔阳饭店-东大桥(22:30 后不经停)-朝阳门-雅宝路-北京站
	北京站	首都机场	06:00~19:30			
机场四线	首都机场	公主坟	07:00~22:30	10분		国际展览中心-西坝河-安贞桥-马甸桥-北太平庄-蓟门桥-友谊宾馆-北京电视台-紫竹桥-航天桥-公主坟(新兴宾馆)
	公主坟	首都机场	05:40~21:00			
机场五线	首都机场	中关村	08:30~21:30	30분 내		望京(花家地)-小营-亚运村(安慧桥)-学院桥-中关村(四号桥)
	中关村	首都机场	07:00~19:30			
심야	首都机场	西单(民航营业大厦)	23:00~항공 운행시간까지(공항에서만 출발)	30분 내		三元桥-渔阳饭店-东大桥-朝阳门-雅宝路-北京站口(国际饭店西门)
	西单(民航营业大厦)	首都机场				
티엔진(天津)	首都机场	天津	09:00~22:00	06:30 이후 매 30분	80元	
	天津	首都机场	05:00 05:40 06:30			

샹하이 푸동찌챵(浦东机场, 포동공항)

*정차역은 상/하행에 차이가 있을 수 있음

노선	시발역	종착역	운행시간	배차 간격	가격	정차역
机场一线	浦东机场	虹桥机场	07:00~항공 운행시간까지	20~30분	30元	직행
	虹桥机场	浦东机场	06:00~21:30			
机场二线	浦东机场	城市航站楼(静安寺)	07:00~항공 운행시간까지	15분	19元	직행
	城市航站楼(静安寺)	浦东机场	05:30~21:30			
机场三线	浦东机场	银河宾馆	07:20~23:00	20~30분	20元	徐家汇-打浦桥-龙阳路地铁站
	银河宾馆	浦东机场	05:30~20:00			
机场四线	浦东机场	虹口足球场	07:00~23:00	30분	18元	大柏树-五角场-浦东德平路
	虹口足球场	浦东机场	05:40~21:00			

노선	시발역	종착역	운행시간	배차 간격	가격	정차역
机场五线	浦东机场	上海火车站	07:00~23:00	20分	18元	人民广场-东方医院-罗山路
	上海火车站	浦东机场	05:30~21:00			
机场六线	浦东机场	上海西站	08:00~23:00	20~30分	20元	南石路-白玉路-长宁路-华山路(静安寺)-东方医院-紫金山大酒店-张江高科技园
	上海西站	浦东机场	06:00~20:00			
机场七线	东方路	浦东机场	06:30~21:40		14元	东方路-浦电路-世纪公园-龙阳路地铁站-科苑路-张江农工商-城西-川沙汽车站-浦东机场
	浦东机场	东方路	07:50~23:00			
机场八线	航城园	浦东机场	07:30~18:45		3元	施湾-红星-机场镇-航空公司-海关仓库-机场公安分局-机场候机楼
	浦东机场	航城园	08:00~19:15			

샹하이 홍치아오찌창(红桥机场, 홍교공항)

*정차역은 상/하행에 차이가 있을 수 있음

노선	시발역	종착역	운행시간	배차 간격	가격	정차역
机场一线	浦东机场	虹桥机场	7:20~23:00	10分	30元	직행
	虹桥机场	浦东机场	6:00~21:00			
机场专线	虹桥机场	常德路(南京西路)	08:00~항공 운행시간까지	10~30分	4元	직행
	常德路(南京西路)	虹桥机场	6:00~20:00			
806	虹桥机场	卢浦大桥	6:00~21:30	5~30分	5元	虹桥机场-虹许路-虹桥路-番禺路-交通大学-宛平南路-东安路-枫林路-大木桥路-斜土路-瞿溪路-中山南路
	卢浦大桥	虹桥机场	6:00~21:30			
807	虹桥机场	真光新村	6:00~21:30		4元	虹桥机场-上海动物园-中新泾-北新泾-云岭路-金沙江路-北石路-上海西站-真北新村-铜川路
	真光新村	虹桥机场	6:00~21:30			
925A	虹桥机场	人民广场	6:00~21:00		4元	虹桥机场-机场新村-上海动物园-程家桥-虹梅路-虹许路-虹桥开发区-中山西路-定西路-江苏路-美丽园-陕西路-石门路-人民广场
	人民广场	虹桥机场	6:00~22:00			
938	虹桥机场	浦东杨家渡	6:00~항공 운행시간까지	5~15分	7元	虹桥机场-虹许路-第二结核病院-漕溪北路-宛平南路-西藏南路-塘桥-王家宅-浦电路-张杨路
	浦东杨家渡	虹桥机场	6:00~21:30			
941	虹桥机场	上海火车站	6:30~20:30	10~12分	4元	虹桥机场-虹井路-上海动物园-虹梅路-虹许路-虹古路-仙霞路-天山电影院-遵义路-中山西路-中山公园-江苏路-曹家渡-国棉六厂-胶州路-西康路-上海火车站
	上海火车站	虹桥机场	6:00~21:30			

택시

택시는 택시 정류장에서만 탈 수 있다. 공항에서는 짐이 많으면 한 명 이상은 잘 태워주려 하지 않는다. 혹시 두 명이 탈 경우엔 미리 말하고 타는 것이 좋은데, 안 된다고 하면 내려서 다음 택시를 타면 된다. 지리를 모르고 처음 가는 사람이라면 목적지 도로의 이름과 주변도로의 이름을 미리 적어놓아야 돌아가는 것을 방지할 수 있다. 그리고 택시를 타기 전에 반드시 기사가 목적지를 알고 있는지 확인하고 타야 한다. 출발 후에 목적지를 말하면 기사가 모르는 경우도 적지 않은데, 이런 경우 상당히 골치 아파진다.

중국 택시에는 미터기에서 영수증이 나온다. 영수증에 출발시간, 거리, 주행시간 등이 나오기 때문에 목적지를 엄청나게 돌아서 왔다면 증거 자료가 될 수 있으니 내릴 때 꼭 영수증을 받도록 하자.

베이찡 쇼우뚜찌창에서 시내로 이동할 때는 고속도로를 이용하기 때문에 톨게이트비(10元)를 내야 한다. 그러니 미터기에 찍힌 금액보다 더 받는다고 의심부터 하지 말자.

司机	你到哪儿去?
sī jī	nǐ dào nǎr qù?
기사	어디까지 가십니까?
东煜	我要去○○饭店/○○学校. 从这儿到那儿, 远吗?
dōng yù	wǒ yào qù ○○ fàn diàn/○○ xué xiào. cóng zhèr dào nàr, yuǎn ma?
동욱	○○호텔/○○학교로 가려고 합니다. 여기서 거기까지 먼가요?
司机	有点儿远. 大概1个小时就会到.
sī jī	yǒu diǎr yuǎn. dà gài yí gè xiǎo shí jiù huì dào.
기사	조금 멉니다. 대략 한 시간 정도면 도착합니다.

东煜	多少钱?	
dōng yù	duō shao qían?	
동욱	얼마인가요?	
司机	100块钱.	
sī jī	yì bǎi kuài qián.	
기사	100위안입니다.	
东煜	可不可以开一下后车厢.	
dōng yù	kě bù kě yǐ kāi yí xià hòu chē xiāng.	
동욱	자동차 트렁크 좀 열어주세요.	

상하이 택시 / 따리엔 택시

자기부상열차

상하이 푸동찌창에는 버스와 택시 말고도 시내로 이동할 수 있는 교통수단이 있는데 바로 츠푸리에쳐(磁浮列车, 자기부상열차)다. 자기부상열차는 2003년에 개통되었으며, 중국인들은 세계 최초로 자기부상열차를 상업화했다는 것에 자부심을 느끼고 있다.

버스를 타고 공항에서 시내로 가면 1시간 정도 걸리지만 자기부상열차를 이용하면 30km의 거리를 최고 시속 400여 km로 달려 7분 만에 이동할 수 있다. 자기부상열차는 지하철 2호선 롱양루짠(龙阳路站, 용양로역)과 연결되어 있다. 400km로 달린다 해도 지면에서 약 10cm 정도 떠 있는 상태에서 이동하기 때문에 지하철이나 열차와는 비교할 수 없을 정도로 승차감이 좋다. 속도가 빨라서 타자마자 금방 내려 돈이 아깝다는 생각이 들기도 한다.

공항에서 나가는 길에 쉽게 매표소를 찾을 수 있고 표를 산 후 옆의 입구(지하철 개표대와 비슷함)로 들어가면 된다. 가격은 보통석 편도 50元/ 왕복(7일) 80元, 귀빈석 편도 100元/ 왕복(7일) 160元이다. 비행기 탑승권을 제시하면 20% 할인받을 수 있다.

상하이 자기부상열차표

	龙阳路站 Longyang Rd. Station	
首班车 First Train	机场站 Airport Station	7:02
	龙阳路站 Longyang Rd. Station	21:30
末班车 Last Train	机场站 Airport Station	21:32
	7:02–17:02	15 mins.
发车间隔 Interval	17:02–21:02	20 mins.
	21:02–21:32	30 mins.
	7:02–8:47	300km/h
最高速度 Max Speed	9:02–16:47	430km/h
	17:02–21:32	300km/h

상하이 자기부상열차 시간표

2010년에 열리는 샹하이국제박람회를 위해 2008년부터 자기부상열차 구간을 상하이에서 항죠우까지 연장 공사하고 있다.

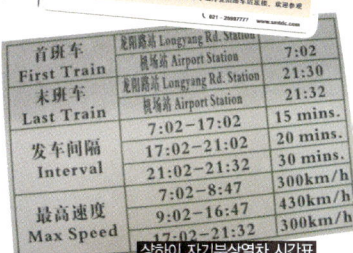

상하이 자기부상열차

Part.3

숙소 구하기

여행이나 비즈니스를 목적으로 중국에 가는 경우에는 잠자리가 가장 중요하다. 비용에 구애받지 않고 편안한 잠자리를 원한다면 호텔을 이용하는 것이 가장 좋겠으나 민박을 이용해보는 것도 나쁘지 않다.

돈을 아껴야 하는 학생들이나 여행자들에게는 호텔에서 자는 것이 꿈 같은 이야기다. 저렴한 민박을 이용하거나 게스트하우스를 이용하면 돈을 절약할 수 있다. 도시에서 멀리 떨어진 지방에는 아주 저렴한 게스트하우스들이 있으니 중장기로 체류를 계획하거나 돈을 아껴야 하는 여행자들은 여행 전에 그 지역 숙소에 대한 정보를 인터넷으로 검색해보자. 인터넷으로 검색할 때는 글을 작성한 날짜를 확인해서 최신정보를 알아보도록 한다. 인터넷에 올라와 있는 곳들은 대부분 한국어로 통화가 가능하니 여행지로 떠나기 전에 미리 전화해보고 예약해두는 것도 좋은 방법이다.

삔관
시설이 좋고 규모가 큰 여관이나 모텔

외주
학교 근처에 따로 방을 구해 사는 것

가격이 저렴한 순으로 보자면 호텔(饭店, 酒店) 〉 일반적인 삔관(宾馆) ≒ 학교 기숙사(宿舍) 〉 민박 〉 초대소(招待所) 및 게스트하우스다.

처음 어학연수나 유학을 가는 학생들 중 간혹 처음부터 외주(外住)를 하면 어떤지 묻는 학생들이 있는데 처음부터 외주를 하기란 쉽지 않다. 현지에서 직접 시간을 투자해서 집을 구해야 하고 집을 구한 후 들어가는 초기 비용도 만만치 않기 때문이다. 정말 길게 체류할 생각을 하고 준비한 학생이라면 괜찮지만 단순히 외주가 어떨까 하고 생각하는 학생들에게는 추천하고 싶지 않다. 외주 생활은 확고한 의지가 없으면 학교와 가깝지 않기 때문에 나태해지기 쉽다. 이런 점들을 고려해서 신중히 결정하도록 한다.

교외 기숙사

01 대학 기숙사

대학 기숙사를 이용하는 방법에는 두 가지가 있다.
첫째, 학교에 등록하지 않고 이용하는 방법이 있는데 이 경우에는 학생이라 해도 해당 학교에 등록되어 있지 않은 학생이라면 일반적인 삔관 가격을 받고 있다. 둘째로는 학교에 등록하고 기숙사로 들어가는 일반적인 형태의 기숙사 이용 방법이다. 이 경우에는 일반인이 이용하는 가격보다 훨씬 저렴하다.
한 학교에는 여러 종류의 기숙사가 있는데 시설이 좋지 않은 곳은 가격이 상대적으로 저렴하다. 학교마다 차이는 있지만 일반적으로 2인 1실이 기준이고 1인실, 2인실, 간혹 4인 2실, 3인 2실 등이 있으며 침대, 이불, 책상, 스탠드, 옷장, TV, 전화기, 에어컨 등이 갖춰져 있다. 화장실과 샤워실이 있는 방과 공용 화장실, 공용 샤워실을 쓰는 방으로 나눠진다.
중국 학생을 위한 기숙사는 남녀의 건물이 구분되어 있는데 외국인을 위한 기숙사는 남녀가 같은 건물에서 생활한다. 대부분 층 구분 없이 방을 배정해서 바로 앞방과 옆방에 이성이 사는 경우도 많으니 놀라

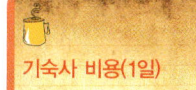

기숙사 비용(1일)
- 약 120~300元/2인실
 (해당 학교 학생이 아닐 경우)
- 약 30~80元/2인실
 (해당 학교 학생일 경우. 학교와 기숙사마다 다르다.)

중국의 대학 기숙사나 삔관은 숙박 등록을 할 때 야진(押金, 보증금)을 요구한다. 중국은 숙박뿐 아니라 여러 부문에서 보증금 제도를 이용하고 있다. 보증금을 내고 영수증을 받으면 잘 보관해두었다가 돌아갈 때 반드시 보증금을 돌려받도록 한다. 중국에서는 약간의 빌미만 보여도 당하기 십상이니 영수증을 잃어버려서 보증금을 돌려받지 못하는 일이 없도록 하자.

지 않기를 바란다.

기숙사에는 여러 나라 학생들이 모여 있기 때문에 문화 충돌이 일어날 수 있는 반면 외국인 친구를 사귀기에도 좋다. 외국인과 대화하는 것을 두려워 말고 상대의 문화를 조금씩 이해하면서 글로벌 시대에 앞서 나갈 수 있는 발판을 마련할 기회를 만들어보자.

잠자는 것 못지않게 중요한 것이 먹는 것인데 기숙사에서는 식사를 제공하지 않으니 학교 내에 있는 학생 식당에서 끼니를 해결하는 것이 가장 저렴하다. 대부분 화재의 위험성과 위생상의 문제로 방안에서 취사를 금지하고 있는 대신 층마다 주방 시설을 갖추어놓고 있다. 최근에는 거의 모든 기숙사에 인터넷이 연결되어 있는데 비용은 대부분 개인이 부담해야 한다. 세탁은 기숙사에 마련되어 있는 세탁실에서 세탁 카드로 할 수 있다. 비용은 1회 약 3元 정도.

일반적으로 2인 1실이 기준이며, 개인 물품이 갖춰져 있어요.

개인 침대

개인 화장실

기숙사 내부

학교마다 약간씩 차이가 있지만 기숙사에는 10~11시경에 통금시간이 있다. 늦게 들어가면 문을 열어주지 않으니 외출했다가 통금시간에 걸리지 않도록 주의한다. 남에게 피해를 주는 고성방가나 기숙사 내 음주를 하면 쫓겨날 수 있으니 절대 하지 않도록 한다.

东煜		您好. 我要申请宿舍.
dōng yù		nín hǎo. wǒ yào shēn qǐng sù shè.
동욱		안녕하세요. 기숙사 등록을 하려고 합니다.

服务员		您好. 你要单人间还是双人间?
fú wù yuán		nín hǎo. nǐ yào dān rén jiān hái shì shuāng rén jiān?
종업원		안녕하세요. 1인실을 원하세요, 2인실을 원하세요?

东煜		我要双人间的.
dōng yù		wǒ yào shuāng rén jiān de.
동욱		2인실을 원합니다.

服务员		1个学期, 7,800块钱.
fú wù yuán		yí ge xué qī, qī qiān bā bǎi kuài qián.
종업원		한 학기에 7,800위안입니다.

东煜 dōng yù 동욱	每个月交钱不可以吗? měi gè yuè jiāo qián bù kě yǐ ma? 매달 계산하면 안 되나요?
服务员 fú wù yuán 종업원	不可以. bù kě yǐ. 안 됩니다.
东煜 dōng yù 동욱	好的. 那么押金多少钱? hǎo de. nà me yā jīn duō shao qián? 알겠습니다. 그럼, 보증금은 얼마죠?
服务员 fú wù yuán 종업원	押金是 1,000块钱. yā jīn shì yì qiān kuài qián. 보증금은 1,000위안입니다.

중국에서 학교를 다니며 친구들과 여행을 다닐 때 다른 학교 기숙사를 예약한 후 다섯 명이 한 방에서 묵은 적이 있었다. 물론 일반 숙박업소뿐 아니라 기숙사에서도 한 방에 다섯 명이 들어갈 수는 없다. 일반적인 삔관에 비해 기숙사 내에는 원래 학생들이 많이 드나들어 그다지 의심을 하지 않기 때문에 가능한 방법이었다. 여럿이 돈을 아끼면서 여행하려는 학생들은 해볼 만하다.

02 월세

중국에서 학교를 다니거나 사업을 하는 장기 체류자들은 집을 구해서 생활하면 훨씬 알뜰하게 지낼 수 있다. 학교 근처에 방을 구할 때(외주) 가장 쉬운 방법은 학교 근처의 유명한 한국 식당이나 해당 지역 유학생들 모임인 인터넷 카페를 활용하는 것이다. 사정상 갑작스럽게 한국으로 돌아가야 하는 학생이나 계약이 만료되기 전에 귀국해야 하는 학생들이 저렴하고 괜찮은 집을 매물로 내놓기 때문에 쉽게 싸고 좋은 집을 구할 수 있다.

계약이 만료되지 않은 집을 구한 경우에는 반드시 중국인 집주인과 전 세입자가 같이 있는 곳에서 계약을 해야 한다. 그렇지 않으면 나중에 보증금을 받지 못하거나 심한 경우에는 중간에 쫓겨날 수도 있다. 이런 경우가 아니라면 부동산 소개업소를 이용해야 하는데 이때는 몇 가지 주의사항이 있다.

먼저 자신의 재정 상태나 여러 가지 상황에 맞추어 어느 정도의 집에서 살 것인지 정해놓는다. 그리고 최소한 몇 군데 부동산 소개업소에

> 일반적으로 중개수수료는 보름치 임대료 정도이며, 보증금(押金)은 대략 한 달이나 두 달치 임대료다.
> 중국 검색사이트인 www.baidu.com에서 검색창에 지역명+出租信息(chūzūxìnxī, 부동산 소식)를 입력하면 각 지역 부동산 사이트를 검색할 수 있다.
> 예) 베이찡-北京出租信息,
>   상하이-上海出租信息.

부동산 소개업소

문의해보는 것이 유리하다. 한국인을 상대로 하는 소개업소는 중국인들이 이용하는 소개업소에 비해 중개료가 약간 비쌀 수 있으니 중국인을 상대로 하는 소개업소에도 함께 문의해보는 것이 좋다. (원래 세입자에게는 중개료를 받지 않으나 외국인들에게는 받고 있는 경우가 대부분이다.) 좋고 싼 집을 얻으려면 발품을 많이 팔아야 한다는 점을 잊지 말자. 한국과는 달리 중국은 같은 아파트라 해도 구조가 다르고 집집마다 인테리어 또한 다르다. 가전제품, 가구 등 모든 것이 갖추어져 있는 집이 있는 반면 아무것도 없는 집도 있으니 여러 곳을 보고 가장 적당한 곳을 찾도록 하자. 최근에는 학교 근처에서 구할 수 있는 집들은 거의 대부분 인테리어가 되어 있다.

중국의 평수와 한국의 평수는 다르다. 중국에서는 1평이 1평방미터(가로 1m, 세로 1m)이고, 한국은 3.3평방미터가 1평이다. 그래서 한국에서의 30평짜리 집이 중국에서는 약 100평이나 되는 것이다.

부동산 임대계약서와 주거용 아파트

东煜 dōng yù 동욱	你好. 我想租房. nǐ hǎo. wǒ xiǎng zū fáng. 안녕하세요. 집을 구하고 있는데요.	

经纪人 jīng jì rén 중개인	你要什么样儿的房间? nǐ yào shén me yàngr de fáng jiān? 어떤 방을 원하시나요?	

东煜 dōng yù 동욱	没什么特别的要求.˚有一个房间, 一个厨房, 一个卫生间, 最好便宜一点儿的. méi shén me tè bié de yāo qiú. yǒu yí gė fáng jiān, yí gė chú fáng, yí gė wèi shēng jiān, zuì hǎo pián yi yi diǎnr dė. 특별히 원하는 건 없어요. 방 하나, 주방 하나, 화장실 하나 있고 제일 싼 거면 좋겠어요.	

经纪人 jīng jì rén 중개인	好.˚我找一找. 稍等一下. háo. wǒ zhǎo yi zhǎo. shāo děng yí xià. 좋아요. 찾아보죠. 잠시만 기다리세요.	

东煜 dōng yù 동욱	好的. hǎo de. 네.	

经纪人 jīng jì rén 중개인	有符合你要求的, 也很便宜. yǒu fú hé nǐ yāo qiú de, yě hěn pián yi. 요구사항에 맞는 게 있네요. 매우 저렴합니다.	

东煜 dōng yù 동욱	这房子的出租价是多少? zhè fáng zi de chū zū jià shì duō shao? 방세가 얼마인가요?	

经纪人 jīng jì rén 중개인	一个月2,000块钱. yí gė yuè liǎng qiān kuài qián. 한 달에 2,000위안입니다.	

东煜 dōng yù 동욱	2,000块钱? 太贵了. liǎng qiān kuài qián? tài guì le. 2,000위안요? 너무 비싼데요.	

经纪人 jīng jì rén	不算贵.˚一般的房间一个月2,500块. bú suàn guì. yì bān de fáng jiān yí gė yuè liǎng qiān wǔ bǎi kuài.	

중개인	비싼 게 아니에요. 일반적인 집이 한 달에 2,500위안이에요.
东煜 dōng yù 동욱	是吗.° 好. 去看一看可以吗? shì ma. hǎo. qù kàn yi kàn kě yǐ ma? 그래요. 좋습니다. 가서 살펴봐도 되겠죠?
经纪人 jīng jì rén 중개인	当然可以. 跟我走吧. dāng rán kě yǐ. gēn wǒ zǒu ba. 당연히 되죠. 절 따라오세요.

적당한 집을 구했다면 계약을 하기에 앞서 반드시 몇 가지 확인해야 한다. 이것은 중국에서뿐만 아니라 어디에서든 집을 계약할 때 확인해야 할 것들로, 집안 시설들의 상태를 파악해 이상이 있는 것은 계약하기 전에 수리해줄 것을 요구하고 이상이 있는 부분을 계약서에 명시해놓아야 계약만료 시 불이익을 당하지 않는다.

임대료에 포함되어 있는 것들[관리비(管理费), 난방비(供暖费) 등]이 무엇인지 꼼꼼히 챙기고, 계량기[수도비(水费), 가스비(煤气费), 전기비(电费)]의 수치를 확인한 후 기록해놓아 혹시라도 전에 살던 사람이 사용하고 내지 않은 공과금을 대신 물지 않도록 한다. 임대료는 흥정이 가능하니 최대한 저렴하게 들어갈 수 있도록 하자.

하지만 한국인이 많은 지역은 흥정하기가 쉽지 않다. 임대료는 집이 좋으냐, 그렇지 않느냐에 따라 차이가 있겠지만 학생이 많은 우다오코우(五道口, 오도구)를 기준으로 대략 원룸이 2,500~4,000元, 투룸이 3,500~5,500元 정도 한다. 우다오코우만 벗어나면 가격은 거의 2/3나 절반 정도라고 생각하면 된다. 보통 임대료의 1달 치를 보증금으로 납부하며, 3달에 한 번씩 3달 치 임대료를 한꺼번에 납부한다. 이는 집주인과 잘 상의를 하면 1달에 한 번씩 임대료를 낼 수도 있으나 현재는 거의 모든 집주인이 3달에 한 번씩 3달 치를 한꺼번에 받기를 원한다. 또한 6개월이나 1년 단위로 계약을 한다. 계약위반 시 보증금을 돌려받지 못하는 것은 당연한 일이나 계약만료 후에도 집주인들이 사소한 문제로 돌려주지 않으려고 한다. 이를 피하기 위해서는 이사 후 처음 집 상태를 카메라로 찍어 보관하고 있다가 집주인이 사소한 문제로 시시비비를 따지면 증거로 사용할 수 있다. 1달이나 3달 정도의 임대는 불가능하다고 보면 된다.

마지막으로 다시 한 번 확인해야 할 것은 계약서다. 한국인을 상대로 하는 부동산 소개업소가 아니면 계약서는 중국어로 되어 있기 때문에 보기 쉽지 않겠지만 그래도 사전을 이용하거나 아는 사람의 도움을 받아 계약기간과 보증금, 임대료에 관한 부분을 확인해보는 것이 필요하다.

이제 가장 중요한 임시 주숙등기(临时住宿登记)가 남았는데 일반적으로는 떵지(登记)라 불린다. 외국인이 호텔이나 학교 기숙사가 아닌 다른 곳에서 거주하게 될 경우에는 반드시 파출소에 가서 등록을 해야 한다. 주숙등기를 하지 않았다가는 벌금과 불이익만이 기다리고 있으니 반드시 잊지 말고 신고하도록 하자.

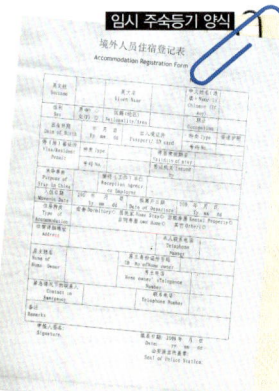

임시 주숙등기 양식

임시 주숙등기
외국인이 중국에 입국한 후 입국 외국인이 숙박할 수 있는 숙소(3성급 이상의 호텔, 유스호스텔, 학교 기숙사, 외국인이 숙박할 수 있는 게스트하우스)에 숙박하면 자동으로 등기가 된다. 하지만 친구 집이나 방을 세 내어 지낼 때는 비자의 종류에 관계없이 24시간 내에 해당 파출소에 주숙등기를 해야 한다.
과거에는 주숙등기를 하지 않아도 큰 불이익이 없었기 때문에 밖에서 집을 구해 살지 않는 한 주숙등기를 하지 않았다. 비자를 연장하거나 변경할 때 서류가 필요했기 때문에 그런 경우에만 주숙등기를 했다. 하지만 요즘에는 24시간 내에 주숙등기를 하지 않을 경우 50~500元의 벌금이 나오며, 평소에도 경찰이 불시에 검문하기까지 하니 반드시 잊지 말고 기간 내에 주숙등기를 하자. 여권과 집주인 신분증, 주택증명서만 갖고 관할 파출소에 가면 무료로 주숙등기를 할 수 있다. (집주인을 대동하는 것이 가장 편하다.)

经纪人	怎么样?
jīng jì rén	zěn me yàng?
중개인	어떤가요?

东煜	跟我想的房间不一样. 真干净. 押金多少钱?
dōng yù	gēn wǒ xiǎng de fáng jiān bù yí yàng. zhēn gān jìng. yā jīn duō shao qián?
동욱	제가 생각했던 것과 다르네요. 상당히 깨끗하군요. 보증금은 얼마죠?

经纪人	2,000块钱. 手续费是1,000块钱.
jīng jì rén	liǎng qiān kuài qián. shǒu xù fèi shì yì qiān kuài qián.
중개인	2,000위안입니다. 중개료는 1,000위안이구요.

东煜	那好吧. 我要租这个房间.
dōng yù	nà hǎo ba. wǒ yào zū zhè ge fáng jiān.
동욱	좋아요. 이 방을 빌리겠습니다.

经纪人	好. 把租房合同填一下. 谢谢.
jīng jì rén	hǎo. bǎ zū fáng hé tóng tián yí xià. xiè xie.
중개인	좋아요. 부동산 계약서를 적어주세요. 감사합니다.

东煜	谢谢.
dōng yù	xiè xie.
동욱	감사합니다.

중국에서는 집 계약이 만료되기 한 달 전에 계약을 연장할 것인지 이사할 것인지를 집주인에게 통보하는 것이 관례다. 미리 통보하지 않을 경우 잘못하면 보증금을 돌려받지 못할 수도 있으니 유의하기 바란다.

부동산 용어

- 套一 방 1개, 거실이 없고 화장실은 있을 수 있으나 별도의 주방은 없다. 오래된 아파트에서 많이 볼 수 있는 구조이며, 2000년대 이후에 건설된 아파트에는 거의 없다.
- 套一厅 방 1개, 거실이 있고 화장실과 주방이 따로 있다.
- 套二厅一卫 방 2개, 거실, 화장실과 주방이 따로 있다.
- 套二厅双卫 방 2개, 거실, 화장실 2개, 주방이 따로 있다.
- 套三厅双卫 방 3개, 거실, 화장실 2개, 주방이 따로 있고 보통 채광창이나 발코니가 별도로 있다.
- 套三双厅双卫 방 3개, 거실, 화장실 2개, 식당과 주방이 따로 있고 채광창이나 발코니가 별도로 있다.
- 错层式 거실, 주방, 화장실은 바닥이 낮게 설계되고, 침실은 4~5개 계단 차이로 높게 설계되었다.
- 复式 복층은 천장 높이가 일반 아파트의 1.5배 이상이다. 단층 구조 안에 층계를 만들어 위층은 서재나 드레스룸 혹은 침실로 쓰인다.
- 跃层式 바깥에서 보면 완전히 1, 2층 구조로, 계단은 외부나 내부에 설치된다.

03 호텔

우리가 흔히 알고 있는 베이찡판띠엔(北京饭店, 북경반점)은 중국 식당이 아니라 5성급 호텔이다. 중국에서 판띠엔(饭店, 반점)이나 지오우띠엔(酒店, 주점), 따샤(大厦, 대하)라는 이름이 들어간 곳은 대체로 호텔이라 생각하면 된다. 삔관이라는 이름이 붙은 곳도 호텔이라고 부르기는 하지만 삔관은 우리나라의 모텔 정도다. 삔관은 호텔보다 가격이 저렴하며 대부분 가격을 흥정할 수 있다.

학생들이 이용하기에는 가격이 부담스럽지만 비즈니스나 관광을 목적으로 가는 경우라면 호텔을 이용하는 것이 더 좋다.

숙박 요금(1일)
- 호텔
약 500元(위치와 교통편에 따라 차이가 많음)
- 삔관
약 100~400元

예약

인터넷이 발달하면서 최근에는 한국에서 미리 호텔을 예약할 수 있게 되었다. 직접 호텔 사이트에 들어가 예약하는 방법도 있지만 여행사나 호텔 예약 인터넷 사이트를 이용하면 편리하고 현지에서 예약하는 것보다 가격도 조금은 저렴하다. 최근 중국의 큰 도시에 있는 호텔들은 현지의 한국인이나 조선족과 연계해서 인터넷 사이트를 많이 운영하고 있어 미리 알아보기가 쉬워졌다. 호텔을 예약할 때는 가고자 하는 관광지와의 교통이 편리한지, 시설은 좋은지, 가격이 근처의 다른 호텔보다 저렴한지 등을 비

베이찡 판띠엔

교해봐야 한다.
한국에서 예약하지 않고 현지에 가서 예약할 경우에는 여행 안내소에 부탁하거나 직접 전화나 인터넷으로 예약할 수 있다. (하지만 중국에서 여행 안내소를 찾기가 쉽지는 않다.)

www.dolphinstravel.com 실시간 호텔 검색과 예약 가능
www.payhotel.co.kr 중국 전 지역 호텔 예약 가능, 현지 지불 가능
www.ctrip.com 최대 70% 이상 싸게 예약 가능
www.tourexpress.com 저가 항공권, 해외 자유여행, 호텔 예약 가능

중국의 삔관들

저렴한 삔관들

체크인 & 체크아웃

호텔에 도착한 후 데스크에 가서 예약했다고 말하고 예약자 이름을 알려주면 직원이 예약 리스트를 조회한 후 숙박 신고서를 작성하라고 한다. 숙박 신고서에는 간단히 여권번호, 비자번호, 이름 등을 기재한다. 체크인과 체크아웃은 정오 12시가 기준인데 혹시 많이 늦을 경우에는 미리 호텔에 연락하는 것이 좋다. 그렇지 않으면 예약이 취소될 수 있다.

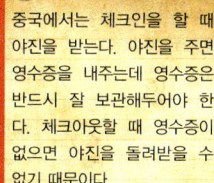

중국에서는 체크인을 할 때 야진을 받는다. 야진을 주면 영수증을 내주는데 영수증은 반드시 잘 보관해두어야 한다. 체크아웃할 때 영수증이 없으면 야진을 돌려받을 수 없기 때문이다.

호텔의 특별 서비스?

좋은 호텔에는 그런 일이 없는데 조금 외진 곳이나 일부 삔관의 경우에는 숙소 내에 안마하는 곳이 있다. 보통은 일반적인 안마를 하는 곳이지만 퇴폐영업을 하는 곳들도 상당히 많다. 안마를 받으러 가면 계속 특별한 게 있다고 말하는데 그런 유혹에 모르고라도 넘어갔다가는 큰 봉변(?)을 당하게 되니 분위기를 잘 파악하는 것이 좋다. 특히 남자들은 호기심에 끌려 넘어가는 일이 없도록 하자.

东煜 dōng yù	请问, 有空房间吗? 我想订房间. qǐng wèn, yǒu kōng fáng jiān ma? wǒ xiǎng dìng fáng jiān.
동욱	잠깐 여쭤볼게요, 빈방 있나요? 방을 예약하고 싶은데요.
服务员 fú wù yuán	你要单人间还是双人间? nǐ yào dān rén jiān hái shì shuāng rén jiān?
종업원	싱글룸을 원하세요, 트윈룸을 원하세요?
东煜 dōng yù	我要单人间, 住一天多少钱? wǒ yào dān rén jiān, zhù yì tiān duō shao qián?
동욱	싱글룸을 원합니다. 하루 묵는 데 얼마죠?
服务员 fú wù yuán	一天300块钱. yì tiān sān bǎi kuài qián.
종업원	하루에 300위안입니다.

东煜 dōng yù	我要住两天. wǒ yào zhù liǎng tiān.
동욱	이틀 묵을 겁니다.

服务员 fú wù yuán	请您先填这张表, 押金是400元, 这是301房间的钥匙. qǐng nín xiān tián zhè zhāng biǎo, yā jīn shì sì bǎi yuán, zhè shì sān líng yāo fáng jiān de yào shi.
종업원	먼저 이 카드를 작성해주시고, 보증금은 400위안입니다. 이것은 301호 열쇠입니다.

东煜 dōng yù	好的. hǎo de.
동욱	알겠습니다.

服务员 fú wù yuán	谢谢. 你好好休息. xiè xie. nǐ hǎo hǎo xiū xi.
종업원	감사합니다. 편히 쉬십시오.

체크아웃 시에는 호텔 측에서 객실을 확인하는 시간이 약간 소요되며, 객실 안에서 이용한 서비스를 확인한 후 지불할 부분을 계산한다.

东煜 dōng yù 동욱	我想退房，这是我的钥匙. wǒ xiǎng tuì fáng, zhè shì wǒ de yào shi. 체크아웃을 하려고 하는데요. 제 열쇠예요.	
服务员 fú wù yuán 종업원	请稍等. 这是你的帐单, 请给我押金表. qǐng shāo děng. zhè shì nǐ de zhàng dān, qǐng gěi wǒ yā jīn biǎo. 잠시만 기다려주세요. 계산서입니다. 보증금 증서를 보여주세요.	

(잠시 후)

服务员 fú wù yuán 종업원	一共605块钱，包括你在房间喝的饮料费用. 你刷卡结账吗? yí gòng liù bǎi líng wǔ kuài qián, bāo kuò nǐ zài fáng jiān hē de yǐn liào fèi yòng. nǐ shuā kǎ jié zhàng ma? 모두 605위안입니다. 방에서 드신 음료 비용이 포함되었습니다. 카드로 결제하시겠습니까?	
东煜 dōng yù 동욱	好的. hǎo de. 네.	

04 민박, 홈스테이

민박

민박은 중국 내에 거주하는 한국인이나 조선족들이 한국인을 대상으로 운영하는 숙박시설로, 인터넷이 발달하면서 꾸준히 늘어나고 있으며 시설도 많이 좋아지고 있다.

보통 민박을 이용할 때는 가고자 하는 지역의 민박집에 대해 가격이나 교통편, 시설 등을 인터넷으로 비교 검색한 후 전화나 인터넷상으로 예약한다. 최근에는 인터넷전화로 걸면 국내 시내통화 요금이 적용되는 곳도 많고, 국제전화 요금도 저렴해졌기 때문에 한국에서 중국으로 전화를 걸어 예약하거나 알아보기에도 편리하다. 한국어 사이트로 민박집을 운영하는 곳은 모두 한국어로 통화가 가능하니 중국어를 못하더라도 걱정하지 말고 전화를 걸어보자.

최근 꾸준히 늘고 있는 추세지만 시기와 기간에 따라 방이 없을 수

요금(1일)
약 60~200元/1인

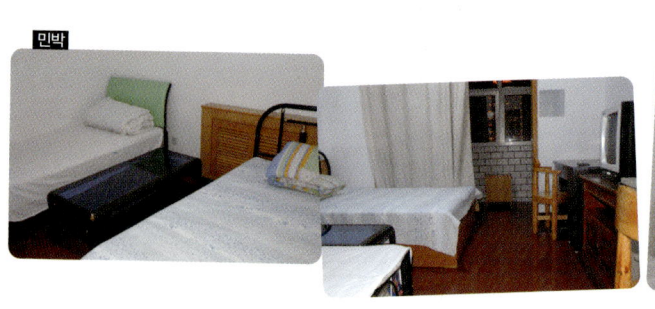
민박

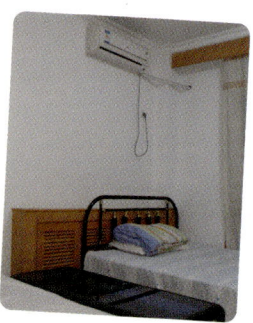

도 있으니 반드시 미리 전화로 예약해놓는 것이 좋다. 예전에 당연히 방이 있을 거라는 생각으로 중국에 가서 당일 전화 예약을 하려다가 방이 없어서 PC방에 가서 다른 민박집 전화번호를 찾은 적이 있었다. 미리 예약을 하지 않고 가는 경우에는 민박집 전화번호를 여러 개 적어 가도록 한다. 그렇지 않으면 쓸데없이 아까운 시간을 낭비하게 된다.

인터넷도 사용 가능하고 보통 1, 2, 3, 4인실 등으로 나뉘는데, 화장실이 갖추어진 방도 있으며 대부분 2식이나 3식을 제공한다. 가격도

베이찡의 민박집

상하이의 민박집

저렴한 편이며 한국말을 사용하기 때문에 편안하게 지낼 수 있고, 지역 여행 정보나 티켓 등을 저렴하게 구입할 수도 있다.

민박집은 혼자 이용하는 곳이 아니라 서로 모르는 여러 사람이 함께 이용하는 곳이기 때문에 남에게 피해를 주지 않도록 조심해야 한다. 하지만 민박집의 손님들 대부분은 타지에서 온 여행자이기 때문에 마음이 열려 있으니 조심한다고 너무 소극적으로 생활할 필요는 없다. 모르는 것이나 궁금한 것이 있으면 먼저 말을 걸어 친해져보자.

http://cafe.daum.net/chinacommunity 다음카페 중국여행동호회
http://cafe.daum.net/studentinbejing 다음카페 베이찡유학생의 모임

홈스테이

대학가 주변의 민박집은 홈스테이를 함께 운영하고 있는 곳이 많으며 민박을 하지 않고 홈스테이만 운영하는 집들도 많다. 홈스테이를 이용하는 학생들은 대학 본과 진학을 준비하거나 본과를 다니는 학생들이 대부분으로, 부모님이 자식들의 외국 생활이 걱정되어 홈스테이를 하게 하는 일이 많기 때문이다. 홈스테이를 원하는 학생들은 민박과 함께 운영되는 곳보다는 홈스테이만 전문으로 하고 있는 곳들을 찾아보는 것이 좋다. 학교 주변에 있는 홈스테이는 대부분 한국인 어머니들이 운영하는 곳으로, 자녀를 중국 대학에 진학시킨 후 남는 방을 활용하는 경우가 많다. 그래서 다른 곳보다 음식도 입에 맞고 많은 관심을 갖고 대해주는 편이다.

홈스테이는 한 학기 이상씩 머무는 게 보통이다. 대부분 학교를 다니는 학생들이고 중국 유명 대학 입시를 준비하는 어린 학생들이 많으니 열심히 공부하는 친구들을 위해 저녁시간부터는 조용히 해주도록 한다. 아주 어린 학생이 아니라면 늦은 시간이라도 외출은 자유로운 편이며, 조용히 다니는 것이 기본 에티켓이라 하겠다.

> 비용(베이찡, 한 달 기준)
> • 3,000~3,500元(1인실): 조선족 운영
> • 4,000~5,000元(1인실): 한국사람 운영
>
> * 주로 베이찡과 샹하이에서 홈스테이를 많이 하는데 비용은 비슷하다.

05 초대소 및 게스트하우스

요금(1일)
약 15~50元

초대소나 게스트하우스는 여러 나라에서 온 여행객들이 이용하는 곳이기 때문에 도난사고가 빈번히 발생한다. 중요한 소지품(여권, 돈, 카메라 등)은 샤워할 때나 잠을 잘 때도 본인이 직접 신경 써서 챙겨야 한다. 조금만 주의하면 도난사고는 미연에 방지할 수 있다. 한국에서 미리 가방 지퍼에 걸 수 있는 조그만 자물쇠를 준비해가는 것도 좋다.

일반적으로 돈을 아끼려는 배낭여행자들이 많이 이용하는 곳이 바로 초대소(招待所)와 게스트하우스다. 초대소[비슷한 개념으로 뤼관(旅馆, 여관)이라는 것도 있다.]는 원칙적으로 외국인이 이용할 수 있는 곳이 많지 않지만 요즘에는 외국인이 이용해도 전혀 문제되지 않는다. 시설은 상당히 열악한 편으로 2인 1실 형태인 곳도 있고, 한 방에 침대가 4~8개 정도인 곳도 있고, 공용 화장실과 공용 샤워실을 이용하는 기숙사 형태인 곳도 있다. 그래서 귀중품을 잘 보관해야 하는 불편함이 있다. 지방에 있는 유명한 여행지의 게스트하우스도 초대소와 비슷한 형태를 취하고 있는데, 다른 점이라 하면 게스트하우스는 여행자들을 위한 숙박시설이라는 점이다.

한국인이 운영하는 게스트하우스도 있으니 여행을 떠나기 전에 알아보도록 하자. 게스트하우스에 가면 배낭여행하는 사람들을 많이 만날 수 있어 실제 경험이 담긴 생생한 여행정보를 얻을 수 있고 방향이 같다면 동행할 수도 있다.

한번은 윈난성(云南省)을 여행하던 중 한국인 누님을 한 분 만나 며칠 동행을 했었는데 몇 년이 지난 지금도 그분과 친분을 쌓고 있다. 적지 않은 여행의 경험에 비춰볼 때 여행을 하면서 만나게 되는 사람들은 나이, 성별을 막론하고 모두 영혼이 맑은 사람들이며 자신보다 남을 먼저 배려할 줄 아는 사람들이었다. 지금도 배낭여행 다니는 사람들은 그런 사람들이라는 생각에 변함이 없다.

추천 게스트하우스, 초대소 검색
http://cafe.naver.com/chinahappy.cafe
http://cafe.naver.com/lijiang2boys

东煜 dōng yù 동욱	你好. 有没有空房间? nǐ hǎo. yǒu méi yǒu kōng fáng jiān? 안녕하세요. 빈방 있나요?	
服务员 fú wù yuán 종업원	只有四人间. zhǐ yǒu sì rén jiān. 4인실만 있습니다.	
东煜 dōng yù 동욱	一天多少钱? yì tiān duō shao qián? 하루에 얼마죠?	
服务员 fú wù yuán 종업원	一天30块钱. yì tiān sān shí kuài qián. 하루에 30위안입니다.	
东煜 dōng yù 동욱	好. 给我一张床. hǎo. gěi wǒ yì zhāng chuáng. 좋습니다. 침대 하나 주세요.	
东煜 fú wù yuán 종업원	你先付钱. nǐ xiān fù qián. 먼저 계산해주세요.	
东煜 dōng yù 동욱	好. 给你30块钱. hǎo. gěi nǐ sān shí kuài qián. 네. 30위안 여기 있습니다.	
服务员 fú wù yuán 종업원	谢谢. xiè xie. 고맙습니다.	

> 지역(대도시 같은 경우)에 따라서는 게스트하우스가 민박과 유사한 형태를 취한 곳도 있으니 미리 알아보고 이용하면 많은 도움이 될 것이다. 외국인들이 많이 이용하는 초대소나 게스트하우스는 한 방에 여러 명이 자기 때문에 침대방 가격을 받는 곳이 대부분이다.

Part. 4

생활하기(1)

01 전화

휴대폰

중국의 휴대폰은 크게 두 가지 통신방식이 있다. 하나는 우리나라와 같은 CDMA 방식이 있고, 또 하나는 유럽과 같은 GSM 방식이다. 현재 중국인의 90%는 GSM 방식을 사용하고 있다.

통신방식이 다르기 때문에 휴대폰 사용 개념도 다를 수밖에 없다. 우리나라는 사용하고 한 달 후에 요금을 내는 후불제이지만 중국의 GSM 방식은 휴대폰 번호도 물건 사듯이 SIM 카드를 사서 휴대폰에 끼워 넣으면 되고, 요금도 원하는 가격만큼의 카드를 사서 카드에 적힌 번호를 눌러 충전해 쓰는 선불제 방식이다. 그래서 좋은 휴대폰 번호를 적어놓고 길거리에서 SIM 카드를 파는 사람들을 자주 볼 수 있다.

베이찡 우다오코우 극장 옆에 한국인이 경영하는 천사통신이라는 휴대폰 매장이 있다. 우리말로 휴대폰 사용법과 요금제에 대해 자세한 설명을 들을 수 있고 휴대폰도 살 수 있는 곳이다. 한국인이 운영한다고 해서 무턱대고 살 것이 아니라 휴대폰을 살 때는 여러 곳을 다니며 가격을 알아보고 사야 저렴하게 살 수 있다.

1) GSM 방식

중국 리엔통(联通, 연통)과 중국 이똥통씬(移动通信, 이동통신-이똥)이 운영하고 있다. 131 / 132로 시작하는 번호는 중국 리엔통에서, 134 / 135 / 136 / 137 / 138 / 150 / 158 / 159는 중국 이똥통씬에서 관리한다.

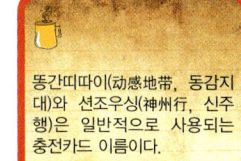

똥간띠따이(动感地带, 동감지대)와 션조우싱(神州行, 신주행)은 일반적으로 사용되는 충전카드 이름이다.

(1) 중국 리엔통의 요금제
　　수신 무료 신청: 16元 / 월
　　96531+시외전화: 0.3元 / 분
　　50元 / 100元 단위로 기본 충전

(2) 중국 이똥통씬의 요금제
　• 똥간띠따이(动感地带)
　　0.25元 / 분(09:00~21:00)
　　0.12元 / 분(21:00~09:00)
　　17951+시외번호: 0.35元 / 분(09:00~21:00)
　　　　　　　　　　 0.22元 / 분(21:00~09:00)
　　통화요금이 저렴해 중국 내에서 가장 많은 가입자를 보유하고 있다.

　• 션조우싱(神州行)
　　수신 무료 신청: 10元 / 월
　　12593+수신번호: 0.2元 / 분
　　12593+시외번호: 0.3元 / 분
　　통화 음질이 여타 서비스에 비해 우수하다.

　• 취엔치오우통(全球通)
　　수신 무료 신청: 6元 / 월
　　문자 정액: 10~120건 / 20~300건 / 30~500건
　　　　　　　 15~200건 / 50~1,000건
　　번호 구입 절차가 쉽지 않으며, 통화비가 비싸다.

각 통신사의 선불제 휴대폰 충전 방법
• 충전카드는 가까운 편의점이나 노점상에서 쉽게 구매할 수 있다.
• 우리나라도 CDMA 방식을 사용하지만 정지시킨 휴대폰을 중국에서 개통할 수는 없다.

2) CDMA 방식(우리나라와 방식은 같지만 SIM 카드 삽입)

중국 리엔퉁 - 133 / 153으로 시작하는 번호

- 아직까지는 중국 전체 무선전화 점유율(3천 2백만 가입자)에서 차지하는 비중은 극히 작다.
- 통신시장의 후발 서비스로서, 아직까지 지역별로 통신 장애가 빈번히 나타난다.
- 발신: 0.54元 / 분, 발신 시 96531+수신번호: 0.2元 / 분
  96531+시외번호: 0.3元 / 분
  (96531번호 면제 부가서비스: 20元 / 월)
- 수신: 133元짜리 충전카드 충전 시 무료
  기타 카드 충전(50元 / 100元) 시 유료
  0.35元 / 분(9:00~20:00)
  0.25元 / 분(20:00~09:00)

베이찡 같은 대도시 안에서는 사용하기 편리하나 대도시에서 멀어지면 상대적으로 통화 품질이 떨어진다. 하지만 요즘에는 많이 좋아지고 있는 추세다.

각 통신사의 잔액 확인 방법

GSM: 이똥통씬 10086 + 1 + 1 + 1
　　　리엔통 1013089 + 1 또는 2
CDMA: 1013388 + 2

각 통신사의 금액 충전 방법

리엔통: 10012 / 96533(접속번호)
이똥통씬: 1380013800(접속번호)
　　　똥간띠따이: 1(언어 선택: 1. 중국어 2. 영어) + 2(충전) + 1(자기번호 충전)
　　　　　　　　　 + 비밀번호#
　　　션조우싱: 1(언어 선택: 1. 중국어 2. 영어) + 1(충전) + 1(자기번호 충전) + 비밀번호#

服务员	欢迎光临.
fú wù yuán	huān yíng guāng lín.
판매원	어서오세요.
东煜	这部手机多少钱啊?
dōng yù	zhè bù shǒu jī duō shao qián a?
동욱	이 휴대폰 얼마인가요?
服务员	这部手机是1,500块钱的. 这是韩国产的○○公司手机.
fú wù yuán	zhè bù shǒu jī shì yì qiān wǔ bǎi kuài qián de. zhè shì hán guó chǎn de ○○ gōng sī shǒu jī.
판매원	이 휴대폰은 1,500위안입니다. 한국의 ○○회사에서 만든 휴대폰입니다.
东煜	这部手机是新的 还是旧的?
dōng yù	zhè bù shǒu jī shì xīn de? hái shì jiù de?
동욱	새 거예요, 중고예요?

服务员	都是新的. 没有旧的.
fú wù yuán	dōu shì xīn de, méi yǒu jiù de?
판매원	전부 새 것이고, 중고는 없어요.

东煜	SIM卡多少钱?
dōng yù	SIM kǎ duō shao qián?
동욱	SIM 카드는 얼마인가요?

服务员	要移动的还是联通的?
fú wù yuán	yào yí dòng de hái shì lián tōng de?
판매원	이똥통씬 것이 필요하세요, 아니면 리엔통 것이 필요하세요?

东煜	中国移动通信的.
dōng yù	zhōng guó yí dòng tōng xìn de.
동욱	중국 이똥통씬 걸로 주세요.

服务员	每个电话号码价钱不一样. 吉利的电话号码比较贵, 一般的电话号码比较便宜. 一般的50块钱左右吧.
fú wù yuán	meǐ ge diàn huà hào mǎ jià qián bù yí yàng. jí lì de diàn huà hào mǎ bǐ jiào guì, yì bān de diàn huà hào mǎ bǐ jiào piàn yi. yì bān de wǔ shí kuài qián zuǒ yòu ba.
판매원	전화번호마다 가격이 다릅니다. 좋은 전화번호는 꽤 비싸고요, 일반적인 전화번호는 비교적 싼 편입니다. 보통 50위안 정도 합니다.

东煜	好. 那给我这部手机还有一个一般的电话号码.
dōng yù	hǎo. nà geǐ wǒ zhè bù shǒu jī hái yǒu yí ge yì bān de diàn huà hào mǎ.
동욱	네. 그러면 이 휴대폰과 일반적인 전화번호 하나 주세요.

服务员	不买充直卡吗?
fú wù yuán	bù mǎi chōng zhí kǎ ma?
판매원	충전카드는 안 사시나요?

东煜	给我100块钱的充直卡. 一共多少钱?
dōng yù	geǐ wǒ yì bǎi kuài qián de chōng zhí kǎ. yí gòng duō shao qián?
동욱	100위안짜리 충전카드 하나 주세요. 전부 얼마죠?

服务员	一共1,650块钱.
fú wù yuán	yí gòng yì qiān liù bǎi wǔ shí kuài qián.
판매원	전부 1,650위안입니다.

东煜 dōng yù 동욱	好. 给你啊. hǎo. gěi nǐ a. 좋습니다. 주세요.
服务员 fú wù yuán 판매원	谢谢. xiè xie. 고맙습니다.

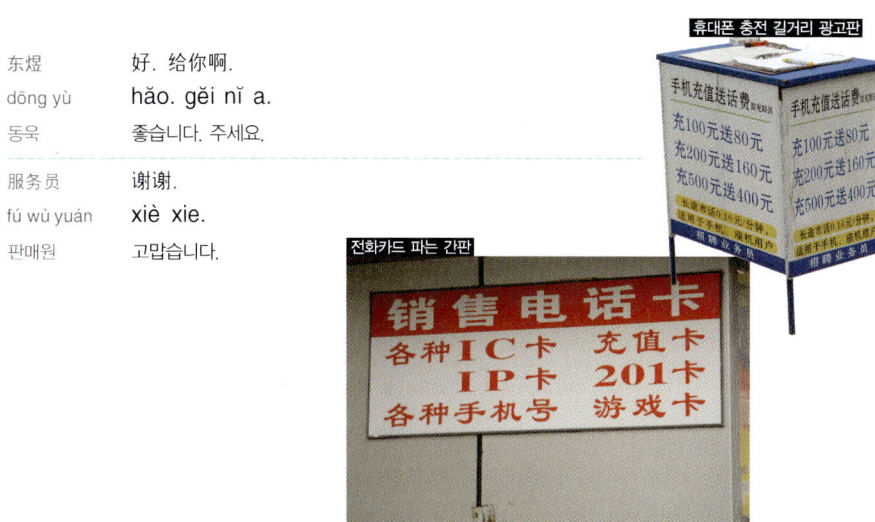

중국 내 로밍 서비스

중국은 성(省)마다 통신회사들의 분점이 자치적으로 운영되기 때문에 지역을 이동할 경우 로밍(漫游, 만요우) 요금을 부과한다. 예를 들어 베이찡에는 베이찡 이동통신사가 있고 샹하이에는 샹하이 이동통신사가 있다. 지역이 워낙 광대하기 때문에 통신사들의 투자비용이 높아 이렇게 로밍 요금을 받고 있다. 국내에서 로밍 요금을 받는 것만 봐도 중국 땅이 얼마나 넓은지 알 수 있다.

2008년 4월 1일부터 중국 내의 이똥통씬/리엔통 서비스가 통일되어 가입 지역 외의 성(省)에서 통화 시 수신(0.4元/分), 발신(0.6元/分) 요금을 부과하고 있다.

공중전화

중국의 공중전화는 IC카드 방식이다. IC카드는 사용이 편리하지만 전화요금이 비싸서 잘 이용하지 않고, 그 대신 카드번호와 비밀번호를 누르고 사용하는 201카드나 광고카드를 많이 이용한다. 광고카드는 201카드보다 요금은 저렴하지만 광고를 들어야 한다는 단점이 있다. 사용한 만큼 요금을 내는 공중전화기 가판대나 매점 등도 쉽게 발견할 수 있다.

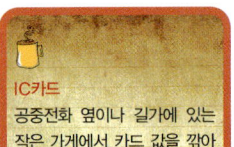

IC카드
공중전화 옆이나 길가에 있는 작은 가게에서 카드 값을 깎아 달라고 하면 카드에 적힌 금액보다 조금 싸게 살 수 있다.

중국의 지역번호

베이찡(北京) 10	샹하이(上海) 22
티엔진(天津) 21	칭다오(青岛) 28
따리엔(大连) 411	하얼빈(哈尔滨) 451
씨안(西安) 29	총칭(重庆) 811
청뚜(成都) 28	씨양깡(香港) 852
난찡(南京) 25	창춘(长春) 431
지린(吉林) 432	옌지(延吉) 433
션양(沈阳) 24	꾸이린(桂林) 773
루어양(洛阳) 379	카이펑(开封) 378
꽝죠우(广州) 20	쿤밍(昆明) 871
우루무치(乌鲁木齐) 991	

국제전화

국제전화를 거는 방법에는 휴대폰, 공중전화, 국제전화 선불카드(IP카드), 국제전화 후불카드, 인터넷폰을 이용하는 방법이 있다. 휴대폰과 공중전화는 손쉽게 걸 수 있다는 장점이 있는 반면 요금이 비싸다는 단점이 있다. 또 유학생들이 가장 많이 이용하는 국제전화 선불카드는 요금이 저렴한 반면 입력해야 할 번호가 많아 조금 번거롭다. 인터넷폰은 아주 저렴하게 통화할 수 있지만 한국에서 컴퓨터와 인터넷, 통신장비를 구입해서 가지고 가야 한다는 제한성과 번거로움이 있다. 하지만 최근에는 인터넷폰을 신청하면 통신장비를 무료로 주기도 하니 잘 알아보면 저렴하게 국제전화를 사용할 수 있다.

유학원을 통해서 가는 학생들은 대부분 국제전화 후불카드를 가지고 가는데, 개인적으로 가는 학생들은 국제전화 후불카드가 있는지조차 모른다. 국제전화 후불카드는 인터넷이나 전화로 신청하면 집으로 무료 배송되니 출국하기 전에 여행사나 유학원을 통해 미리 신청하도록 한다.

스마텔 통신회사 또는 '중자모(중국 어학연수 & 유학 스스로 준비모임) 멤버십 카드'와 연계되어 있는 인터콜에서는 중자모에 5,000원이 무료 지원되는 국제전화카드를 지원하고 있다. 어느 전화기에서든 사용할 수 있어 유사시에 요긴하게 쓸 수 있다. '중자모' 카페의 국제전화카드 신청란에 온라인으로 신청하면 우편으로 5,000원 무료 국제전화카드와 다양한 혜택을 받을 수 있는 쿠폰이 배달된다.

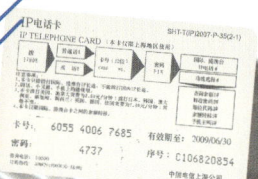

국제전화 선불카드(IP카드)

IP란 인터넷폰의 약자. 음성을 데이터화했다가 다시 음성화해 통화하는 방식이어서 통화 음질이 떨어지지만 저렴하다는 장점이 있다. 휴대폰 판매점이나 충전카드를 파는 곳에서 손쉽게 살 수 있다.

IP카드에는 HELLO 카드, 처음처럼(중국 내 한국이나 외국 업체), 17970 IP카드(중국 국내 통신회사) 등이 있다.
한국 업체에서 만든 IP카드는 기본 광케이블을 이용한 서비스 제공으로 통화 음질은 좋지만 비용이 비싸다. 반면 외국 업체의 IP카드는 인터넷망을 이용하기 때문에 비용은 저렴하지만 이용이 폭주하면 연결이 잘 안 되는 경우가 있다.

HELLO 카드
call back 시스템으로, 휴대폰의 전화요금이 나가지 않으면서 IP카드 사용 가능

17970 IP카드 사용 방법
① 먼저 동전을 사용해서 비밀번호를 긁는다.
② 휴대폰이나 전화기에서 17970을 누른다.
③ 통화가 연결되면 언어를 선택하라는 중국어가 나온다. (①번: 중국어 ②번: 영어)
④ 언어를 선택한 후 카드번호를 입력하고 #을 눌러 확인한다. (13자리 카드번호)
⑤ 비밀번호를 입력하라는 말이 나오면 6자리 비밀번호를 입력하고 #을 누른다.
⑥ 통화할 상대방의 전화번호를 입력하고 #을 누른다.
　(한국에 전화할 때: 0082로 시작하며 휴대폰이나 지역번호 앞자리의 0을 제외한다. 예를 들어 친구의 전화번호가 011-123-4567일 경우 0082-11-123-4567의 순으로 입력한다.)

- IP카드에 따라 사용법이 다르다.
- 17970 IP카드의 경우 상대방이 전화를 끊으면 남은 잔액을 알려준다.

17970 IP카드의 쉽고 편리한 기능
카드번호 + 비밀번호 + #을 누른 후
1 + #: 남은 잔액과 사용 중인 카드의 유효기간을 말해준다.
2 + #: 카드에 있는 비밀번호를 바꿀 수 있다. (4자리 이상)
4 + #: 연결 후 2#을 누르면 13자리의 긴 카드번호를 짧게 바꿀 수 있다.
5 + #: 국제전화 사용 후 카드에 남은 1~2元의 잔액을 모아 사용할 수 있다.

한국에서 휴대폰 시내 통화요금으로 중국에 전화하는 방법

1544-0044/1688-0044/1688-5959
www.1544-0044.co.kr
www.16885959.co.kr

국제 구간요금이 추가로 발생하지 않고 현재 쓰고 있는 휴대폰 시내 통화요금만 발생하므로 비용 걱정 없이 어디서든 편하게 중국에 전화를 걸 수 있다. (단, 휴대폰에서만 가능)

통화 방법
1544-0044 + 통화 버튼 + 국가번호 + 중국 전화번호 + #
- 중국(86) 베이찡(10) 234-5678에 거는 경우
  예) 1544-0044 + 통화 버튼 + 86 + 10 + 234-5678 + #
- 중국(86) 휴대폰(123-4567-8900)에 거는 경우
  예) 1544-0044 + 통화 버튼 + 86 + 123-4567-8900 + #

콜렉트콜(수신자 부담)로 전화하는 방법

수화기를 들고 108-821(한국통신), 108-828(데이콤), 108-827(온세통신)을 누르면 한국말로 안내 음성이 나온다. 요금이 상당히 비싸니 비상시에만 사용하도록 하자.

02 은행

계좌 개설

중국에서 생활하기 위해 돈을 많이 가져갔다면 반드시 중국 은행에 통장을 개설해서 돈을 넣어두어야 한다. 통장을 만드는 것은 어렵지 않다. 은행에서 대기표를 뽑고 기다리는 동안 중국 통장 개설 신청서(开户 자가 들어간 종이)를 작성한다. 이름(姓名/户名)을 작성하는 란에는 여권에 기입되어 있는 영문 성명을 표기하고, 신분증 유형(证件类型)란에는 여권(护照), 신분증 번호(证件号码)란에는 여권번호를 적은 후 차례가 되면 해당 창구로 가서 통장 개설 신청서와 여권, 입금할 금액을 함께 준다. 통장 개설 시 최소 입금액은 10元이며 달러도 입금이 가능하다. 은행 직원이 여권을 복사한 다음 옆에 있는 입력기에 비밀번호(6자리)를 누르라고 말하는데 비밀번호를 한 번 누르고 확인 차 다시 한 번 누르면 모든 절차가 끝난다.

중국의 은행

최근에는 중국에도 현금카드가 많이 보급되어 통장을 개설할 때 직원이 현금카드를 만들 것인지 물어본다. 카드를 신청한다고 말하면 은행 직원이 카드 신청서를 주는데 통장 개설 신청서와 작성하는 방법은 거의 비슷하다. 은행마다 다르지만 무료로 카드를 만들어주는 곳도 있고 10元의 수수료를 받는 곳도 있다. 통장 개설 신청서를 작성하는 것이

중국 은행 이용에 필요한 서류들

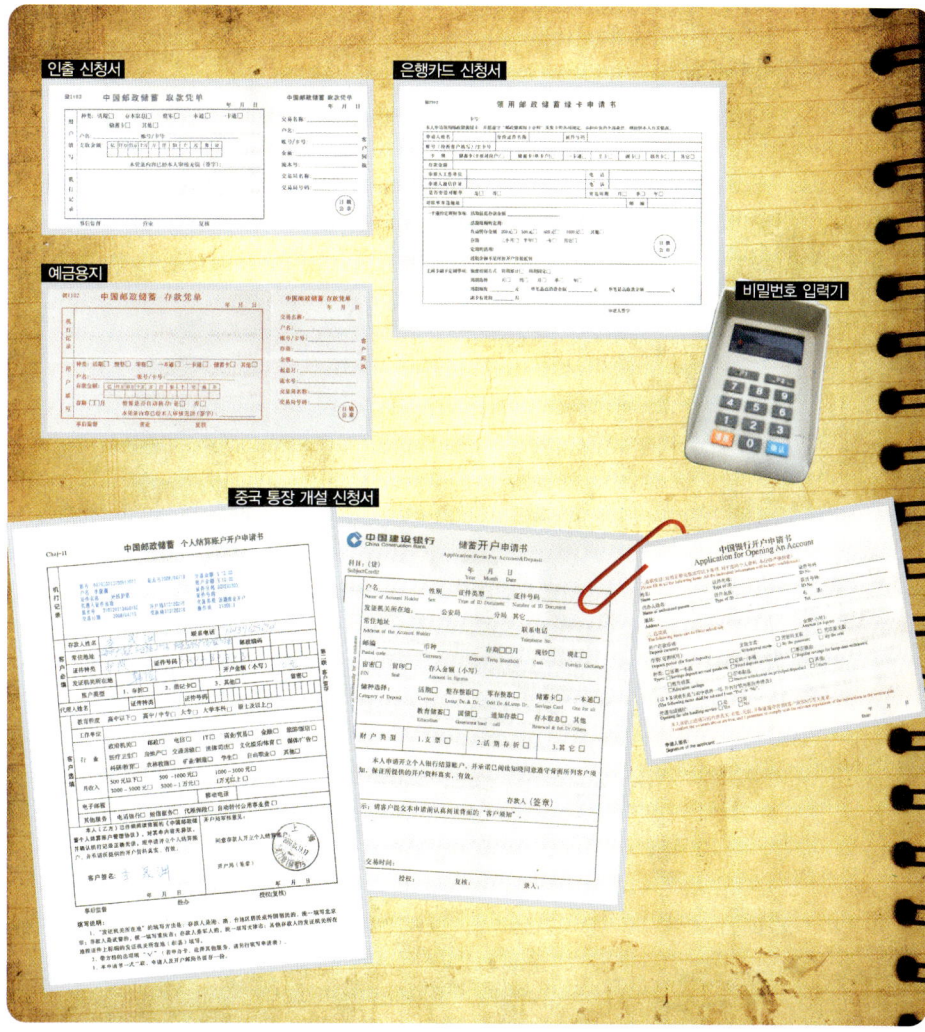

어려울 때는 안내해주는 사람에게 물어보면 친절하게 도와준다.
학생들의 경우 한 학기가 지나면 학교를 바꾸면서 지역을 옮기기도 하는데, 이때는 반드시 통장의 돈을 모두 찾아 옮긴 지역에서 새로 통장을 만들어야 한다. 중국은 성(省)끼리 네트워크 시스템이 잘 갖춰져 있지 않아 같은 은행이라도 성(省)이 다르면 독립적으로 운영된다. 지역을 옮길 때 통장을 새로 만들지 않으면 같은 통장을 계속 사용하더라도 수수료가 비싸진다.

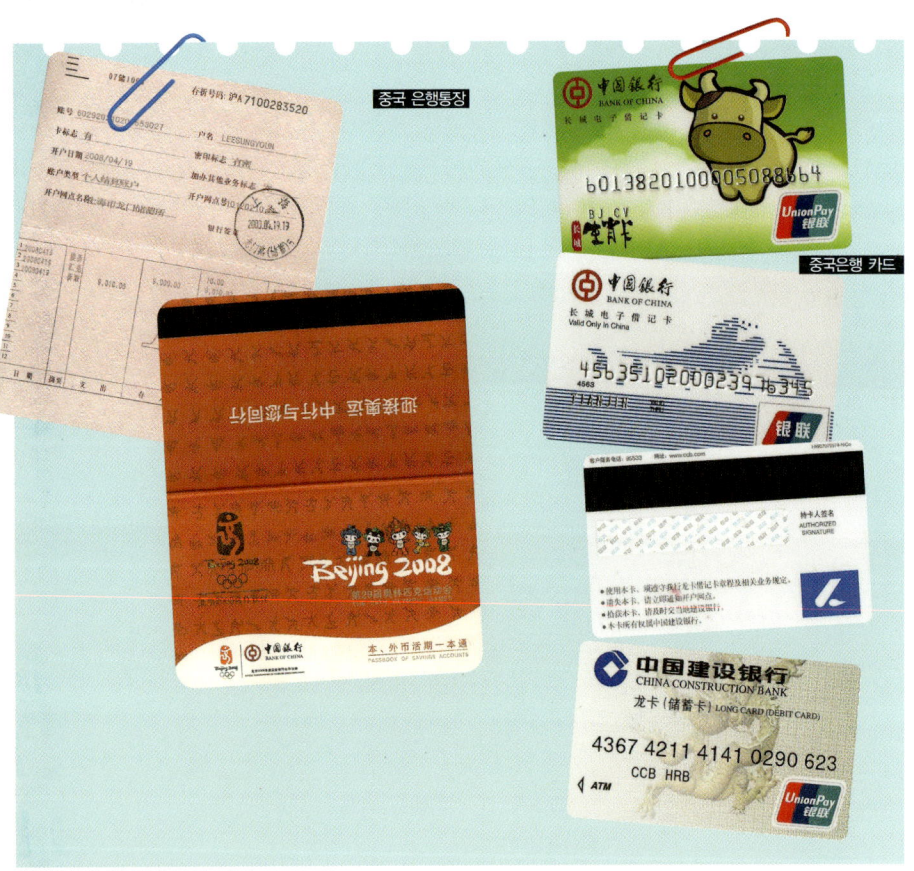

东煜 dōng yù 동욱	我要开个帐户. wǒ yào kāi ge zhàng hù. 계좌를 개설하려고 하는데요.
营业员 yíng yè yuán 직원	请填这个表.把您的护照一起交给我. qǐng tián zhè gè biǎo. bǎ nín de hù zhào yì qǐ jiāo gěi wǒ. 이 표를 작성해서 여권과 함께 주세요.
东煜 dōng yù 동욱	开一个可以使用外币的帐户. kāi yí gè kě yǐ shǐ yòng wài bì de zhàng hù. 외화 사용이 가능한 계좌를 개설해주세요.
营业员 yíng yè yuán 직원	好的.请输入六位密码. 再输一遍. hǎo de. qǐng shū rù liù wèi shǔ mì mǎ. zài shū yí biàn. 알겠습니다. 비밀번호 여섯 자리를 입력해주세요. 다시 한 번 입력해주세요.
东煜 dōng yù 동욱	我还要办张现金卡. wǒ hái yào bàn zhāng xiàn jīn kǎ. 현금카드도 만들고 싶습니다.
营业员 yíng yè yuán 직원	好的.请稍等. hǎo de. qǐng shāo děng. 알겠습니다. 잠시 기다려주세요.

환전

중국에서 달러를 환전하는 방법으로는 은행에서 환전하는 방법과 사설환전소에서 환전하는 방법이 있다. 사설환전소에서 환전하면 환율에서 이익을 볼 수 있지만 가끔 환전해주는 런민삐에 위조지폐가 섞여 있을 수 있다.

중국 은행에서 환전할 때는 반드시 여권을 지참해야 한다. 여권은 외국에서 신분증을 대신하기 때문에 여권이 없으면 환전할 수 없다. 모든 은행이 외환을 취급하는 것은 아니니 혹시라도 당황하지 말자. 환전이 가능한 은행이라면 환전할 때 특별히 어려운 것은 없다. 중국어를 못해도 달러와 여권만 보여주면 손쉽게 환전할 수 있다.

东煜 dōng yù 동욱	请问, 在哪儿换钱? qǐng wèn, zài nǎr huàn qián? 실례합니다. 환전은 어디에서 하나요?
营业员 yíng yè yuán 직원	在2号窗口. zài èr hào chuāng kǒu. 2번 창구입니다.
东煜 dōng yù 동욱	请把这些美元兑换成人民币. qǐng bǎ zhè xiē měi yuán duì huàn chéng rén mín bì. 이 달러를 런민삐로 바꾸려고 합니다.
营业员 yíng yè yuán 직원	您要兑换多少? nín yào duì huàn duō shao? 얼마나 환전하실 건가요?
东煜 dōng yù 동욱	300美元. sān bǎi měi yuán. 300달러요.
营业员 yíng yè yuán 직원	好.°请填一下兑换单. hǎo. qǐng tián yí xià duì huàn dān. 네. 환전 신청서를 작성해주세요.
东煜 dōng yù 동욱	这样写可以吗? zhè yàng xiě kě yǐ ma? 이렇게 쓰면 되나요?
营业员 yíng yè yuán 직원	可以. kě yǐ. 네.

ATM을 이용하는 방법

1. ATM에 카드를 넣으면 비밀번호(密码) 6자리를 입력하라고 한다.
2. 비밀번호를 입력하고 확인(确认) 버튼을 누른다.
3. 출금(取款)을 선택하면 금액란이 나온다.
4. 원하는 금액을 입력하고 확인을 누르면 돈이 나온다.
   중간에 취소하려면 취소(取消) 버튼을 누른다.

- 예전부터 있어 왔던 일이지만 최근 들어 ATM에서 위폐가 섞여 나오는 경우가 많다. 많게는 2,500元 중 2~3장의 위폐가 나오는 경우도 있다고 하니 돈을 인출한 후 반드시 확인해보고 의심스러우면 은행창구로 바로 가서 확인을 요청한다.
- 국제 현금카드로 인출할 때는 매번 수수료가 붙는다. 그러니 한 달에 한 번 정도 생활비를 인출한 후 중국 은행통장에 넣고 필요할 때 인출해서 쓰도록 하자.

위폐 감별

중국에는 위조지폐가 많이 나돌고 있다. 그래서 물건을 살 때 지폐를 내면 돈을 여기저기 훑어보거나 만져보거나 위폐 감별기에 대보기도 한다. 그럴 때 약간은 기분이 나쁠 수도 있으나 워낙 위조지폐가 많다 보니 어쩔 수 없는 일이라 생각해야 한다. 이참에 익혀두면 좋은 간단한 위폐 감별법을 소개하겠다.

진폐를 빛에 투과해서 보면 빈 곳에 마오쩌뚱(毛泽东, 모택동) 얼굴과 100이라는 숫자가 보이고, 우측 상단의 100이라는 숫자 밑에 동그랗게 색칠되어 있는 부분을 비스듬히 보면 거기에도 100이라는 숫자가 씌어 있다. 또 지폐의 양끝을 잡고 흔들면 일반 종이와는 달리 파닥파닥하는 소리가 나고 단단한 느낌이 있다. 진폐는 면섬유를 가공해 만든 재질의 종이를 사용하기 때문에 이런 느낌이 나는 반면 위폐는 이런 단단한 느낌이 나지 않는다.

그리고 돈에 적혀 있는 숫자 100은 모두 음각으로 되어 있어 손의 감각으로 느낄 수 있고 그림에 ☐ 표시를 해놓은 곳 또한 요철(凹凸)로 인해 오톨도톨한 느낌을 받을 수 있는데, 손의 감각이 조금 무딘 사람은 손톱으로 긁어보면 확실히 느낄 수 있다.

받은 자리에서 위폐임을 알아차리면 즉시 해결이 가능하지만 돌아서고 나면 방법이 없다. 예전에 알고 지내던 운전기사에게 모르고 위폐를 준 적이 있는데 나중에 내가 준 돈이 위폐였다는 연락이 왔다. 하지만 이미 지난 일이라 어떻게 할 도리가 없었다. 위폐는 받을 수도 줄 수도 있지만, 그 자리에서 확인하지 못하면 환불받을 방법이 없다.

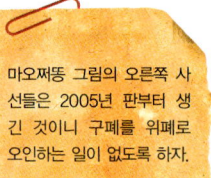

마오쩌뚱 그림의 오른쪽 사선들은 2005년 판부터 생긴 것이니 구폐를 위폐로 오인하는 일이 없도록 하자.

03 PC방

중국에서는 PC방을 왕빠(网吧)라고 한다. 우리나라의 PC방과 중국의 왕빠는 큰 차이가 없다. 우리나라처럼 자리를 배정받고 직원이 주는 카드번호를 입력하면 컴퓨터를 바로 사용할 수 있으며, 사용이 끝난 후 카드를 제시하면 사용한 만큼의 금액을 계산해서 말해준다. 차이가 있다면 중국 왕빠에는 우리나라에는 없는 야진(押金)이 있다. 사용 후 아무 이상이 없으면 야진은 그대로 돌려주고 이상이 있으면 이상이 있는 만큼 야진에서 빼고 나머지 돈만 돌려준다. 야진은 중국문화의 하나이기 때문에 이상하게 생각하지 말자. 중국에서 생활하다 보면 금방 야진에 적응하게 된다.

중국의 왕빠도 우리나라처럼 회원제로 운영된다. 회원으로 등록하면 이용료가 저렴하며 야진도 한 번만 지불하고 그 다음부터는 내지 않는다. 이용료는 왕빠마다 차이가 있으나 일반적으로 시간당 2~5元 정도(베이찡 우다오코우의 경우 약 7元) 하며, 야진은 10~20元 정도다.

현재 중국 PC방 이용 시 외국인들은 자신의 신분을 증명할 수 있는 여권이나 학생증을 가지고 있어야만 PC방을 이용할 수 있도록 되어 있다. 그러므로 PC방 이용 시 항상 여권과 학생증을 지참하여 헛걸음을 하지 말자.

중국의 PC방

服务员	欢迎光临.	
fú wù yuán	huān yíng guāng lín.	
종업원	어서오세요.	

东煜	你好. 一个小时多少钱?	
dōng yù	nǐ hǎo. yí gè xiǎo shí duō shao qián?	
동욱	안녕하세요. 한 시간에 얼마죠?	

服务员	你是会员还是非会员?	
fú wù yuán	nǐ shì huì yuán hái shì fēi huì yuán?	
종업원	회원인가요, 아닌가요?	

东煜	今天第一次来.	
dōng yù	jīn tiān dì yí cì lái.	
동욱	오늘 처음 왔습니다.	

服务员	是吗. 非会员一个小时8块钱. 押金20块钱.	
fú wù yuán	shì má. fēi huì yuán yí gè xiǎo shí bā kuài qián. yā jīn èr shí kuài qián.	
종업원	그러세요? 비회원은 한 시간에 8위안입니다. 보증금은 20위안이구요.	

东煜	给你20块钱.	
dōng yù	gěi nǐ èr shí kuài qián.	
동욱	여기 20위안요.	

服务员	你去20号座.	
fú wù yuán	nǐ qù èr shí hào zuò.	
종업원	20번에 앉으세요.	

www.hangulo.net 중국이나 해외에서 한글을 입력하지 못할 때 다운로드 받을 수 있는 사이트. 사이트에 들어가서 [영문 윈도즈에서 한글 쓰기]를 클릭한 후 다운로드 받는다. 다운로드 받은 파일을 실행한 후 컴퓨터를 다시 시작하고, 우측 하단의 EN을 클릭해 KO로 변경한다.

http://pinyin.sogou.com 한국에서 사용하는 컴퓨터에서 쉽게 중국어를 입력할 수 있는 프로그램을 다운로드 받을 수 있는 사이트. 중국의 포털사이트 중 하나인 소후닷컴이다. 사이트에 들어가서 [立即下载-바로 다운로드 받기]를 클릭한 후 다운로드 받아 실행한 뒤 컴퓨터를 다시 시작하고 우측 하단의 KO를 CH로 변경한다.

04 대중교통

중국의 도시들은 동서남북 네 방향으로 잘 구획되어 있으며 도로 이름을 지을 때는 방향 개념을 사용한다. 서울 같은 경우 강남, 강북, 강동, 강서 등 전체적으로 큰 개념을 사용하지만 중국은 도로 모퉁이에도 동서남북의 방향 표시를 해놓고 있다. 예를 들면 중국의 어느 지역을 가더라도 쫑샨루(中山路)라는 길 이름이 있다. 쫑샨루도 더 자세하게 쫑샨베이루(中山北路), 쫑샨난루(中山南路) 이런 식으로 동서남북 개념을 확실하게 구분한다. 따라서 중국에서는 동서남북을 잘 확인해두면 버스나 택시 같은 대중교통을 이용하거나 길을 찾을 때 아주 편리하다.

또한 여행을 하거나 어떤 지역을 가야 하는데 잘 모를 경우에는 지도를 이용하는 것이 좋다. 지도에는 지하철 노선표와 버스 노선도도 자세히 나와 있는데 버스 노선이 너무 많아 찾기가 쉽진 않다.

지도는 해당 도시의 기차역에서 쉽게 구할 수 있다. 지도의 가격은 1~4元 정도 하는데, 역 바로 앞에서 파는 것은 비싸고 조금 나와서 사면 싸게 살 수 있다. 1~2元 차이밖에 나지 않지만 그래도 조금이라도 절약하는 게 좋지 않은가.

차도

버스

지도를 보고 현재의 위치를 파악할 수 있다면 길 찾기는 쉬워진다. 이동하고 싶은 지역을 확인한 후 지도에 있는 노선도를 보고 버스를 이용하자. 버스정류장에도 우리나라처럼 노선 표시가 잘 되어 있다. 버스를 탔을 때에도 전광판에 다음 역이 어디인지 안내해주며 방송으로도 다음 역이 어디인지 알려준다. 중국어가 서툴다면 버스 내의 전광판을 확인하도록 한다.

중국의 버스도 현대화의 물결을 타고 몇 년 전부터 버스카드 서비스를 제공하고 있다. 아직 몇몇 버스에서는 우리나라의 예전 모습을 볼 수 있는데 바로 버스 안내원이다. 버스카드를 사용하는 버스는 타고 내릴 때 카드를 찍으면 자동으로 계산되지만 버스 안내원이 있는 버스를 타면 어디로 가는지 안내원에게 말해야 한다. 그러면 안내원이 이동거리에 따라 요금을 달라고 한다. 이용 요금은 1~2元 정도다.

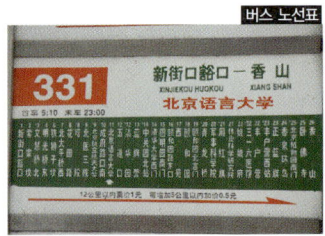
버스 노선표

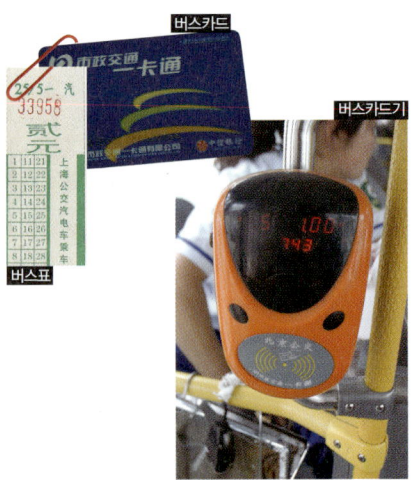
버스카드
버스카드기
버스표

버스 안내원

시내버스의 경우 우리나라의 버스와 큰 차이는 없다. 다만 에어컨이 있고 없고에 따라 기본요금이 달라진다. 에어컨 버스는 기본요금이 2元이고 겉으로 보기에도 좋아 보인다. 우리나라에서는 구경할 수 없는 버스가 있는데 전차, 말 그대로 전기로 가는 버스로, 전깃줄에 선을 연결해 전기로 버스가 간다. 또 하나는 2층 버스다. 2층 버스도 지붕이 있는 버스가 있고 없는 버스가 있다. 지붕이 없는 버스는 점차 사라지고 있는데 샹하이의 난찡루(南京路, 남경로)에 가면 볼 수 있다.

버스를 타고 장거리 여행을 할 때는 우리나라의 고속버스처럼 각 지역의 버스 터미널로 가서 이동할 지역의 표를 사서 타면 된다. 장거리 버스를 이용하다 보면 침대버스를 구경할 수 있는데, 안에 화장실이 구비되어 있는 버스도 있다. 알다시피 중국은 땅이 엄청 넓기 때문에 이런 버스도 있다.

버스카드 사용

버스카드 발급 시 : 카드 발급비(20元) + 버스충전요금
버스카드 사용 시 0.4元(도시마다 조금씩 다름)이므로 교통비를 상당히 줄일 수 있다. 대학 본과생 같은 경우에는 학생교통카드를 발급받아 0.2元(도시마다 조금씩 다름)에 이용할 수 있다. 카드는 귀국 시 발급받은 곳에 돌려주면 20元을 돌려받을 수 있다.

> 중국의 시내버스 막차는 대략 저녁 8~9시 정도이니 우리나라로 착각하고 늦은 시간에 버스정류장에서 오지 않는 버스를 기다리는 일이 없도록 하자.

2층 버스

东煜 dōng yù 동욱	请问，公共汽车站在哪儿？ qǐng wèn, gōng gòng qì chē zhàn zài nǎr? 실례지만, 버스정류장이 어디죠?
路人 lù rén 행인	过马路就是公共汽车站。 guò mǎ lù jiù shì gōng gòng qì chē zhàn. 길을 건너면 바로 버스정류장입니다.
东煜 dōng yù 동욱	到红桥市场要坐几路车？ dào hóng qiáo shì chǎng yào zuò jǐ lù chē? 홍치아오시장을 가려면 몇 번 버스를 타야 하나요?
路人 lù rén 행인	坐301路车。 zuò sān líng yāo lù chē. 301번 버스를 타면 됩니다.

(매표구에서)

东煜 dōng yù 동욱	这路车到红桥市场吗？ zhè lù chē dào hóng qiáo shì chǎng ma? 이 노선이 홍치아오시장까지 가나요?
售票员 shòu piào yuán 매표원	对。 duì. 네.
东煜 dōng yù 동욱	从这儿到红桥市场多少钱？ cóng zhèr dào hóng qiáo shì chǎng duō shao qián? 여기서 홍치아오시장까지 얼마죠?
售票员 shòu piào yuán 매표원	2块。 liǎng kuài. 2위안입니다.

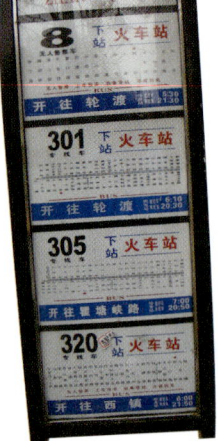

지하철

지하철은 베이찡, 샹하이, 꽝죠우, 선전 등에 있으며 우리나라의 지하철과 별반 다르지 않다. 단지 지하철 티켓이 플라스틱 카드라는 점이 다를 뿐. 베이찡의 경우 베이찡올림픽 전까지만 해도 간이 종이표가 지하철 티켓이었다. 검표원이 일일이 종이표를 받아가며 입장시켰는데, 그 모습을 보면서 인구가 많아 일부러 일거리를 만들려고 그러나 싶어 참 비효율적이라고 생각했었다.

베이찡 지하철은 올림픽 전에는 다른 칸으로 이동할 수 없게 막혀 있었는데 올림픽을 치르면서 이동할 수 있도록 문을 없앴다. 그리고 몇몇 역에서는 역으로 이동하는 도중 지하철 창문 밖에 영사기를 설치해서 어두컴컴한 터널에 광고를 쏜다.

지하철 요금
- 베이찡은 공항선(25元)을 제외한 노선은 모두 2元
- 샹하이는 구간에 따라 3~8元

베이찡 지하철

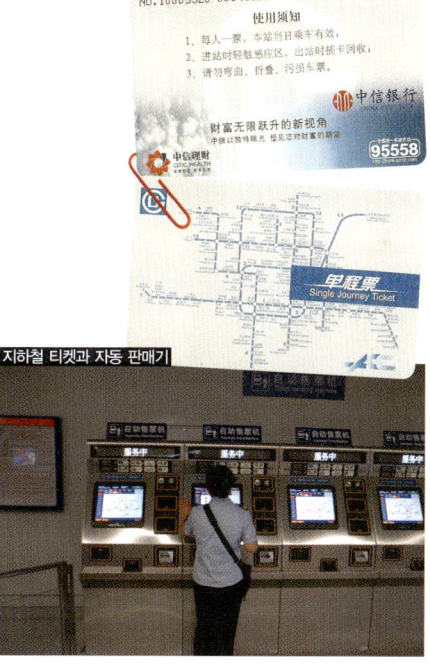

지하철 티켓과 자동 판매기

샹하이는 9개 노선이 개통되어 있으며, 베이찡과는 달리 거의 모든 지하철이 자동화되어 있다. 샹하이의 진짜양러위엔짠(锦江乐园站, 금강낙원역) 앞에 가보면 오토바이 부대가 진을 치고 있는데, 퇴근하는 사람들을 실어 나르기 위해서다. 오토바이 부대를 처음 봤을 때 우리나라에서 볼 수 없는 광경이라 무척 신기했었다.

샹하이 지하철과 티켓

퇴근하는 사람들을 실어 나르기 위해 대기하고 있는 샹하이의 진짜양러위엔짠의 오토바이 부대

东煜 dōng yù 동욱	请问, 地铁站在哪儿? qǐng wèn, dì tiě zhàn zài nǎr? 실례지만 지하철역이 어디죠?	

路人 lù rén 행인	往前走50米. wǎng qián zǒu wǔ shí mǐ. 전방으로 50미터쯤 걸어가시면 됩니다.	

东煜 dōng yù 동욱	谢谢. xiè xie. 감사합니다.	

东煜 dōng yù 동욱	请问, 售票处在哪儿? qǐng wèn, shòu piào chù zài nǎr? 실례지만 매표소가 어디죠?	

服务员 fú wù yuán 역무원	你可以用前面的自动售票处. nǐ kě yǐ yòng qián miàn de zì dòng shòu piào chù. 여기 앞에 있는 자동 매표기를 이용하세요.	

东煜 dōng yù 동욱	自动售票处怎么用? zì dòng shòu piào chù zěn me yòng? 자동 매표기는 어떻게 이용하나요?	

服务员 fú wù yuán 역무원	先按你的目的地, 然后投进零钱儿. xiān àn nǐ de mù dì dì, rán hòu tóu jìn líng qiánr. 먼저 목적지를 누르고, 동전을 넣으시면 됩니다.	

东煜 dōng yù 동욱	谢谢. xiè xie. 감사합니다.	

택시

택시를 이용하려면 간단한 중국어 정도는 할 줄 알아야 한다. 만약 중국어가 서툴다면 이동하고자 하는 지역명을 종이에 적어 보여준다. 이때는 그 지역의 거리 이름을 알려주는 것이 좋다. 중국은 도시 구획이 잘 되어 있는 편이어서 대부분의 택시기사들은 길 이름을 훤히 꿰고 있다. 기본요금은 베이찡 10元, 샹하이 11元, 칭다오 7元, 하얼빈 8元, 따리엔 7元 정도 한다. 지역마다 차이가 있는데 대도시는 평균 10~11元 정도이고, 소도시는 7~8元 정도다. 우리나라의 택시는 기본요금으로 2km 정도 가는 데 반해 중국 택시는 4~5km 정도 가기 때문에 가까운 거리는 기본요금으로 해결할 수 있다. 택시나 지역에 따라 다르지만 보통 1.60~1.90km 이동할 때마다 요금이 1元씩 올라간다.

외국인이 택시를 탈 경우 미터기를 조작해 택시 요금을 더 받을 수도 있고 일부러 먼 곳으로 돌아가는 경우도 있으니 조심하자. 택시를 자주 이용하는 경우라면 가는 길이나 요금을 잘 기억했다가 피해를 보지 않도록 한다. 택시를 탔을 때 "어느 길로 갈까요?" 하고 물어보는

기사가 있는데, 그것은 승객이 길을 알고 있는지 파악하기 위해 물어보는 경우도 있고 가려는 길이 막힐 경우 다른 길로 가자고 하기 위해 물어보는 경우도 있다. 후자의 경우라면 택시기사가 승객을 배려하기 위해 질문한 것이고, 전자라면 길을 모르니 좀 돌아가서 돈 좀 벌어보겠다는 뜻이다. 요금이 갑자기 막 올라갈 때는 택시에서 내려 다른 택시를 이용하는 것도 하나의 방법이다. 하지만 외국이라는 것을 어느 정도 감안해서 너무 따지지 말고 약간의 손해는 감수해야 할 것이다.

상하이에서 빨간색 택시는 청결하지 못하고 서비스도 좋지 않기 때문에 가급적 타지 않는 것이 좋다.

상하이의 택시에는 조수석 앞에 택시기사에 관한 정보가 적힌 안내판이 있다. 안내판에 별이 몇 개가 있는지를 눈여겨봐야 하는데, 별이 많을수록 택시기사가 무사고에 친절하고 오랜 시간 일을 했다는 뜻이다. 별 다섯 개가 가장 좋은 것으로, 그런 택시는 딱 한 번 타봤다.

상하이 택시 별점

중국에서 타본 택시 중에서 하얼빈의 택시가 최고로 난폭운전을 하는 것 같았다. 하얼빈은 겨울에 영하 15~20도 정도까지 기온이 떨어지기 때문에 눈이 오면 길이 완전히 얼음판이 된다. 한번은 하얼빈 빙설제를 보기 위해 1월에 여행을 간 적이 있었는데 길이 온통 얼어 있었다. 날씨가 너무 추웠고 처음 간 곳이라 어쩔 수 없이 택시를 탔는데, 몇몇 운전자만이 바퀴에 체인을 감고 운전을 하고 있었다. 더 황당한 것은 길이 얼음판인데도 차를 천천히 몰지 않는다는 점이다. 내심 사고가 날까봐 얼마나 겁이 났던지 지금도 하얼빈 하면 택시가 가장 먼저 떠오른다.

师傅	请上车. 去哪儿?
shī fu	qǐng shàng chē. qù nǎr?
택시기사	타세요. 어디 가십니까?
东煜	北京站. 需要多长时间?
dōng yù	Běi jīng zhàn. xū yào duō cháng shí jiān?
동욱	베이찡역요. 얼마나 걸리죠?
师傅	大概30分钟左右.
shī fu	dà gài sān shí fēn zhōng zuǒ yòu.
택시기사	30분 정도 걸립니다.

(베이찡역에 도착해서)

师傅	到了，在这儿下车.
shī fu	dào le, zài zhèr xià chē.
택시기사	다 왔어요. 여기서 내리면 됩니다.

东煜	好的，车费多少？
dōng yù	hǎo de, chē fèi duō shao?
동욱	예, 얼마죠?

师傅	80块.
shī fu	bā shí kuài.
택시기사	80위안입니다.

자전거

중국인 하면 가장 먼저 떠오르는 장면은 자전거다. 〈베이찡 자전거〉라는 영화가 만들어졌을 정도로 중국에서 자전거는 서민에게 꼭 필요한 이동 수단이다. 그러나 중국의 모든 지역에 자전거가 많은 것은 아니다. 베이찡처럼 땅이 대부분 평지인 곳에 자전거가 많다. 언덕이 많은 칭다오 같은 지역에는 자전거가 별로 눈에 띄지 않는다. 요즘은 베이찡도 예전에 비해 자전거의 수가 많이 줄었지만 그래도 베이찡에 가면 여전히 자전거를 타고 다니는 사람들을 쉽게 볼 수 있다. 자전거의 종류도 이륜자전거와 삼륜자전거, 전기자전거 등 다양하다.

유학을 가는 학생이라면 자전거를 이용하는 것이 생활하는 데 편리하다. 하지만 중국 사람들은 난폭운전을 하기 때문에 안전에 주의해야

중국인들에게 꼭 필요한 교통수단인 자전거

하고 도난에도 신경 써야 한다.

중국, 특히 베이찡은 자전거 도로가 아주 잘 되어 있다. 출퇴근 시간에는 교통신호에 따라 자전거를 통제하는 사람들도 볼 수 있다. 자전거를 타고 이곳저곳 둘러보던 유학생 시절, 자전거를 타고 다니다가 비가 오면 비를 맞으면서 기숙사로 돌아가곤 했는데 중국 사람들은 자전거용 우비를 입고 타고 다니는 것이었다. 조금은 우스꽝스러운 모습이었지만 자전거 문화가 발달한 중국에서는 흔히 볼 수 있는 모습이다. 여자들이 치마를 입고 자전거를 타는 모습도 쉽게 볼 수 있다. 말 그대로 속옷이 보일랑 말랑 하는데도 전혀 신경 쓰지 않는 모습을 보면 처음에는 조금 놀라겠지만 남을 의식하지 않는 중국인들의 문화를 알게 되면 중국의 문화로 받아들이게 될 것이다.

자전거 가격은 천차만별이다. 싼 것은 100元 정도 하지만 전기자전거

중국에는 자전거 도둑도 많아 자전거 보관에 신경 써야 한다. 그리고 너무 비싼 자전거는 사지 않는 것이 좋다.

전기자전거 가게

전기자전거

교내의 자전거 주차장

시내의 자전거 주차장

는 3,000元 이상이나 하는 비싼 것도 있다.

자전거가 필요해도 귀국하면 두고 와야 하기 때문에 아까워서 구입하지 못하는 학생을 가끔 보는데 학교 기숙사 게시판이나 한국인들이 많이 가는 식당 게시판을 통해 중고 자전거를 판매할 수 있다. 마찬가지로 중고 자전거를 살 때도 이 방법을 이용하면 된다.

东煜 dōng yù 동욱	我想买一辆自行车. wǒ xiǎng mǎi yì liàng zì xíng chē. 자전거를 한 대 사려고 합니다.	
售货员 shòu huò yuán 판매원	你喜欢哪种类型的? nǐ xǐ huan nǎ zhǒng lèi xíng de? 어떤 종류의 자전거를 좋아하세요?	
东煜 dōng yù 동욱	有没有红色的? yǒu méi yǒu hóng sè de? 빨간색 자전거 있나요?	
售货员 shòu huò yuán 판매원	当然有哇. 是这个吗? dāng rán yǒu wa. shì zhè gè ma? 당연히 있죠. 이거죠?	
东煜 dōng yù 동욱	对. 多少钱? duì. duō shao qián? 맞아요. 얼마죠?	
售货员 shòu huò yuán 판매원	三百二. sān bǎi èr. 320위안입니다.	
东煜 dōng yù 동욱	便宜点儿吧. pián yi diǎnr ba. 좀 깎아주시죠.	
售货员 shòu huò yuán 판매원	三百. 怎么样? sān bǎi. zěn me yàng? 300위안 어떠세요?	
东煜 dōng yù 동욱	二百八. 怎么样? liǎng bǎi bā. zěn me yàng? 280위안으로 하죠. 어때요?	

售货员	好的. 二百九. 行吗?
shòu huò yuán	hǎo de. liǎng bǎi jiǔ. xíng ma?
판매원	좋아요. 290위안. 괜찮죠?

东煜	不行! 二百八.
dōng yù	bù xíng! liǎng bǎi bā.
동욱	안 돼요. 280위안.

售货员	行了. 行了.
shòu huò yuán	xíng le. xíng le.
판매원	알겠어요. 알겠어요.

东煜	谢谢!
dōng yù	xiè xie!
동욱	고마워요.

자전거 판매점

Part. 5

생활하기(2)

01 음식

중국의 4대 요리

중국 음식은 대표적으로 베이찡차이(北京菜, 북경요리), 샹하이차이(上海菜, 상해요리), 꽝똥차이(广东菜, 광동요리), 쓰츄안차이(四川菜, 사천요리), 이렇게 네 가지로 구분된다.

베이찡차이는 베이찡과 티엔진을 중심으로 한 황하(黃河) 지역의 요리로, 문화 발전을 이룬 청나라 시대 때의 궁중 요리가 많이 발달했다. 튀김류와 볶음류가 많고 기름진 것이 특징이다. 베이찡은 쌀보다 밀이 많이 나는 지역으로, 면류나(소를 넣지 않은) 만두 종류가 발달했다. 대표적인 요리로는 베이찡카오야(北京烤鸭, 북경오리)가 있다.

샹하이차이는 난찡과 샹하이 지역을 아우르는 양쯔 강 유역의 대표적인 요리로, 넓은 평원이 있어 쌀을 재료로 한 요리가 많고, 바다와 인접해 있어 해산물이 들어간 요리도 많으며 게를 이용한 요리도 유명하다.

꽝똥차이는 남부 연안 지역의 요리로, 외국과 빈번하게 교류하면서 발달했는데 외국에 있는 차이나 레스토랑 요리들은 거의 꽝똥차이라 하니 가히 중국요리를 대표한다고 할 수 있겠다. 요리 재료로는 가리는 것이 없고 바다와 가까이 있어 해산물도 많이 사용하며, 중국요리 중에서는 담백한 편이다. 대표적인 요리로는 탕츄로우(糖醋肉, 탕수육)와 디엔씬(点心, 딤섬)이 있다.

쓰츄안차이는 서부 내륙지역의 요리로, 해산물을 제외한 갖가지 풍부한 특산물과 야생 동식물을 재료로 이용하며 마늘, 파, 고추, 생강과 같은 여러 가지 향신료를 많이 넣는다. 또한 깊은 산골 지역이기 때문에 저장 음식들이 발달했다. 대표적인 요리로는 꽁빠오찌딩(宫保鸡丁, 궁보지정)과 마포또우푸(麻婆豆腐, 마파두부)가 있다.

● 츄알(串儿, chuànr): 고기나 채소 등을 꼬치에 꽂아 숯불에 구워먹는 음식이다. 대표적으로 양꼬치가 유명하다.

● 슈안양로우(涮羊肉, shuànyángròu): 훠구어(火锅, huǒguō)라고도 하는데, 우리나라의 샤브샤브와 비슷하다. 모든 음식 재료가 슈안양로우의 재료라고 보면 된다. 참깨로 만든 마지양(麻酱, májiàng)에 찍어 먹는데 땅콩잼과 맛이 비슷하다.

중국의 향신료

중국에는 우리나라에서 볼 수 없는 여러 가지 향신료가 있다. 중국인들은 음식에는 향신료가 들어가야 제 맛이 난다고 할 정도로 향신료를 좋아한다. 한국 사람들은 처음 중국에 가면 음식 때문에 고생을 하는데 바로 향신료 때문인 것 같다.

정말이지 숫자를 헤아리기 어려울 정도로 요리의 종류가 많고 요리마다 들어가는 향신료 또한 많다. 찜이나 조림에 사용하는 빠지아오(八角), 육류와 생선의 비린내를 없애주는 띵씨이양(丁香), 산초 씨인 화지아오(花椒), 씹으면 자극적인 맛이 나는 로우꾸이피(肉桂皮), 귤껍질을 말려 약재로도 사용하는 천피(陳皮) 등이 있는데, 중국에서는 이것을 다섯 가지 향이라 하여 우씨아양(五香)이라 부른다. 중국의 식당가에 가면 흔히 맡을 수 있는 향이다. 요즘 우리나라에도 이 5가지 향을 이용해서 음식을 만드는 식당들이 있다.

양꼬치를 구울 때 들어가는 쯔란(孜然)은 처음에는 먹기가 힘들지만 몇 번 먹어보면 쯔란이 들어가지 않은 양꼬치는 맛이 없다고 느껴질 정도로 중독성이 강하다. 또 탕 종류를 먹을 때 한국인들은 식성에 따라 양념장이나 파 혹은 들깨가루를 넣어서 먹는데 중국인들은 씨양차이(香菜, xiāngcài)를 뿌려 먹는다. 씨양차이는 탕뿐만 아니라 여러 음식에 곁들여 먹는데 일반적으로 한국인들의 입맛에는 잘 맞지 않는 듯하다.

중국의 술

중국의 술은 약 4,000년의 역사를 가지고 있으며 알코올 도수가 높은 것이 특징이다. 중국인들은 술을 많이 마시는데 우리나라와는 음주

문화가 달라 저녁식사를 하면서 반주를 하는 정도로 마신다. 많이 마시는 사람들도 있지만 우리처럼 정신을 못 차릴 정도로 술을 마시는 사람은 찾아보기 힘들다. 밤에 취해서 돌아다니는 사람들을 보면 대부분 한국 학생들이다.

우리나라에서 일반적으로 빼갈이라 부르는 바이지오우(白酒, 백주)는 알코올 도수가 보통 40도 이상이며 독특하고 강한 향이 특징이다. 술의 종류는 값이 싸서 쉽게 마실 수 있는 얼구어토우(二锅头, 이과두)부터 세계적으로 유명한 우량예(五粮液, 오양액), 마오타이(茅台, 모태)까지 수십 가지다. 마오타이주는 가격이 비싸서인지 가짜도 상당히 많다. 공항 면세점에조차 가짜 술이 돌고 있다고 하니 면세점이라도 너무 믿지 않는 것이 좋다. 이런 가짜 문제는 비단 술뿐만은 아니니 각별히 주의하기 바란다.

맥주
피지오우(啤酒, píjiǔ)

생맥주
짜피(扎啤, zhāpí)

백주
바이지오우(白酒, báijiǔ)

중국의 차

중국인은 생수보다 차(茶)를 더 많이 마신다. 중국 어느 곳을 가도 끓는 물이 준비되어 있어 어디서든 차를 마실 수 있다. 차는 종류마다 다르지만 갖가지 효능을 가지고 있다. 차를 많이 마시기 때문인지 중국 음식이 대부분 기름진 것에 비해 뚱뚱한 사람을 찾아보기 힘들다. 차도 꾸준히 마시면 보약이라 할 수 있겠다.

차의 종류는 발효 정도에 따라 분류되는데 불발효 차(발효시키지 않은 차)에는 뤼차(绿茶, 녹차)와 롱징차(龙井茶, 용정차)가 대표적이고, 반발효 차(적당히 발효시킨 차)에는 대표적으로 우롱차(乌龙茶, 오롱차), 모리화차(茉莉花茶, 재스민차), 푸얼차(普洱茶, 보이차)가 있다. 완전발효 차(완전히 발효시킨 차)에는 홍차(红茶, 홍차)가 대표적이다. 그 밖에도 꽃을 말려 그윽한 꽃향기가 일품인 화차(花茶)나 레몬을 말린 차도 있다.

한국으로 돌아갈 때 무슨 선물을 살까 망설여질 때는 중국의 차가 가장 무난하다. 한국에서는 주로 티백으로 차를 마시기 때문에 물을 끓여서 찻잎

콜라
커러(可乐, kělè)

코카콜라
커코우커러
(可口可乐, kěkǒukělè)

펩시콜라
바이스커러
(百事可乐, bǎishìkělè)

사이다
쉬삐(雪碧, xuěbì),
치쉐이(汽水, qìshuǐ)

환타
펀다(芬达, fēndá)

삥홍차

을 우려 마셔야 하는 중국의 차가 조금은 번거로울 수도 있지만 가격도 적당하고 가장 중국 느낌이 나는 선물이 될 수 있다.
다행히 차는 가짜가 없다. 다만 푸얼차 같이 비싼 차는 질이 좋지 않은 차를 좋은 차인양 비싸게 팔기도 한다. 그러니 비싼 차를 살 때는 잘 알아보고 사야 하며, 일반적인 선물을 할 때는 마트나 차 전문점에 가면 저렴하게 살 수 있다.

차 판매점

중국 음식 사먹기

중국 식당에 가면 보통 작은 접시와 작은 그릇, 찻잔 그리고 젓가락이 놓여 있다. 한국 사람들은 대부분 작은 접시에 음식을 덜어서 먹곤 하는데 사실 일반적으로 그 접시는 음식 찌꺼기를 놓는 데 사용한다. 음식은 작은 그릇에 덜어 먹는다. 하지만 중국 사람들 중에도 작은 접시에 음식을 덜어 먹는 사람들이 많으니 그냥 참고만 하자.
최근에는 위생포장이라 해서 기본 그릇 세트가 랩에 싸여 나오기도

기본 그릇 세트

한다. 하지만 이것은 따로 돈을 받는 경우가 많다. 그러니 랩에 싸여 있다면 무료인지 아닌지 한 번쯤 확인해봐야 한다. 또한 테이블마다 휴대용 휴지가 있다면 거의 100% 돈을 받는 것이니 반드시 확인하고 사용하자. 계산에 추가된다는 것을 절대 미리 말해주지 않는다. 무조건 본인이 확인해야 한다.

중국에는 '中国人除了板凳什么,都吃'(중국인은 나무걸상 빼고는 무엇이든 먹는다)라는 말이 있을 정도로 중국요리 재료에는 기상천외한 것들이 많다. 요리 이름에 재료와 요리법이 들어 있어 이름만 봐도 어떤 음식인지 알 수 있다. 따라서 메뉴판을 적어 외우면 단어 암기에 도움이 되고, 음식에 있는 단어만 알아도 모르는 요리를 시킬 때 어떤 요리일지 예상할 수 있어 좋다.

처음 중국 음식을 주문할 때는 우리 입맛에 맞지 않는 음식이 많기 때문에 무얼 먹어야 할지 몰라 고민스럽다. 그럴 때는 주변 테이블을

중국 음식에 대한 오해

중국인들은 모두 바퀴벌레 같은 혐오음식을 먹는다고 흔히들 생각한다. 하지만 우리나라에도 개고기를 먹지 않는 사람들이 있는 것처럼 모든 중국인이 그런 음식을 먹는 것은 아니다. 그런 음식들이 흔하지도 않은데 우리에게는 신기하게 비쳐지기 때문에 모든 중국인들이 먹는 것처럼 오해를 하는 듯하다. 관광지에 가면 지네나 큰 번데기, 전갈 등 특이한 재료를 이용한 꼬치를 파는데 이것도 중국인들이 평소에 먹는 것은 아니다. 관광객의 눈을 끌기 위한 것이니 한 번쯤 먹어보면 어떨까?

관광객들의 시선을 끌기 위해 특이한 재료들로 꼬치를 만들어 파는 곳이 많아요.

곁눈질해 먹음직스러워 보이는 음식을 주문하는 것도 한 가지 방법이다. 음식을 가리키면서 "나라이 나거이양더"(拿來 那个一樣的, 저것과 같은 것으로 가져다주세요.)라고 말해보자.

대부분의 중국요리에는 마지막에 씨양차이를 얹거나 뿌려준다. 씨양차이는 대부분 한국인의 입맛에는 맞지 않으니 한 번쯤 경험삼아 먹어보고, 입에 맞지 않으면 다음부터 요리를 주문할 때 씨양차이를 넣지 말아달라고 요청하자. 주문할 때 한 번 말했다고 안심하지 말고 재차 확인해야 한다. 깜빡 잊고 요리 위에 뿌려져 나왔다면 이미 향이 요리에 가득 스며들었을 것이다. 그때 가서 얘기하면 음식을 주방에 가져가 씨양차이만 걷어내고 다시 가져온다.

> 请不要放香菜.
> 칭부야오팡씨양차이.
> 씨양차이를 넣지 말아주세요.

한국과는 달리 중국인들은 끼니를 집에서 해결하기보다 대부분 식당에서 사먹거나 집에 싸가서 해결한다. 특히 아침은 간단히 먹을 수 있는 면 종류나 만두, 전병 등을 밖에서 사먹는다. 학생들은 교내 매점에서 만두 등을 사서 간단히 먹고 수업에 들어간다.

학교 기숙사는 대부분 취사 시설이 갖춰져 있지 않아 음식을 사먹어야 하는데 돈을 아끼려면 교내 학생 식당을 이용하는 것이 좋다. 학생 식당은 일반 식당보다 저렴할 뿐만 아니라 무게나 개수로 판매하기 때문에 음식을 필요한 만큼만 사서 먹을 수 있다. 한국에서 밑반찬을 가지고 갔다면 음식을 사서 기숙사에서 먹는 것도 좋은 방법이다.

중국식 자장면

중국에도 자장면이 있다. 한국에서 먹는 자장면은 한국에 들어온 화교들이 한국식으로 만든 음식이다. 그래서 중국에서 한국식 자장면을 생각하고 주문을 했다가는 면을 목으로 삼키기도 힘들 것이다. 중국 자장면은 우리나라 자장면과 달리 춘장을 채소와 함께 볶지 않고 면에 춘장과 생채소를 넣고 비벼먹는다. 맛을 경험해보고 싶은 사람만 주문하자.

服务员	欢迎光临. 你们要吃什么?
fú wù yuán	huān yíng guāng lín. nǐ men yào chī shén me?
종업원	어서오세요. 뭘 드시겠습니까?

东煜	你给我推荐一下, 好吗? 我们要清淡的菜.
dōng yù	nǐ gěi wǒ tuī jiàn yí xià, hǎo ma? wǒ men yào qīng dàn de cài.
동욱	요리를 추천해주시겠어요? 담백한 요리를 원합니다.

服务员	京酱肉丝, 麻婆豆腐很不错的. 是我们这里的拿手菜.
fú wù yuán	jīng jiàng ròu sī, má pó dòu fu hěn bú cuò de. shì wǒ men zhè lǐ de ná shǒu cài.
종업원	찡지양로우쓰와 마포또우푸가 아주 맛있습니다. 저희 식당에서 추천하는 요리입니다.

东煜	那我们就要京酱肉丝, 麻婆豆腐吧. 请不要在菜里放香菜.
dōng yù	nà wǒ men jiù yào jīng jiàng ròu sī, má pó dòu fu ba. qǐng bú yào zài cài lǐ fàng xiāng cài.
동욱	찡지양로우쓰와 마파또우푸로 주세요. 씨양차이는 넣지 마시고요.

服务员	别的不需要吗?
fú wù yuán	bié de bù xū yào ma?
종업원	다른 건 필요하지 않으세요?

东煜	需要的话再找你.
dōng yù	xū yào de huà zài zhǎo nǐ.
동욱	필요하면 다시 부를게요.

차, 음료수, 술 등을 통틀어 '인리야오'(饮料, yǐnliào)라고 한다. 중국에서는 우리나라처럼 음식점에서 물을 무료로 주지 않는다. 일반적으로 차는 무료로 제공되는데 간혹 유료인 곳도 있으니 고급스러운 음식점에 가면 차가 무료인지 아닌지 확인하고 주문하는 것이 좋다. 주문을 할 때 어떤 차를 마실 거냐고 물어보는 곳은 99% 돈을 지불해야 하는 식당이라고 보면 된다.

식당에서 주는 차가 무료인지 돈을 지불해야 하는 것인지 묻고 싶다면 "나거챠쉐이스미엔뻬이더마?(那个茶水是免费的吗? 그 차 무료인가요?)"라고 말하자. 맞다면 "是.(스, 맞다)"라고 말할 것이고 무료가 아니라면 "不是(뿌스, 아니다)"라고 대답할 것이다.

요리 재료와 요리법으로 알아보는 중국요리

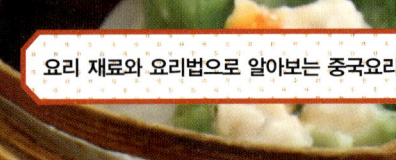

요리 재료

肉 ròu 로우 - 육류	蛋 dàn 딴 - 알
猪肉 zhū ròu 쮸로우 - 돼지고기	蛇 shé 셔 - 뱀
五花肉 wǔhuāròu 우화로우 - 삼겹살	龙 lóng 롱 - 뱀
牛肉 niú ròu 니우로우 - 소고기	鱿鱼 yóuyú 요우위 - 오징어
鸡肉 jī ròu 찌로우 - 닭고기	虾 xiā 씨아 - 새우
鱼 yú 위 - 생선	田鸡 tiánjī 티엔찌 - 개구리
鸭肉 yā ròu 야로우 - 오리고기	豆腐 dòufu 또우푸 - 두부
鸽肉 gē ròu 꺼로우 - 비둘기고기	土豆 tǔdòu 뚜또우 - 감자

요리법

炒 chǎo 챠오 - 볶다	拌 bàn 빤 - 무치다, 버무리다
炸 zhá 쨔 - 튀기다	炖 dùn 뚠 - 푹 삶다
煎 jiān 찌엔 - 부치다	燻 xūn 쒼 - 훈제
烹 pēng 펑 - 삶다	煮 zhǔ 쥬 - 끓이다, 삶다
烤 kǎo 카오 - 굽다	蒸 zhēng 쩡 - 찌다
拍 pāi 파이 - 치다(으깨다)	

요리 재료의 손질방법(모양)에 따른 구별

丝 sī 쓰 - 실처럼 얇게 썬 모양
丁 dīng 띵 - 네모나게 썬 모양
片 piān 피엔 - 얇게 썬 모양. 편육을 생각하면 됨
块 kuài 콰이 - 적당한 크기의 덩어리로 썬 모양
丸 wán 완 - 동그란 모양. 완자를 생각하면 됨
包 bāo 빠오 - 얇은 피로 소를 싼 모양
券 quàn 췐 - 두루마리처럼 말아놓은 모양. 춘권을 생각하면 됨

 간단하게 먹을 수 있는 중국 음식

죠우(粥, zhōu) 아침식사로 즐겨 먹는 죽. 밥이 묽다는 뜻으로 시판(稀饭, xīfàn)이라고도 한다. 만든 재료에 따라 따미죠우(大米粥, 흰쌀죽), 씨아오미죠우(小米粥, 좁쌀죽), 빠바오죠우(八宝粥, 팔보죽 - 쌀, 녹두, 팥, 흑미, 땅콩, 율무, 연밥, 대추를 넣어 만든 죽) 등이 있다. 죽은 먹는다고 하지 않고 '마시다/허죠우(喝粥, hēzhōu)'라고 표현한다.

훈툰(馄饨, húntún) 우리의 물만두와 비슷한 모양으로, 밀가루로 얇은 피를 만들어 그 안에 소를 넣어 만든다. 내가(술을 즐기는 사람들) 해장으로 가장 좋아하는 음식 중 하나이며 저렴하고 맛있다.

또우찌양(豆酱, dòujiàng) 우리나라의 베지밀과 비슷한 형태인데 보통 설탕을 넣어 마신다.

지아오즈(饺子, jiǎozi) 물만두. 소의 종류가 다양하다.

빠오즈(包子, bāozi) 찐만두. 소의 종류가 다양하다.

만토우(馒头, mántóu) 한자로 읽으면 '만두'지만 속에 아무것도 들어 있지 않은 찐빵이다.

요우티아오(油条, yóutiáo) 기름에 튀긴 꽈배기로, 딱딱하지 않고 부드럽다.

찌엔빙(煎饼, jiānbǐng) 밀가루 전병으로, 동네나 지역마다 들어가는 소가 다르다. 소에 씨양차이가 들어갈 수 있으니 전병을 만들 때 주의 깊게 보자.

Part 5. 생활하기(2) **137**

한국인이 무난하게 먹을 수 있는 중국 음식

중국은 동네의 조그만 음식점에 가도 메뉴판에 수십 가지 음식이 있다. 메뉴판을 보면 리양차이, 러차이, 탕, 주스, 인리야오 등으로 구분되어 있다.

① 리양차이(凉菜, liángcài) 만들어 식혀놓거나 조리할 때 열을 가하지 않은 음식

- 쥬화셩(煮花生, zhǔhuāshēng): 땅콩에 소금 간을 해서 삶은 것이다.

- 파이황과(拍黃瓜, pāihuángguā): 오이를 칼로 두드린 후 적당한 길이로 썰어 소금과 식초, 잘게 썬 파에 무친다.

- 씨아오총빤또우푸(小葱拌豆腐, xiǎocōngbàndòufǔ): 부드러운 두부 한 모를 세로 방향으로 썰어 부채 모양으로 만든 후 그 위에 참기름, 소금, 잘게 썬 파를 얹는다. 두부는 차고 맛은 담백하다.

- 우씨양지양로우(五香酱肉, wǔxiāngjiàngròu): 다섯 가지 향료를 섞은 간장에 소고기를 넣고 삶은 후 식혀 얇게 썬 것으로, 장조림과 비슷하다.

- 쏭화단(松花蛋, sōnghuādàn): 발효시킨 오리알을 세로로 여섯 조각 내어 접시에 담은 후 참기름, 간장, 다진 마늘을 얹는다. 흰자는 반투명의 어두운 색을 띠고 노른자는 검고 찐득찐득하게 발효되어 있다.

② 러차이(热菜, rècài) 열을 가해 즉석에서 만드는 음식

- 찡지양로우쓰(京酱肉丝, jīngjiàngròusī): 채 썬 대파 위에 돼지고기를 가늘고 길게 썰어 춘장에 볶아 그릇에 담는다. 얇은 두부피가 곁들여지는데 파와 고기를 두부피에 싸서 먹으면 달짝지근하고 맛있다.

- 위씨양로우쓰(鱼香肉丝, yúxiāngròusī): 가늘게 썬 돼지고기에 죽순, 목이버섯, 파, 생강 등 채소와 고추, 식초, 소금, 간장, 설탕 등을 넣고 볶다가 전분과 육수로 걸쭉하게 마무리하는 요리다. 짭짤하고 달고 맵고 약간 신맛이 나는 이 鱼香(우리말로 풀면 '생선향')은 우리 입맛에 잘 맞는데, 소스에 가지를 볶으면 위씨양치에즈(鱼香茄子, yúxiāngqiézi), 감자를 납작하게 썰어서 볶으면 위씨양투또우피엔(鱼香土豆片, yúxiāngtǔdòupiàn)이 된다.

- 투또우쓰(土豆丝, tuǔdòusī): 감자를 아주 가늘게 채 썰어 기름과 소금, 식초를 넣고 살짝 볶은 것으로 약간 매운맛을 낼 때는 마른 고추를 함께 넣는다.

- 꿍빠오찌딩(宫保鸡丁, gōngbǎojīdīng): 네모나게 썬 닭고기, 땅콩, 고추, 오이, 당근, 양파, 생강 등을 간장, 설탕, 식초 등으로 맛을 내어 볶은 요리로 외국인의 입맛에 잘 맞는다.

- 마라또우푸(麻辣豆腐, málàdòufu): 간장, 참기름, 두반장(콩으로 만든 흑갈색의 장), 고춧가루, 마늘, 파, 생강 등을 기름에 볶다가 깍두기 모양으로 썬 연한 두부(일반 두부도 가능하다)를 넣고 마지막에 전분으로 걸쭉하게 만드는 요리로, 매콤한 맛이 나는 쓰츄안차이 중 하나이다. 특히 향신료인 화지아오(花椒, huājiāo)가 씹히면 맵고 톡 쏘는 맛에 혀가 얼얼하다.

- 마포또우푸(麻婆豆腐, mápódòufu): 우리가 흔히 알고 있는 마파두부다. 마라또우푸와 양념과 조리방법이 비슷하고 맛도 크게 차이가 나지 않으나 향신료가 마라또우푸만큼 강하지 않다.

- 씨홍스챠오찌단(西红柿炒鸡蛋, xīhóngshìchǎojīdàn): 토마토와 달걀, 중국 간장을 넣고 함께 볶은 것으로 느끼하지 않아 무난하게 먹을 수 있는 요리이다. 특히 느끼한 음식을 싫어하는 여성들이 좋아하는 요리인데, 기름을 많이 넣어 느끼하게 요리하는 식당도 가끔 있다.

- 탕츄리지(糖醋里脊, tángcùlǐjǐ): 손가락 두께와 길이 정도로 썬 돼지고기 등심에 밀가루 옷을 입혀 튀겨낸 다음 새콤달콤한 소스에 버무린 음식. 우리나라의 탕수육보다는 튀김옷이 얇고 고기가 두껍다. 탕츄(糖醋)는 파, 생강, 당근 등을 잘게 썰어 기름에 볶은 다음 식초, 설탕, 전분을 넣어 걸쭉하고 새콤달콤하게 만든 소스로, 돼지고기를 사용하면 탕츄로우(糖醋肉, tángcùròu), 잉어는 탕츄리위(糖醋鲤, tángcùlǐyú), 갈비는 탕츄파이구(糖醋排骨, tángcùpáigǔ)가 된다.

- 베이찡카오야(北京烤鸭, běijīngkǎoyā): 화로에 구운 오리를 껍질이 붙어 있도록 비스듬히 얇게 썰어주는데 리엔화빙(莲花饼, liánhuābīng-밀가루를 만두피 모양으로 얇게 밀어 찐 것)을 티엔찌양(甜酱, tiánjiàng-자장의 일종)에 찍은 오리고기를 대파와 함께 싸서 먹는다. 보통 한 마리면 네 명이 충분히 먹을 수 있고 반 마리만 주문하는 것도 가능하다. 하지만 기름이 많아 느끼해서 많이 먹으면 좀 거북하다. 살을 발라낸 오리뼈는 물을 붓고 끓여 탕으로 만들어준다. 치엔쮜더(全聚德) 베이찡카오야가 제일 유명하다.

- 마이샹슈(蚂蚁上树=马蚁上树, mǎyǐshàngshù): 소고기를 아주 잘게 갈아 볶은 다음 당면과 섞는 요리. 잘게 간 소고기가 당면에 붙어 있는 모습이 마치 개미(蚂蚁)가 나무에 올라가는 것 같다 해서 붙여진 이름이다.

- 씨아런꾸어빠(虾仁锅巴, xiārénguōbā): 뜨거운 기름에 튀긴 누룽지(锅巴)와 새우 살이 들어간 소스를 따로 가져와 위에다 부어주는데 이때 튀겨지는 소리가 난다. 누룽지의 고소한 맛과 소스가 잘 어우러져 아주 맛있다. 우리나라의 중국집에서 파는 누룽지탕과 비슷하다.

- 꾸어빠로우(锅巴肉, guōbāròu): 돼지고기 등심을 얇게 펴서 밀가루 옷을 입혀

튀긴 후 식초, 설탕, 간장 등으로 만든 새콤한 소스와 함께 요리한다. 동북 지방의 요리여서 이 요리를 찾아볼 수 없는 지역도 많다.

- 바쓰(拔丝, básī): 맛탕과 비슷한데 젓가락으로 집어 올리면 설탕을 녹여 만든 엿이 실처럼 따라 올라온다. 찬물에 살짝 담갔다가 먹는데 식으면 서로 엉겨 붙어 떨어지지 않기 때문에 빨리 먹어야 한다. 만드는 재료에 따라 바나나는 바쓰씨양지아오(拔丝香蕉), 감자는 바쓰투또우(拔丝土豆), 사과는 바쓰핑구어(拔丝苹果), 고구마는 바쓰황슈(拔丝黄薯)라고 한다. 너무 달아 후식으로 적당하다.

③ 탕(汤, tāng) / 껑(羹, gēng) 국물이 있는 음식

- 샤꾸어또우푸(砂锅豆腐, shāguōdòufǔ): 육수에 죽순, 해삼, 버섯, 배추, 닭고기, 두부 등을 넣고 끓인 음식이다. 전혀 느끼하지 않고 맛이 개운하다. 처음 중국에 가서 중국 음식이 입에 맞지 않는 사람들이 먹기에 딱 좋다.

- 위미껑(玉米羹, yùmǐgēng): 달걀을 부드럽게 푼 옥수수 수프. 보통 중국의 탕은 느끼한 경우가 많은데 이것은 느끼하지 않고 오히려 달다. 옥수수의 고소한 맛이 국물과 함께 부드러운 맛을 내 우리 입맛에 잘 맞는다.

④ 주스(主食, zhǔshí) 밥, 면 등의 음식

- 미판(米饭, mǐfàn): 우리나라의 공기밥이라고 생각하면 된다. 하지만 쌀도 좋지 않고 찐밥이기 때문에 찰기가 별로 없다.

- 양죠우챠오판(扬州炒饭, yángzhōuchǎofàn): 감자, 당근, 소시지, 계란 등이 들어간 요리로 볶음밥과 비슷하다. 지단챠오판과 마찬가지로 무난히 먹을 수 있다.

- 지단챠오판(鸡蛋炒饭, jīdànchǎofàn): 계란, 채소 등을 넣은 볶음밥이다.

- 쉐이지아오(水饺, shuǐjiǎo): 물만두로, 소에 따라 종류가 매우 다양하다. 찐(斤 = 500g)이나 리양(两 = 50g) 단위로 주문한다.

- 미엔티아오(面条, miàntiáo): 일반적으로 국수 종류를 말하는데 보통 국물이 있다. 챠오미엔(炒面)이라 해서 국물 없이 면만 볶아 나오는 볶음면도 있다. 면을 뽑을 때 기계를 사용하지 않고 손으로 뽑아내는 면을 라미엔(拉面)이라고 한다. 뉴로우미엔따왕(牛肉面大王, niúròumiàndàwáng)이라는 체인점이 중국 전역에 많이 있는데 가격에 비해 맛은 좀 떨어지는 편이다.

| 베이찡 |

추천 맛집

취엔쮜더(全聚德, 전취덕)

세계적으로 가장 유명한 베이찡 요리 중 하나인 베이찡카오야(北京烤鸭, 북경오리) 전문식당이다. 140여 년의 전통과 역사를 가지고 있으며 체인점이 많다. 이곳에서 오리 한 마리를 주문하면 몇 번째 오리인지 알 수 있는 번호가 적혀 있는 기념엽서를 받을 수 있다. 가격은 150元가량 하며 차(茶)는 무료가 아니니 주문할 때 염두에 두자. 기름이 많아 느끼해서 네 명이 한 마리 정도 시키면 적당하다.

주소 北京市 崇文区 前门大街 32号
전화 010-6701-1379

후아찌아이위엔(花家怡园, 화가이원)

발음이 鬼街(귀신거리)와 같아 鬼街(구에이찌에)라 불리는 똥즈먼(东直门)의 구에 이찌에(簋街)에 있는데, 이곳의 식당거리는 밤이 되면 홍등으로 밝게 빛난다. 이곳은 마라롱씨아(麻辣龙虾)가 유명하다. 저렴한 가격에 쓰츄안의 맵고 얼얼하게 양념한 가재를 먹을 수 있다. 비닐장갑을 끼고 손으로 까 먹어야 하는데 애써 껍질을 까도 먹을 수 있는 부위가 얼마 되지 않아 아쉽기는 하다. 시원한 맥주와 곁들여 먹으면 더 맛있다.

주소 东城区 东直门内大街 235号
전화 010-6405-1908

민바오훠궈청(民宝火锅城, 민보화과성)

베이찡에서 유학을 한 학생이라면 한 번쯤은 가보게 되는 곳으로, 한국인 입맛에 잘 맞는 음식점이다. 개인냄비가 나오는데 취향에 따라 취엔라(全辣-매움), 빤라(半辣-적당히 매움), 칭단(清淡-맵지 않음)으로 주문할 수 있다. 한국인이 상당히 많이 찾아오고 메뉴판에 한국어가 적혀 있어 중국어를 못해도 주문하기 쉽다. 맥주가 공짜라서 더욱 인기가 많다.

주소 北京 海淀区 花园东路 8号
전화 010-8203-6598

라오베이찡짜지양미엔(老北京炸酱面, 노북경자장면)

티엔탄꽁위엔(天坛公园) 동문에서 약 3분 거리에 있다. 100년 이상의 전통을 자랑하는 곳으로 종업원들은 전통복장을 입고 있으며 인사나 주문을 큰소리로 하고 주둥이가 긴 주전자로 차를 따라준다. 식당 이름에 나와 있는 것처럼 자장면이 유명한데 우리나라의 자장면처럼 볶는 것이 아니어서 맛이 전혀 다르다. 한국인의 입맛에는 잘 맞지 않으나 티엔탄꽁위엔이나 홍치아오스챵(红桥市场)에 간다면 한번쯤 들러서 중국식 자장면을 경험해보기 바란다.

주소 崇文区 崇文门外大街 29号(红桥路口西北角)
       홍치아오스챵 맞은편(육교 건너편)
전화 010-6705-6705

핑양위리오우관(平壤玉流官, 평양옥류관)

베이찡에 있는 북한 음식점으로, 북한에서 직접 운영하고 있는 곳이다. 종업원은 모두 북한에서 고등교육을 받은 여성들로 춤과 노래에 상당히 능하다. 가보기 전에는 조금 두렵기도 하지만 직접 가서 이야기해보면 이질감이 전혀 느껴지지 않는다. 가격은 조금 비싼 편이지만 중국이 아니면 가보지 못할 북한 음식점이니 한 번쯤 직접 가서 느껴보기 바란다. 베이찡 내에는 옥류관뿐만 아니라 해당화, 월향관 등 10여 개의 북한식당이 있다.

주소 北京 朝阳区 望京湖光中街 8号
전화 010-6473-2803

샹하이

샹하이왕바오허따지오우찌아(上海王宝和大酒家, 상해왕보화대주가)

청조인 1744년에 개업해 샹하이에서 가장 오래된 식당 중 하나로, 게를 이용한 각종 요리가 유명하다. 워낙 인기가 많아 늘 붐비니 미리 예약을 하고 가는 것이 좋다. 게 요리를 먹으면 1인당 200元 정도 하니 감안하고 가도록 하자.

주소 上海 黃浦区 福州路 603号
전화 021-6322-3673

난씨양만토우띠엔(南翔馒头店, 남상만두점)

샹하이에 갈 때마다 꼭 들르게 되는 관광지인 위위엔(豫园, 예원) 안에 있는 120년 전통의 식당. 늘 길게 줄이 서 있다. 보통 1층의 테이크아웃 주문을 받는 곳이 붐비고 식당 안에서 먹는 줄은 길지 않다. 자릿세 명목으로 가격이 좀 더 비싸기는 하지만 테이크아웃 게살 만두보다 맛도 있고 메뉴도 다양하다. 한국 홈페이지도 있으니 가기 전에 미리 검색해보자.

홈페이지 www.nanxiang.co.kr
주소 上海市 豫园路 85号
전화 021-6355-4206

비펑탕(避風塘, 피풍탕)

비펑탕은 꽝뚱차이 전문점으로, 많은 체인점을 가지고 있다. 중국인에게 인기가 많은 식당이지만 음식이 깔끔하고 정갈해 한국인의 입맛에도 아주 잘 맞는 편이다. 샹하이의 웬만한 번화가에 가면 비펑탕을 쉽게 찾아볼 수 있으며 일부 지점에서는 배달도 가능하다. 중국 음식이 입맛에 맞지 않는 사람들은 꼭 한 번 경험해보기 바란다. 중국 홈페이지가 있으니 검색도 가능하다.

홈페이지 www.bifengtang.com.cn
주소 上海 静安区 南京西路 1333号 展览中心
전화 021-6279-0738

찐치엔빠오구어지메이스(金钱豹国际美食, 금전표국제미식)

해산물 부페식당으로 200여 가지 이상의 음식과 후식이 준비되어 있다. 상하이 대게와 각종 해산물을 마음껏 먹을 수 있다. 인테리어가 깔끔하고 해산물이 아닌 요리도 있으며 후식으로 하겐다즈 아이스크림까지 나온다. 베이징과 티엔진, 션양에도 체인점이 있으며 종업원들의 서비스도 좋은 편이다.

가격 11:00~14:30 180元/명
     17:00~20:30 220元/명
     20:30~23:00 180元/명
주소 南京路 1168号 中信泰富广场4搂
전화 021-5292-9999

메이전씨양(美珍香-Bee Cheng Hiang, 미진향)

1933년에 싱가포르 차이나타운에서 개업해 70년 이상의 역사를 자랑하는 유명 육포 브랜드. 육포를 상점에서 직접 굽거나 데워서 따뜻하게 먹으며 현재 아시아 여러 나라에 체인점이 있다. 소고기, 돼지고기, 닭고기 등을 알맞게 간하여 조리한 것이 상당히 맛있다. 한국에 돌아올 때 지인들에게 줄 선물로 무난하지만 세관검사에 걸릴 수 있으니 선물할 생각이 있는 사람이라면 적당히 가지고 들어오도록 하자.

홈페이지 www.bch.com.sg
주소 上海市 西藏中路 268号 Raffles City
전화 021-6340-3125

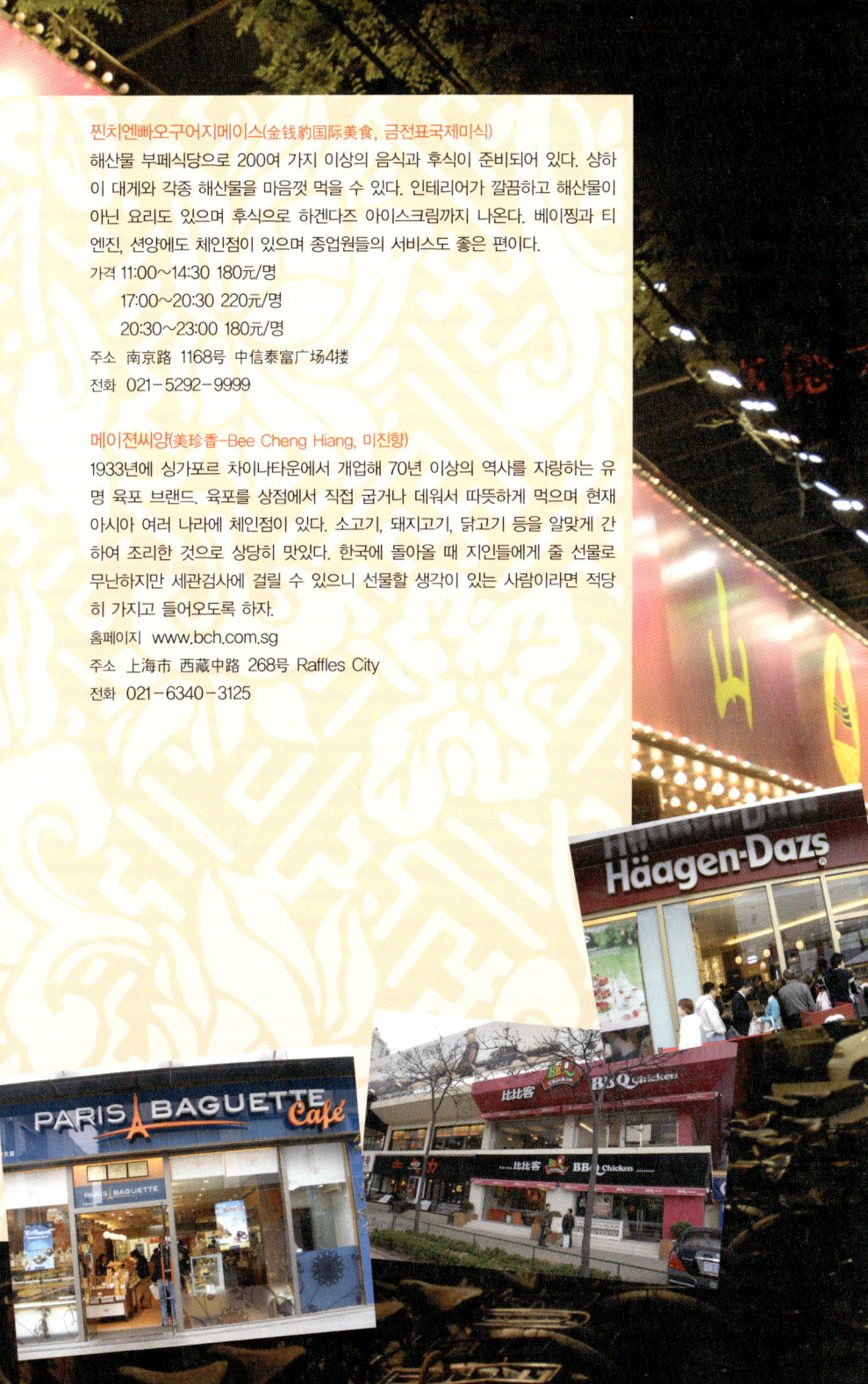

중국 음식 해먹기

기숙사에서 생활하지 않고 외주를 하고 있는 학생들은 종종 음식을 해먹는데 중국은 대형마트가 많이 있어서 장을 보는 데 전혀 어려움이 없다. 재래시장에 가면 마트보다 조금은 저렴하게 살 수 있지만 비위생적인 부분이 많다. 가격에서 크게 차이가 나지 않으니 보통은 마트에서 사는 것이 낫다.

나는 외주할 때 정육점에 가서 돼지등뼈를 사다가 감자탕도 해먹고 갈비찜도 해먹고 이것저것 많이 해먹었다. 등뼈를 달라고 하자 점원이 의아해하던 모습이 아직도 생생하다. 간단히 해먹을 수 있는 요리를 하나 소개하자면 밥할 때 양배추를 같이 찌면 쉽게 양배추쌈을 만들 수 있다.

중국의 기본 도량형

1kg—1꽁진(公斤)
1근(500g)—1찐(斤). 우리나라에서는 고기와 채소의 근량이 다르지만 중국에서의 한 근은 무조건 500g이다.
50g—1리양(一两). 보통 무게를 달아 파는 음식을 주문할 때 많이 이용한다(특히 학생 식당 등에서).
1g—1커(克)
1km—1꽁리(公里)
1m—1미(米)

중국 음식은 기름으로 튀기거나 볶는 음식이 상당히 많다. 그래서 중국에서는 우리나라 가정에서 흔히 볼 수 있는 기름통을 찾아보기 어렵다. 중국인들은 식용유를 살 때 식당에서나 쓸법한 엄청나게 큰 통을 두어 개씩 사 간다.

东煜 dōng yù 동욱	你好. 这洋葱怎么卖? nǐ hǎo. zhè yáng cōng zěn me mài? 안녕하세요. 이 양파 어떻게 해요?	

| 卖菜的
mài cài de
상인 | 一斤两块钱.
yì jīn liǎng kuài qián.
한 근에 2위안이에요. |

| 东煜
dōng yù
동욱 | 土豆儿一斤多少钱?
tǔ doùr yì jīn duō shao qián?
감자는 한 근에 얼마예요? |

| 卖菜的
mài cài de
상인 | 两块五.
liǎng kuài wǔ.
2위안 5마오입니다. |

| 东煜
dōng yù
동욱 | 茄子呢?
qié zi ne?
가지는요? |

| 卖菜的
mài cài de
상인 | 一块五.
yí kuài wǔ.
1위안 5마오입니다. |

| 东煜
dōng yù
동욱 | 给我一斤洋葱, 一斤茄子. 一共三块五, 对吧?
gěi wǒ yì jīn yáng cōng, yì jīn qié zi. yí gòng sān kuài wǔ, duì ba?
양파 한 근하고, 가지 한 근 주세요. 합해서 3위안 5마오, 맞죠? |

| 卖菜的
mài cài de
상인 | 对啊. 给你. 谢谢.
duì a. gěi nǐ. xiè xie.
맞아요. 여기 있어요. 감사합니다. |

| 东煜
dōng yù
동욱 | 谢谢. 再见.
xiè xie. zài jiàn.
감사합니다. 안녕히 계세요. |

02 쇼핑

중국 돈은 한국 돈과 사용하는 화폐의 기본 단위부터 다르다. 우리나라 화폐의 기본 단위가 중국보다 낮다면 돈을 쓸 때 조금은 더 조심스러울 텐데. 물가 또한 싸다 보니 10元, 100元을 우습게 보기 십상이다. 하지만 물가가 싸다는 말은 이미 한참 전의 얘기다. 한국과 비교했을 때 물가가 굉장히 쌀 거라 생각하는 사람들이 많은데 절대 그렇지 않다. 기본생활에 필요한 음식값(시장에서 장을 볼 때), 대중교통요금 등은 저렴하지만 일반 공산품은 생각만큼 싸지 않다. 전체적으로 보면 한국보다 물가가 저렴한 건 사실이지만 조절하지 않고 무턱대고 쓰다 보면 생각지도 못한 사이에 주머니가 비어버릴 것이다.

중국의 상점들에서는 대부분 카드결제가 안 되고 현금결제만 가능하다. 카드결제는 국영 상점이나 백화점, 유명 메이커 상점에서만 할

수 있으니 평소 물건을 살 때는 현금을 준비하자.

유학생활을 하던 당시, 한국 돈으로 한 달에 30만 원 정도를 썼는데 30만 원 하면 크게 느껴지지만 당시 중국 돈 2,400元은 크다고 느끼지 못하고 생각 없이 외화 낭비를 했다. 지금은 30만 원을 환전해도 1,500元이 안 될 정도니 정말 아껴서 생활하자.

중국의 세일

중국의 쇼핑거리나 백화점을 가보면 세일(打〈숫자〉折)이라는 문구를 흔히 볼 수 있다. 중국은 우리나라와 세일을 나타내는 개념이 다르다. 다져(打折)는 간단히 '쳐서 깎아낸다'라는 뜻으로 세일을 의미한다. 우리는 원가에서 30% 할인한 가격으로 팔 때 '30% 세일'이라고 쓰지만 중국은 '打7折'라는 문구를 쓴다. 10 중에서 3을 깎아 7 가격으로 준다는 뜻이다. 간혹 한국식으로 생각하고 70% 세일로 오해하는 경우가 있는데 물건을 살 때는 이 점을 잊지 말자.

중국에서 쇼핑할 때 주의사항

가격 흥정을 하라
중국인은 다 장사꾼이라는 말이 있다. 정말이지 아무리 봐도 타고난 것 같다. 한국 사람 같으면 절대 그렇게 못할 텐데 중국 사람들은 물건을 팔 때 기본적으로 정가의 몇 배를 부른다. 외국인을 상대로 하는 장사라면 더 말할 것도 없다. 그래서 반드시 가격 흥정을 해야 한다. 중국에서 물건을 산 경험 하나를 예로 들어보겠다. 쇼핑가를 돌다가 마음에 드는 부채가 눈에 쏙~ 하고 들어왔다. 그래서 가격을 물어보았다. 상인 曰 "120元입니다", 필자 曰 "8元에 주세요" 상인이 웃으며 장난하냐고 말한다. 필자도 웃으면서 장난이 아니라고 한다. 그러면 가격이 60元 정도로 뚝 떨어진다. 가격 흥정은 여기서부터 시작된다. 나는 결국 그 부채를 10元 주고 샀다. 보통 한국 사람은 상인이 120元을 부르면 기껏 깎아봐야 100元 정도 부를 것이다. 8元을 부르기는 미안하기 때문이다. 여기서 가장 중요한 것은 낮은 가격을 부를 때 미안해하지 말고 당연하다는 생각을 가지고 있어야 한다는 것이다. 특히 관광지에서는 과감하게 1/10 가격을 부르는 것이 좋다. 만약 안 판다고 하면 다른 상점으로 가면 된다. 다른 상점에도 같은 물건이 분명히 있다. 다른 상점에서는 그전 상점에서 처음 불렀던 가격보다 조금 높은 가격으로 시작하면 된다. 몇 번 경험을 하다 보면 노하우와 쇼핑의 재미가 생길 것이다. 그렇다고 저렴한 물건인데 무턱대고 깎지는 말자.

한국 물건 가격과 비교하지 마라
이곳은 어디까지나 중국이다. 물건을 보면서 '한국에서는 이 정도인데 여기는 얼마밖에 안 하네'라고 생각했다가는 바가지 쓰기 십상이다. 중국과 한국은 물가가 다르고 파는 물건의 품질도 다른 경우가 대부분이니 유념하자. 일반 중국인의 한 달 월급이 약 1,000元 정도니 100元이 넘는 물건들은 일단 비싼 편이라 보면 된다. 어떤 물건이든 한 번 더 생각해보고 사도록 하자.

관광지에서는 쇼핑하지 마라
관광지에서 파는 물건의 가격은 대부분 몇 배가 부풀려진 것이라 생각하면 된다. 특히 외국인이 많은 곳은 더욱 심하다. 지역 특산품이

복(福)
중국에는 문이나 창문 등에 '복(福)'자를 거꾸로 붙여놓은 집들이 많다. 처음 보는 사람들은 혹시 잘못 붙여놓은 것이 아닌가 생각하는데, 중국 발음으로 푸다오(福倒-복이 뒤집히다)와 푸다오(福到-복이 오다)가 같아서 복이 오라는 바람을 담아 그렇게 붙여 놓는 것이다.

나 기념품, 꼭 필요한 물건이 아니라면 이런 곳에서의 쇼핑은 가급적이면 하지 않는 것이 좋다. 혹시라도 물건을 사게 될 때는 반드시 깎아라. 또 웬만한 물건들은 다른 곳에도 있다는 것을 명심하자.

특히 백두산에는 한국인이 대부분이라 조선족 장사꾼들이 많다. 백두산 위에서 그럴싸하게 포장해서 파는 장뇌삼은 절대 사지 않도록 한다. 산 아래에서는 10元도 안 하는 것인데 위에서 200元 이상에 팔아먹고 있다. 백두산으로 여행 가는 부모님이 있다면 반드시 미리 설명해드리도록 하자.

짝퉁 시계

물건에 하자가 없는지 꼼꼼히 살펴보라

물건을 살 때는 잘 모르지만 집에 가서 뜯어보면 하자가 있는 물건들이 상당히 많다. 불량 물건이 상점에 그대로 납품되는 경우가 적지 않기 때문이다. 중국에서는 영수증이 발부되는 백화점이나 국영 상점이 아닌 이상, 교환이나 환불은 불가능하다고 생각하는 것이 속편하다. 그러니 물건을 살 때는 반드시 꼼꼼히 살펴본 후에 돈을 지불해야 한다. 한국 사람은 물건을 산 다음 그 앞에서 하자가 있나 확인하는 걸 미안해한다. 하지만 절대 그럴 필요 없다. 눈앞에서 물건에 하자가 있는 것을 확인하지 않는 이상 교환조차도 불가능한 경우가 대부분이니 꼼꼼하게 챙기자.

신발 사이즈 계산법

중국은 우리와 신발 사이즈 표기법이 다르다. 우리는 mm가 기준이지만 중국은 1호, 2호… 이런 식이다. 1호의 크기는 55mm, 2호는 60mm로 한 호마다 5mm씩 증가한다.
우리가 사용하는 방식이 아니어서 빨리 계산하기가 쉽지 않다. 조금 손쉬운 계산방법은 본인의 발 사이즈에서 50을 뺀 뒤 5로 나누는 것이다. 필자의 발 사이즈가 275mm인데 여기서 50을 빼면 225이고 5로 나누면 45가 된다. 이 45가 바로 신발 호수다.

220mm = 34호, 225mm = 35호,
230mm = 36호, 235mm = 37호……

服务员 fú wù yuán 점원	欢迎光临. huān yíng guāng lín. 어서오세요.	

东煜 dōng yù 동욱	这个帽子多少钱啊? zhè ge mào zi duō shao qián a? 이 모자 얼마인가요?

服务员 fú wù yuán 점원	这个帽子100块钱. 要吗? zhè ge mào zi yì bǎi kuài qián. yào ma? 100위안입니다. 드릴까요?

东煜 dōng yù 동욱	太贵了. 你能不能便宜一点儿? tài guì le. nǐ néng bù néng pián yi yì diǎnr? 너무 비싸네요. 싸게 줄 수 있나요?

服务员 fú wù yuán 점원	你说你要多少钱? nǐ shuō nǐ yào duō shao qián? 얼마에 살 건지 말해보세요.

东煜 dōng yù 동욱	你先说吧. nǐ xiān shuō ba. 먼저 말해보세요.

服务员 fú wù yuán 점원	90块钱. 好不好? jiǔ shí kuài qián. hǎo bù hǎo? 90위안. 어때요?

东煜 dōng yù 동욱	还是太贵了. hái shì tài guì le. 그래도 너무 비싸요.

服务员 fú wù yuán 점원	那你说吧. 要多少钱? nà nǐ shuō ba. yào duō shao qián? 그러면 손님이 말해보세요. 얼마요?

东煜 dōng yù 동욱	15块钱. shí wǔ kuài qián. 15위안요.

服务员 fú wù yuán 점원	15块钱? 你别开玩笑了. 60块钱. 怎么样? shí wǔ kuài qián? nǐ bié kāi wán xiào le. liù shí kuài qián. zěn me yàng? 15위안요? 농담하지 마세요. 60위안, 어때요?

东煜 dōng yù 동욱	太贵了. 20块钱. tài guì le. èr shí kuài qián. 너무 비싸요. 20위안.	
服务员 fú wù yuán 점원	不会吧. bú huì ba. 안 돼요.	
东煜 dōng yù 동욱	那我不买了. 我走了. 再见. nà wǒ bú mài le. wǒ zǒu le. zài jiàn. 그러면 저 안 살래요. 갑니다. 안녕히 계세요.	
服务员 fú wù yuán 점원	好! 好! 你过来吧. 给你. hǎo hǎo! nǐ guò lái ba. gěi nǐ. 좋아요, 좋아! 이리 와요. 줄게요.	
东煜 dōng yù 동욱	是嘛. 好! 谢谢. shì ma. hǎo! xiè xie. 그래요? 좋아요! 고마워요.	
服务员 fú wù yuán 점원	听说韩国人以善于做生意而著称, 这句话是真的, 今天才知道了. tīng shuō hán guó rén yǐ shàn yú zuò shēng yì ér zhù chēng, zhè jù huà shì zhēn de. jīn tiān cái zhī dao le. 듣자하니 한국인들은 장사수완이 대단하다더니 그 말이 진짜였군요. 오늘에야 알게 됐네요.	
东煜 dōng yù 동욱	哈哈. 祝你发财! 再见. hā hā. zhù nǐ fā cái. zái jiàn. 하하. 돈 많이 버세요! 안녕히 계세요.	
服务员 fú wù yuán 점원	再见. zài jiàn. 안녕히 가세요.	

03 영화관, 불법복제 DVD

솔직히 중국에서 여행을 하거나 어학연수를 하는 동안 영화관에서 영화를 보는 한국 사람은 거의 드물다. 외국 영화의 경우 자막이 중국어로 나오고 중국 영화는 중국어로 감상해야 하기 때문에 중국어 초급자의 경우에는 거의 알아들을 수가 없다. 길거리나 DVD 상점에서는 영화가 개봉하기 전 혹은 개봉과 동시에 불법복제 DVD를 판매한다. 불법복제 DVD는 한 장에 10元이며 영화 관람료는 시간과 영화에 따라 40~70元 정도 한다. 환율로 따지면 극장표가 한국보다 비싼 경우도 있다. 영화관에서 영화 한 편을 관람할 금액이면 복사판 DVD를 4~7장이나 살 수 있기 때문에 중국인들도 극장에서 영화를 보는 사람들이 많지 않다.

불법복제되어 유통되고 있는 DVD

하지만 제대로 된 오디오 시스템과 대형 스크린으로 영화를 보기 원한다면 직접 영화관에 가서 영화를 감상해보자. 중국 영화관도 한국 영화관과 크게 다르진 않다. 한국에서 영화를 보는 것처럼 티켓을 구입하고 본인이 원하는 자리를 지정한 후 영화를 관람하면 된다.

시설도 그리 나쁘지 않다. 다만 영화를 관람하는 중국인들의 문화수준이 아쉬울 때가 종종 있다. 아직도 일부 극장에서는 영화를 관람하면서 담배를 피우는 사람들을 볼 수 있는데 2008 베이찡올림픽을 준비하면서 중국 정부는 이런 후진적인 문화를 없애기 위한 노력을 많이 했다.

불법복제 DVD를 사는 것은 당연히 불법이지만 값이 저렴하고, 중국 영화를 자주 보면 당연히 중국어 공부에 도움이 되기 때문에 많은 사람들이 불법복제 DVD를 산다. 불법복제 DVD로 한국 드라마를 보는 중국 사람들도 많다.

> 중국에서 상영되는 외화는 거의 중국어로 더빙을 하는데 이 더빙 자체도 대화 시에는 배경소리가 안 들릴 정도의 수준이다. 중국 영화관을 경험하고 싶은 사람들만 한 번 정도 가보기를 추천한다.

东煜 dōng yù	你好. 有没有2点开始的〈叶问〉的票? nǐ hǎo. yǒu méi yǒu liǎng diǎn kāi shǐ de 〈yè wèn〉 de piào?
동욱	안녕하세요. 2시에 시작하는 〈엽문〉 표 있나요?
售票员 shòu piào yuán	电影票已经卖完了, 一个座位也没有了. diàn yǐng piào yǐ jīng mài wán le, yí gè zuò wèi yě méi yǒu le.
매표원	영화표는 이미 다 팔렸습니다. 한 자리도 없네요.
东煜 dōng yù	下一场电影几点开演? xià yì cháng diàn yǐng jǐ diǎn kāi yǎn?
동욱	다음 영화는 몇 시에 시작인가요?
售票员 shòu piào yuán	4点开始. sì diǎn kāi shǐ.
매표원	4시에 시작입니다.
东煜 dōng yù	有〈赤壁大战〉的票吗? yǒu 〈chì bì dà zhàn〉 de piào ma?
동욱	〈적벽대전〉 표는 있나요?
售票员 shòu piào yuán	有. 但是电影快要开始了. yǒu. dàn shì diàn yǐng kuài yào kāi shǐ le.
매표원	있습니다. 그런데 영화가 곧 시작됩니다.
东煜 dōng yù	一张多少钱? yì zhāng duō shao qián?
동욱	한 장에 얼마인가요?
售票员 shòu piào yuán	一张50块钱. yì zhāng wǔ shí kuài qián.
매표원	50위안입니다.
东煜 dōng yù	好. 给我两张票. hǎo. gěi wǒ liǎng zhāng piào.
동욱	네. 두 장 주세요.

04 우체국

인터넷이 발달하면서 우체국에서 편지를 부치는 일은 예전에 비해 많이 줄어들었다. 이제는 손으로 편지를 써서 소식을 전하는 일이 거의 없다. 그러나 아무리 인터넷이 발달했다고 해도 부모님이나 친구들에게 소포를 보내려면 반드시 우체국을 통해야 한다. 또한 짐이 많은 유학생의 경우 귀국하기 전에 우체국을 통해 필요 없는 물건을 미리 보내는 사람들도 늘어나고 있다.

중국 사람들은 우체국을 요우쥐(邮政)라 부르지만 우체국에는 녹색 바탕에 노란색으로 邮政局(우정국, post office)이라고 씌어 있다. 영업시간은 평일 08:30~17:30이고, 주말은 08:30~16:00이다. 우리나라와 마찬가지로 우체국에서는 우편물에 관련된 업무 말고도 은행업무도 같이 본다.

우체국에서 편지를 보낼 때는 먼저 창구로 가서 담당직원에게 본인이 보내고자 하는 목적에 맞는 봉투를 달라고 한다. 우편물은 국내우

우체국과 우체통

> 우리나라에서는 발신자 주소를 왼쪽 상단에 적고 수신자 주소를 우측 하단에 적는데 중국 내에서 우편물을 보낼 때는 반대다. 잘못 적으면 본인이 보낸 우편물이 본인 집으로 배달될 수 있으니 반드시 확인한 후 보내도록 하자.

편(国内信封)과 국제우편(国外信封), 그리고 각각의 빠른우편(特快专递, EMS) 등으로 보낼 수 있다. 소포를 부칠 때는 소포에 맞는 상자를 구입해서 내용물을 포장하고 주소를 적어서 보내면 된다. 한 가지! 국제우편을 보낼 때는 상관없지만 중국 내에서 국내우편을 보낼 때는 우리나라와는 달리 수신자와 발신자의 주소를 반대로 적어야 한다. 그리고 나서 무게를 잰 후 무게에 맞는 요금을 지불한다. 일반 편지는 우리나라와 마찬가지로 우표를 붙이는데 우표 가격은 8角, 1元, 3元 등이다.

소포를 보낼 때 EMS를 이용하면 가격은 비싸지만 빠르고 안전하다. 반면 일반소포는 EMS에 비해 훨씬 저렴하지만 도착시간이 늦고 일정치 않다. 급한 물건이 아니라면 일반소포로 보내는 것도 나쁘지 않을 것 같다.

EMS 비용(500g 기준)
- 한국으로 보낼 때
  115元(서류), 180元(물건)
  500g 추가 시 40元 추가
- 중국 국내로 보낼 때
  20元
  500g 추가 시 구간별로 비용 추가(우체국 창고 111185로 문의)

샹하이에 있을 때 중국 내 우편과 국제우편을 동시에 보낼 일이 있었다. 국내 EMS 신청서와 국제 EMS 신청서를 동시에 달라고 했는데 국제 EMS 신청서는 따로 돈을 내야 한다며 2.5元을 요구했다. 원래 그런가보다 하고 돈을 내고 소포를 보냈다. 나중에 다른 우체국에서 같은 곳으로 국제우편을 보내는데 EMS 신청서 비용을 요구하지 않는 것이 아닌가. 중국의 행정은 지점이나 지역마다 차이가 나니 언제든지 이 점을 유념하도록 하자.

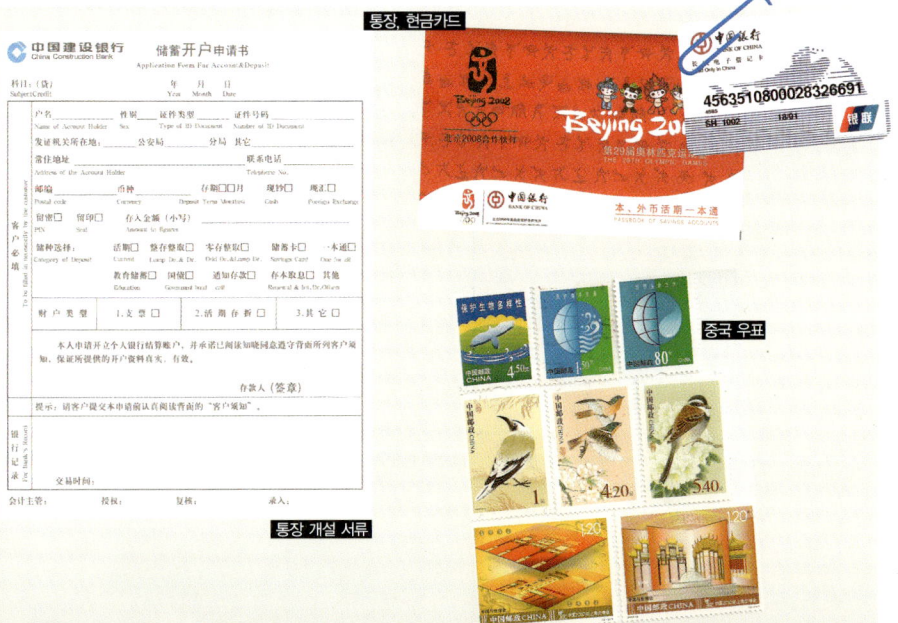

통장 개설 서류

통장, 현금카드

중국 우표

중국 우체국에서 꼭 알아두어야 할 명칭

- 寄件公司(From) 발신
- 联络人(Shipper, Attn) 연락인
- 地址(Address) 주소
- 区号(Area Code) 지역번호
- 电话号码(Tel No.) 전화번호
- 收件公司(To) 수신
- 物品名称(Description, Remark) 물품 명칭
- 寄件人签名(Shipper's Signature) 발신자 서명
- 收件人签名(Receiver's Signature) 수신자 서명
- 派件员签名(Delivered By) 배송인 서명
- 付款方式(Charge to Option) 결제방식
- 寄方付, 寄付(Sender) 발신자 부담
- 收方付, 到付(Receiver) 수신자 부담, 착불
- 第三方付(3rd Party) 제3자 부담
- 月结(Credit) 월 결제
- 金额(Amount) 금액
- 重量(G/W) 무게

EMS 이외의 기타 물류업체 수신자부담 고객센터

- UPS(联合包裹) 800-820-8388
- FedEx(联邦快递) 800-810-2338
- DHL(中外运-敦豪) 800-810-8000
- TNT(天地快运) 800-820-9868

우편 업무 문의전화: 11185

우체국 차량

东煜 dōng yù 동욱	我要寄包裹. wǒ yào jì bāo guǒ. 소포를 보내려고 하는데요.
服务员 fú wú yuán 직원	往哪儿寄呢? wǎng nǎr jì ne? 어디로 보내는 건가요?
东煜 dōng yù 동욱	要往首尔寄的. yào wǎng Shǒu ěr jì de. 서울로 보내려고 하는데요.
服务员 fú wú yuán	这个包裹还没包装. 请您先包装一下. 包好以后, 在包裹的外边写上收件人的名字和地址, 还有你的名字和地址. zhè gè bāo guǒ hái méi bāo zhuāng. qǐng nín xiān bāo zhuāng yí xià. bāo hǎo yǐ hòu, zài bāo guǒ de wài biān xiě shàng shōu jiàn rén de míng zi hé dì zhǐ, hái yǒu nǐ de míng zi hé dì zhǐ.

직원		이 소포는 아직 포장이 안 되었네요. 먼저 포장을 하세요. 포장하신 후에 소포의 바깥쪽에 수취인의 이름과 주소를 적어주시고, 고객님의 이름과 주소도 적어주세요.
东煜 dōng yù 동욱		写好了. 我给你多少钱? xiě hǎo le. wǒ geǐ nǐ duō shao qián? 다 썼어요. 얼마인가요?
服务员 fú wú yuán 직원		我来称一称. 包裹净重3公斤. 100块钱. wǒ lái chèng yi chèng. bāo guǒ jìng zhòng sān gōng jīn. yì bǎi kuài qián. 무게를 재볼게요. 소포 중량이 3kg이군요. 100위안입니다.
东煜 dōng yù 동욱		给你100块. gěi nǐ yì bǎi kuài. 100위안 여기 있습니다.
服务员 fú wú yuán 직원		正好. 谢谢. zhèng hǎo. xiè xie. 정확히 맞습니다. 고맙습니다.

중국의 지역정보/우편번호
http://youbian.baidu.com/
중국어를 알고 중국어 자판을 칠 줄 알아야 한다.

http://www.cpdc.com.cn/postcdQueryAction.do?reqCode=gotoQueryPostAddr

05 미용실

중국에서는 미용실을 메이롱메이파(美容美发)라고 한다. 미용실의 전체적인 분위기는 한국과 큰 차이가 없지만 미용실에 들어서는 순간 직원 수가 상당히 많다는 것을 알 수 있다. 인건비가 싸기 때문이다. 남자들은 대부분 일반 커트를 하러 미용실에 가는데, 중국에는 머리를 감겨주고 커트하는 상품(洗剪, 시찌엔)과 그냥 머리만 감겨주는 상품(单洗, 딴시)이 있다. 머리만 감겨준다는 것이 조금 신기했지만 중국인들이 머리를 자주 감지 않아 미용실에서 이런 상품을 만든 것 같다. 여자들은 커트보다 파마를 하거나 염색을 하기 위해 미용실을 찾는데 중국에도 우리나라처럼 매직스트레이트(直发离子烫, 즈파리즈탕) 같은 종류의 파마가 있다. 한 가지 주의할 사항은 어떤 미용실은 파마를 해도 커트하는 비용을 따로 내야 한다는 것.

미용실에 가서 원하는 헤어스타일을 고르면 머리를 감겨준다. 그런 후 로트로 머리를 말고 파마약을 고르라고 한다. 장사꾼 기질이 뛰어난 미용실 직원은 당연히 비싼 파마약을

중국인 미용실 비용

염색 80元
파마 80元
머리 감고 커트 15元
머리 감기 10元
드라이비 10元

한국인이 운영하는 미용실

권하는데 이때 정신을 똑바로 차리지 않으면 바가지를 쓰게 된다. 파마약을 고르면 파마를 시작한다.

중국의 미용기술은 한국보다 다소 떨어지는 편이다. 기술도 기술이지만 중국에서 유행하는 헤어스타일과 한국에서 유행하는 헤어스타일이 다르기 때문에 중국에서 가장 기술이 좋은 곳에 가서 머리를 해도 한국에서 하는 것처럼 스타일이 잘 나오는 편은 아니다. 이런 이유로 한국인이 운영하는 미용실을 이용하는 사람들이 많다. 가격은 한국과 비슷하나 머리에 전혀 관심이 없고 무신경한 사람이 아니라면 한인 미용실을 가는 것이 좋다. 일반 커트의 경우 30~35元 정도 한다.

| 东煜
dōng yù
동욱 | 我想烫发. 现在可以吗?
wǒ xiǎng tàng fà. xiàn zài kě yǐ ma?
파마를 하려고 합니다. 지금 가능한가요? |

| 美容师
měi róng shī
미용사 | 可以. 请坐. 哪种发型?
kě yǐ. qǐng zuò. nǎ zhǒng fà xíng?
가능해요. 앉으세요. 어떤 스타일로 해드릴까요? |

| 东煜
dōng yù
동욱 | 看一看目录吧.
kàn yi kàn mù lù ba.
목록 좀 볼 수 있을까요? |

| 美容师
měi róng shī
미용사 | 给你. 请选择你喜欢的发型.
gěi nǐ. qǐng xuǎn zé nǐ xǐ huan de fà xíng.
여기 있습니다. 먼저 원하는 스타일을 고르세요. |

| 东煜
dōng yù
동욱 | 我要这个发型, 你看怎么样?
wǒ yào zhè gè fà xíng, nǐ kàn zěn me yàng?
이 스타일을 원합니다. 보기에 어떠세요? |

| 美容师
měi róng shī
미용사 | 我看挺适合你的, 也要染色吗?
wǒ kàn tǐng shì hé nǐ de, yě yào rǎn sè ma?
제가 보기에는 아주 좋습니다. 염색도 하실 건가요? |

| 东煜
dōng yù
동욱 | 烫一下就行了.
tàng yí xià jiù xíng le.
파마만 해주세요. |

06 병원

중국에서 아프면 참 서럽다. 아픈 정도가 심하면 한국으로 돌아와야 할 경우도 생긴다. 외국에 나가는 사람들은 누구나 본인은 아프지 않을 거라고 생각하지만 병원 신세를 지는 사람들도 적지 않다. 중국에서는 병원비가 감당할 수 없을 정도로 많이 든다. 그러니 중국에 가기 전에 여행사나 유학원을 통해 여행자보험이나 유학생보험에 가입하는 것이 좋다. 보험에 가입하면 한국어로 무료 24시간 전화문의가 가능하니 반드시 문의한 후 병원을 이용하도록 하자.

유학생들이 많은 대도시에는 국제의료부를 갖춘 병원들이 있다. 일반 중국병원에 가기보다 한국인 의사나 한국어로 도움을 받을 수 있는 조선족 간호사들이 있는 병원을 찾아가서 진찰을 받고 치료하는 것이 좋다. 많이 아픈 경우에는 응급처치 후 반드시 한국으로 돌아와 치료를 받도록 한다.

어디가 아프다고 말해야 하는데 막상 단어가 생각나지 않아 제대로 치료받지 못하는 경우가 있다. 그런 때에 병명과 증세에 관한 중국어를 알고 있으면 유용하게 사용할 수 있다.

의료진 안내판과 병원 내부

병명과 증세를 나타내는 중국어

병 病 bìng 삥
급성 急性 jíxìng 지씽
만성 慢性 mànxìng 만씽
심장병 心脏病 xīnzàngbìng 씬짱삥
유행성감기 流感 liúgǎn 리오우간
천식 气喘 qìchuǎn 치츄안
편도선염 扁桃腺炎 biǎntáoxiànyán 비엔타오씨엔옌
폐렴 肺炎 fèiyán 뻬이옌
맹장염 阑尾炎 lánwěiyán 란웨이옌
위궤양 胃溃疡 wèikuìyáng 웨이쿠이양
백혈병 白血病 báixuèbìng 바이쉐삥
치질 痔疮 zhìchuāng 쯔츄앙
골절 骨折 gǔzhé 구져
타박 碰伤 pèngshāng 펑샹
염좌 扭伤 niǔshāng 니유샹
화상 烧伤 shāoshāng 샤오샹
창상 切伤 qiēshāng 치에샹
찰과상 擦伤 cāshāng 차샹
상처 伤口 shāngkǒu 샹코우
종양 肿瘤 zhǒngliú 쫑리오우
근시 近视 jìnshi 진스
원시 远视 yuǎnshì 위엔스
결막염 结膜炎 jiémóyán 지에모옌
눈 다래끼가 나다 长了针眼 chánglezhēnyǎn 창러전옌
다치다 受伤 shòushāng 쇼우샹
가렵다 发痒 fāyǎng 파양
곪다 化脓 huànóng 후아농
염증나다 发炎 fāyán 파옌
이가 아프다 牙疼 yáténg 야텅
이가 빠지다 牙掉了 yádiàole 야띠아오러
감염되다 感染 gǎnrǎn 간란
A형 간염 甲(型)肝(炎) jiǎ(xíng)gān(yán) 지아씽간옌
B형 간염 乙(型)肝(炎) yǐ(xíng)gān(yán) 이씽간옌
충치 虫牙 chóngyá 총야
생리통 痛经 tòngjīng 통찡
변비 便秘 biànmì 삐엔미
전염병 传染病 chuánrǎnbìng 츄안란삥
바이러스 病毒 bìngdú 삥두

약국

병원 홍보 브로슈어

东煜	我身体很不舒服.	
dōng yù	wǒ shēn tǐ hěn bù shū fú.	
동욱	몸이 좋지 않네요.	

医生	你哪儿不舒服?	
yī shēng	nǐ nǎr bù shū fú?	
의사	어디가 불편하신가요?	

东煜	头疼, 咳嗽, 嗓子疼.	
dōng yù	tóu téng, ké sou, sǎng zi téng.	
동욱	머리도 아프고 기침도 나고 목도 아프네요.	

医生	什么时候开始疼的?	
yī shēng	shén me shí hou kāi shǐ téng de?	
의사	언제부터 아프기 시작했나요?	

东煜	昨天晚上就开始了.	
dōng yù	zuó tiān wǎn shàng jiù kāi shǐ le.	
동욱	어제 저녁부터 아프기 시작했습니다.	

医生	你把嘴张开我看看. 嗓子里面有炎症.	
yī shēng	nǐ bǎ zuǐ zhāng kāi wǒ kàn kàn. sǎng zi lǐ miàn yǒu yán zhèng.	
의사	제가 볼 수 있게 입을 벌려보세요. 목 안에 염증이 있네요.	

东煜	严重吗?	
dōng yù	yán zhòng ma?	
동욱	심한가요?	

医生	不太严重. 你试试表吧. 37度.	
yī shēng	bú tài yán zhòng. nǐ shì shi biǎo ba. sān shí qī dù.	
의사	그리 심하지는 않아요. 체온을 재보죠. 37도입니다.	

东煜	要打针吗?	
dōng yù	yào dǎ zhēn ma?	
동욱	주사를 맞아야 하나요?	

医生	不需要, 吃两天药就好了.	
yī shēng	bù xū yào, chī liǎng tiān yào jiù hǎo le.	
의사	그럴 필요 없어요. 이틀 약을 먹으면 좋아질 거예요.	

한국어가 가능한 병원

베이찡

〈중국 종합병원〉

중일우호병원 국제의료부 中日友好医院国际医疗部(일본과 중국 합자병원)
- 주소 北京市朝阳区樱花园东街 전화번호 6422-2952
- 주요 진료과목: 종양, 심혈관, 비뇨기과 등
- 특징: 중의약과 양약을 동시 처방
- 진료시간: 08:00~12:00, 13:00~17:00

협화병원 특수의료부 协和医院特需医疗部
- 주소 北京市东城区帅府园1号 전화번호 6529-6114/6512-4875
- 주요 진료과목: 안과, 산부인과, 내분비과 등
- 특징: 국가에서 지정한 각종 난치병 진료기술 중심으로 의료, 교학, 연구가 결합된 대형 종합병원
- 진료시간: 08:00~12:00, 13:30~17:30(월~금)

〈한국 종합병원〉

베이찡SK애강병원 北京爱康医院(한국 SK와 중국 위생부 합자병원)
- 주소 北京市朝阳区水堆子北里11号 전화번호 10)8596-1678/3388
- 주요 진료과목: 소아과, 부인과, 내과, 외과, 이비인후과, 종합검진과 등
- 특징: SK애강병원은 SK그룹이 한국의 5개 전문병원 및 중국 위생부와 합작해 설립한 제1호 한중 합작 병원으로 베이찡에서 제일 큰 합작병원 중 하나다.
- 진료시간: 09:00~18:00(월~금)

왕징신청병원 望京新城医院

- 주소 北京市朝阳望京西区4区412号楼 전화번호 10) 6475-9911
- 주요 진료과목: 소아과, 내과, 외과, 산부인과, 치과 등
- 진료시간: 08:30~17:00

모닝스타병원 晨星医院
- 주소 朝阳区望京星源国空寓D楼3层 전화번호 10) 6472-6769/8472-2144
- 주요 진료과목: 내과, 외과, 소아과, 산부인과, 이비인후과 등
- 진료시간: 08:00~18:00(평일), 09:00~17:30(토)

〈산부인과 전문병원〉

베이찡영재이강종합병원 北京英才理康综合医院
- 주소 北京市海淀区苏州街18号院长远天地大夏A1201 전화번호 10) 8261-8462
- 주요 진료과목: 산부인과, 내과, 외과, 방사선과, 임상병리과 등
- 진료시간: 09:00~18:00(월~토)

암케어 Amcare 北京美中宜和妇医院
- 주소 北京市朝阳区芳园西路9号 전화번호 10) 6434-2399
- 주요 진료과목: 산부인과, 부인과, 소아과
- 진료시간: 08:00~12:30, 13:00~16:30(월~일)

〈치과〉

베이찡제일치과 北京第一医院
- 주소 望京华鼎世家306号楼丁单元2层   전화번호 10) 6475-7583
- 주요 진료과목: 치과
- 특징: 한국의 제일치과와 연계되어 있음.
- 진료시간: 09:30~18:30(월~토)

상하이

상하이 창닝구 중심병원 上海长宁区中心医院
- 주소 上海长宁区仙霞路1111号   전화번호 21) 6290-9911
- 주요 진료과목: 정형외과, 심혈관내과, 산부인과, 소화내과 등
- 진료시간: 08:00~17:00(평일), 08:00~12:00(토요일, 응급시스템 가능)

리위치과 立伟牙科
- 주소 南京西路993号13B锦江向阳大厦   전화번호 21) 6271-5707
- 주요 진료과목: 치과
- 진료시간: 09:00~17:00(월~토)

상하이시 찡안구 중심병원 上海市静安区中心医院
- 주소 上海市西康路259号-2号10层(新闸路口)   전화번호 21) 6289-2983
- 주요 진료과목: 소화내과, 외과
- 진료시간: 08:00~17:00(월~일)

VIP국제산부인과
- 주소 上海华山路1961号VIP13-15F   전화번호 21) 6447-0399
- 주요 진료과목: 산부인과
- 진료시간: 08:00~17:00(월~금)

칭다오

칭다오시 시립병원 青岛市市立医院东院

- 주소 青岛东海中路5号   전화번호 532) 8593-7690/7678
- 주요 진료과목: 종합병원이라 모든 과 진료 가능
- 특징: 국제의료부가 있어 한국어로 진료 가능
- 진료시간: 08:00~12:00(월~토), 13:30~17:30(하절기), 13:00~17:00(동절기)

Part. 6

중국 친구 사귀기 & 중국어 공부하기

01 중국 친구 사귀기

학교 수업 이외에 중국어 공부에 도움이 되는 가장 좋은 방법 중의 하나는 중국인 친구를 사귀는 것이다. 중국어가 능통하지 않다고 해서 중국인 친구 사귀는 것을 미리부터 겁먹을 필요는 없다. 기회는 다른 누군가가 아니라 자신이 만드는 것이니 용기 내어 먼저 말을 걸어보자.

말 걸기 작전

일반적으로 학교 수업은 월요일부터 금요일까지 하루에 4시간씩이다. 그러니 예습이나 복습을 하고도 시간적으로 여유가 많다. 스스로 무언가를 하려고 노력해야지 방안에만 틀어박혀 있으면 한국에서 중

중국 FACEBOOK(人人网) 이용하기
중국판 FACEBOOK을 런런왕이라고 하며 현재 대부분의 중국 친구들이 이용하고 있다. 이를 통해 보다 손쉽게 중국 친구들을 사귈 수 있으며 다양한 정보를 보다 쉽고 빠르게 얻을 수 있다.

국어를 공부하는 것과 별반 다를 게 없다. 비행기에서 내린 순간 그곳은 한국이 아닌 외국이다. 외국인이 한국에 와서 한국말을 못한다고 부끄러워하지는 않는다. 그러니 집안에만 있지 말고 밖으로 나가서 못하는 중국어라도 부끄러워하지 말고 계속 사용하도록 하자. 어려운 상황과 맞닥뜨렸을 때 사용한 중국어는 절대 잊혀지지 않는다. 그렇게 배운 중국어가 진짜 자기 것이 된다. 여기저기 유명 관광지나 중국인이 있는 곳들을 찾아다니며 중국인들에게 먼저 말을 걸며 자연스럽게 친구를 만들어보자.

학교 근처의 대학생들에게 먼저 말을 걸면 거의 대부분의 학생들이 호의적으로 다가와 관심을 보이며 친구가 되어준다. 약 10여 년 전부터 한류(韓流) 문화의 성장으로 많은 중국 학생들이 한국문화에 상당한 관심을 가지고 있다. 한류에 관심 있는 친구들을 만나면 자연스럽게 대화가 오고가며 중국어를 못해도 중국 친구들이 한국 노래를 잘 부르기 때문에 노래방까지 함께 갈 수 있다. 유명한 중국 노래를 몇 곡 정도 외워 부를 수 있으면 중국 친구들을 사귀는 데 많은 도움이 된다.

혼자 항쪼우를 여행할 때 야시장을 찾지 못해 예쁘장한 중국인 아가씨에게 길을 물은 적이 있었다. 그때 그 친구가 같이 가주겠다며 야시장 가이드까지 해주고 자기 집에 초대해 2시간 정도 걸어가서 수박(한여름에 냉장고가 없어 미지근했던)을 먹고 왔다. 그때 걸으면서 많은 대화를 나눌 수 있었고 중국 노래를 부르자 그 친구가 상당히 좋아했던 기억이 난다.

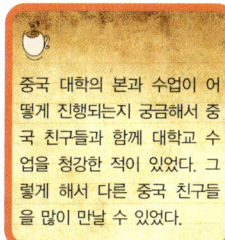

중국 대학의 본과 수업이 어떻게 진행되는지 궁금해서 중국 친구들과 함께 대학교 수업을 청강한 적이 있었다. 그렇게 해서 다른 중국 친구들을 많이 만날 수 있었다.

공부할 때도 마찬가지다. 집에서 혼자 하기보다 자신이 다니는 대학

도서관에서 공부하되, 모르는 내용이 있으면 옆에서 공부하는 중국 학생에게 물어보자. 정말 친절하게 잘 가르쳐준다. 그러다 보면 자연스럽게 친구를 사귈 수 있다. 중국의 대학은 한국 대학과는 다르게 시험기간이 아니더라도 도서관에서 열심히 공부하는 학생들이 많다. 중국에서 여행을 하다 보면 기차를 타고 이동해야 하는 경우가 많다. 땅이 워낙 넓다보니 한 번 기차를 타면 장시간 타게 되는데 그럴 때 주위에 있는 사람들에게 말을 걸어보는 것도 좋은 방법. 그러면 정말 귀찮을 정도로 말을 계속 걸어 올 것이니 기대해도 좋다.

중국의 성(姓)과 이름

중국에는 한족(汉族), 장족(壮族), 만주족(滿族), 조선족(朝鮮族) 등을 포함해 56개의 다양한 민족들이 있다. 인구가 13억이나 되기 때문에 중국인의 성도 무려 1,000개가 넘는다고 한다. 중국에서 가장 많은 성은 이(李), 왕(王), 장(张) 등이다. 우리가 잘 알고 있는 중국의 영화배우 이연걸(李连杰), 왕조현(王祖贤), 장국영(张国荣)을 떠올릴 수 있겠다. 장국영이라는 이름은 중국식으로 발음하면 'Zhāng Guó Róng'(짱 꾸어 롱)이다. 중국으로 여행을 가거나 어학연수를 간다면 본인의 이름이 중국어로 어떻게 발음되는지 알아보고 가자. 만약 순 한글이름이라면 중국인들이 부르기 쉽고 뜻이 좋은 한자이름을 만들어 가는 것이 중국친구를 사귀는 데 도움이 될 것이다.

京南	你好.
jīng nán	nǐ hǎo.
경남	안녕.

东煜	你好. 您贵姓?
dōng yù	nǐ hǎo, nín guì xìng?
동욱	안녕. 성이 어떻게 되니?

京南	我姓孙, 叫京南.
jīng nán	wǒ xìng sūn, jiào jīng nán.
경남	성은 손이고 이름은 경남이야.

东煜	认识你很高兴! 你是从哪儿来的?
dōng yù	rèn shi nǐ hěn gāo xìng! nǐ shì cóng nǎr lái de?
동욱	만나서 반가워. 넌 어디서 왔니?

京南	我是从韩国来的.
jīng nán	wǒ shì cóng hán guó lái de.
경남	한국에서 왔어.

东煜	你是来旅游的吗?
dōng yù	nǐ shì lái lǚ yóu de ma?
동욱	여행하러 왔니?

京南	不是, 我是来学汉语的.
jīng nán	bú shì wǒ shì lái xué hàn yǔ de.
경남	아니, 중국어 공부하러 왔어.

东煜	你说汉语说得真不错.
dōng yù	nǐ shuō hàn yǔ shuō de zhēn bú cuò.
동욱	중국어를 정말 잘하네.

京南	哪里哪里, 还差的远呢.
jīng nán	nǎ li nǎ li, hái chà de yuǎn ne.
경남	아니야, 아직 멀었어.

중국에서 사업을 하고 있는 형한테 놀러간 적이 있었다. 그때 형이 알고 지내는 중국인 친구(여자)들을 만나 며칠 동안 함께 놀았다. 그곳에는 외국인이 없어서인지 그 친구들이 우리에게 많은 호감을 보였는데 한국으로 돌아오기 전날 밤에 그중 한 친구가 문자를 보내왔다. 중국에서 생활하면서 마음에 드는 이성이 있으면 이 문자를 한 번 보내보기 바란다.

念念不忘心已碎, - 今
二人何日来相会, - 天
天鹅飞去鸟不归, - 我
牛郎进入织女室, - 特
口吻大力刀相对, - 别
眼前古木心上头, - 想
人在尔边相依偎! - 你

한 줄 한 줄 문장을 풀이하면(해석하기보다 글을 보며 풀이해야 한다.) '今天我特别想你!'으로 '오늘 정말 당신이 보고 싶어요!'라는 뜻이다. 그런데 아쉽게도(?) 시간이 없어서 그녀를 다시 만나지 못했다. 중국인도 잘 모르는 경우가 있으니 공부도 할 겸 중국 친구에게 물어보며 잘 풀이해보기 바란다.

잰말놀이(绕口令-발음하기 어려운 말을 조합해서 빨리 외우는 놀이)

발음이나 성조를 정확히 하기가 쉽지 않지만 천천히 연습해서 외워두면 중국어 발음 공부에 도움이 된다. 중국 친구들도 잘 못하니 한두 개 정도 외워두고 쓰면 중국 친구들이 신기해하고 관심을 가진다.

1. 吃葡萄不吐葡萄皮儿, 不吃葡萄倒吐葡萄皮儿.
2. 大兔子, 大肚子, 大肚子的大兔子, 要咬大兔子的大肚子.
3. 妈妈骑马, 马慢, 妈妈骂马.
4. 老翁卖酒老翁买, 老翁买酒老翁卖.
5. 十是十, 四十四
   十四是十四, 四十是四十
   十四不是四十, 四十也不是十四
   别把十四说成四十, 也别把四十说成十四

절대 잊지 말고 늘 머릿속에 담아두고 있어야 할 것은 중국에 가면 내국인이 아니라 외국인이라는 점이다. 한국에서 한국말이 서툰 외국인이 친구하자고 말을 걸어 온다면 자신은 어떻게 할 것인가 생각해봤으면 좋겠다. 한국인이 중국어를 못하는 것은 전혀 부끄러운 것이 아니다. 단, 중국에서 오랫동안 지냈는데도 못하는 건 좀 부끄러워해야 할 일이다. 이런 경우는 대부분 용기가 없어서 처음 중국에 갔을 때 중국인에게 다가가지 못했던 사람들이다. 중국에는 한국인 유학생들이 많이 살고 있기 때문에 기본적인 중국어만 사용해도 생활에 크게 지장이 없는 탓인지 중국어를 잘 못하는 유학생들이 상당히 많다. 이 글을 읽는 독자 중에는 그런 사람이 없도록 용기를 내어 노력해보자.

중국 사람들의 특징

1. 겉만 보고 사람을 판단하지 마라

한국 사람들 중에는 겉만 보고 사람을 판단하는 경우가 많은 것 같다. 겉모습이 초라하면 무시하는 경향이 있는데, 중국에서 그랬다가는 큰 낭패를 본다. 중국에서는 엄청난 부자들이 오히려 옷을 더 허름하게 입고 다닌다. 일반 유학생들은 별 문제가 없겠지만 사업상 중국을 찾은 사람들은 이 점을 명심해야 한다. 하지만 최근에는 외래문화의 영향으로 젊은 층들이 버는 돈의 많은 부분을 치장하는 데 쓰고 있다.

2. 책임 회피, 융통성이 없다

중국에서 관공서를 이용해보면 조금만 애매해도 책임을 회피하기 위해 이런저런 이유를 들어가며 일을 진행시키지 않는 공무원들을 경험할 수 있다. 문화대혁명 당시 잘못을 하면 이웃이나 친지들에게까지 고발당했는데, 그러다 보니 꼬투리를 잡히지 않으려고 무슨 일이든 남에게 미루는 일이 많아졌고 그런 생활들이 습관이 되어 하나의 습성으로 자리 잡은 것이다. 학교 기숙사를 홍보하려고 기숙사에 들어가 사진을 찍어도 되는지 물어보면 상부에서 연락을 못 받았다는 이유로 사진을 찍지 못하게 한다. 내가 아는 어떤 형은 외국인이 거의 없는 지역에서 거류증을 만드는 데 한 달 정도나 걸렸다고 한다. 관공서 직원이 처음 만드는 외국인 거류증이라 잘못하면 자신에게 문제가 되지 않을까 해서 그만큼 시간이 걸렸던 것이다. 은행에서 통장을 만드는 데도 일주일이 걸렸다고 한다.

중국 사람들은 혹시 불이익이 돌아올까 걱정해서 업무상 자기 일이 아니면 아무리 사소한 일이라도 절대 관여하지 않는다. 그러니 중국에서 융통성 같은 것은 기대하지 않는 것이 좋다.

3. 만만디

흔히들 중국 사람을 보고 '만만디'라 부른다. 만만디란 말은 중국어 사전에 '행동이 느리거나 일의 진척이 느림'이라 표현되며, 중국어 慢慢地에서 나온 말로 '천천히'란 뜻이다.

그런 반면에 한국인들은 빨리빨리 문화를 가지고 있어서 중국인이 더 느려 보이는 게 사실이다. 큰 땅덩어리에 사는 사람들이라 본래부터 여유와 느긋한 습성을 가지고 있기도 하겠지만 공산주의의 영향으로 더욱 이런 습관을 가지게 된 것 같다. 그러니 느린 것은 문화의 차이라 생각하고 답답하더라도 이해하도록 하자. 중국에서 생활하는 동안 운동하면서 뛰는 것 말고는 뛰는 사람을 본 적이 없다. 중국에 간다면 한번 유심히 살펴보자.

4. 유교사상과 거리가 멀다

유교는 공자(孔子)의 사상을 집대성한 것으로 우리나라에 전해진 이후 지금까지 깊이 뿌리 박혀 있다. 그래서 중국도 우리와 같은 유교사상이 깊이 자리하고 있을 거라 생각한다. 유교사상이 중국에서 시작된 것은 맞지만 우리나라처럼 깊숙이 영향을 미치고 있지는 않다. 길거리에서 버젓이 행해지는 젊은 사람들의 애정행각을 보면 쉽게 알 수 있다. 그들은 남의 눈은 전혀 의식하지 않고 하고 싶은 행동을 한다. 처음 이런 모습을 보면 적지 않게 놀랄 것이다.

5. 관계를 중요하게 생각한다

중국인들은 꾸안씨(关系, 관계)를 중요시한다. 소위 '빽'을 중요시한다는 뜻이다. 꾸안씨는 사업상 이해관계를 따지는 부분에서 도움을 주는 상황(거래의 관계)과 이해관계에 상관 없이 도움을 주는 상황(친구의 관계)의 두 가지로 나눌 수 있다. 전자의 경우 서로 도움이 될 때는 계속 이어지지만 한쪽이 손해를 보는 상황이 되면 그 꾸안씨는 바로 끝이 난다. 하지만 후자는 처음에 꾸안씨를 맺기는 힘들지만 한번 맺어

지면 먼저 발 벗고 나서서 능력이 되는 데까지 도와준다. 중국에 가면 이런 계산적이지 않은 꾸안씨를 맺을 수 있도록 하자. 내게도 그런 중국인 친구가 있는데 그 친구를 만나러 중국에 가면 회사를 조퇴하고 만나러 나오는가 하면 돈은 아예 쓰지 못하게 할 정도이고, 한국에 돌아올 때에는 비싼 선물까지 사주며 배웅해준다.

6. 건강을 중요하게 생각한다

새벽에 공원에 가보면 태극권 같은 운동을 하는 사람들을 어렵지 않게 볼 수 있다. 저녁에도 공원이나 광장에서 중장년층들이 음악에 맞춰 춤을 추는 모습을 볼 수 있는데 분위기가 매우 자연스럽다. 대학교 운동장에 가보면 중국 대학생들이 얼마나 운동을 좋아하는지 알 수 있다. 동네 아주머니들도 30명 정도 모여 북소리와 음악 소리에 맞춰 부채춤을 춘다. 이처럼 중국인들은 건강을 위해 평소에 운동을 많이 한다.

마사지나 안마를 전문으로 하는 가게도 많은데 주로 발마사지를 한다. 중국인들이 먹는 음식 중에는 허한 기를 채워주는 보양 음식이 상당히 많다. 종합해보면 중국인들이 건강에 대해 얼마나 관심이 많은지 알 수 있다.

짱깨

우리가 흔히 중국인을 비하해서 부르는 '짱깨'라는 말은 '상점 주인'이라는 뜻의 짱꾸에이(掌柜, 장궤)에서 유래되었다는 설이 있다. 조선 시대 때 기업이나 가게를 운영하던 화교들을 일컫던 '짱꾸에이'가 오랜 시간이 지나면서 비속어인 짱깨로 변했다는 설이다. 정확한 이야기인지는 모르겠지만 중국인이나 중국집 배달원을 마냥 비하하는 짱깨라는 말이 어원을 알고 보니 조금 다르게 들린다.

중국의 요모조모

직업

중국에는 인구가 많다 보니 별의별 직업이 다 있다. 한번은 아파트 엘리베이터를 탔는데 어떤 아가씨가 의자에 앉아 몇 층까지 가냐고 묻고는 직접 버튼을 눌러주었다. 몇 시간 후에 다시 엘리베이터를 탔는데 아까 그 아가씨가 또 있었다. 나중에 알고 봤더니 아파트 엘리베이터를 작동해주는 사람이었다. 우리나라에서는 고급 호텔이나 백화점에 가야 볼 수 있는 엘리베이터 안내원이 중국에는 아파트 엘리베이터에도 있다.

베이찡올림픽이 열리기 전에는 길거리에서 이발해주는 이발사도 있었다. 지방에 가면 아직도 길에서 이발해주는 이발사들을 볼 수 있다. 자동차가 대로로 진입할 때 끼어드는 차를 도와주고 돈을 받는 사람, 기차가 역에 도착하면 무거운 짐을 들고 가는 사람에게 다가가 짐을 들어주는 조건으로 돈을 받는 사람도 있다. 우리나라에도 예전에는 있었는데, 정식으로 영업신고를 하지 않고 택시 영업을 하는 사람들도 있다. 일명 '헤이쳐'(黑车)라고 부르는데 나도 장거리 여행을 할 때 여러 번 이용했다. 그 밖에도 우리나라에서는 볼 수 없는 신기한 직업들이 많이 있고, 앞으로도 더 생겨날 전망이다.

숫자

한국인들은 보통 행운의 숫자인 '7'을 좋아한다. 한국에서 이삿짐센터를 운영하는 사람들은 이삿짐센터를 홍보하기 위해 '2424'라는 숫자를 전화번호 뒷자리에 사용하고 싶어 한다. 마찬가지로 배달을 하는 식당이나 퀵서비스 센터에서는 '8282'라는 번호를 좋아한다.

중국어 발음과 비슷해서 중국인들이 좋아하는 수도 따로 있다. 중국인들은 6, 8, 9를 좋아하는데, 6(六, liu)은 '순조롭다'라는 뜻의 '流(liu)', 8(八, ba)은 '돈을 벌다'라는 뜻의 '发(fa)'에서, 9(九, jiu)는 '길다, 오래다'라는 뜻의 '久(jiu)'와 술을 뜻하는 '酒(jiu)' 등에서 기인했다. 9는 옛날 황실에서 사용하던 수로 알려져 있는데, 쯔진청(紫禁城, 자금성)의 문마다 9개의 황금장식이 있으며 한(汉)나라 때는 행정구역이 9개였다. 중국인들이 술을 선물하는 것을 좋아하는 것도 이런 이유에서이다.

이 중에서 중국인들이 가장 좋아하는 숫자는 8인 것 같다. 휴대폰 번호 888-8888은 값을 매길 수 없을 정도로 비싸다. 그래서 중국의 휴대폰 가격은 번호마다 다르다.

중국인들이 가장 싫어하는 숫자는 우리와 마찬가지로 4(四)다. 죽음을 의미하는 글자 '死'와 발음이 비슷하기 때문이다.

색상

1만 8천 년 전부터 중국인들은 붉은색을 좋아했다. 붉은색이 생명력과 관계가 있다고 여겨 시체 밑에 붉은색 가루를 뿌리고 매장했다. 원시시대에 여러 전투에서 피를 본 사람들이 시체에 피가 없다는 것을 알게 되면서 피를 보충하기 위해 붉은색 가루를 뿌린 데서 연유했다고 한다. 현재는 붉은색을 순결함과 성공의 상징으로 여긴다.

뿐만 아니라 황금색은 신성하고 고귀한 권위를 상징한다고 믿는다. 중국의 국기인 오성홍기를 보면 중국인들이 얼마나 붉은색과 황금색을 좋아하는지 알 수 있다. 중국의 전통혼례 복장도 붉은색이고 쯔진청의 외벽도 붉은색이다.

경극

오랜 역사를 가진 경극은 '베이징 오페라'라고 불리며 노래와 춤을 동반한 종합예술로 그 예술성을 높이 평가받고 있다. 여러 가지 설이 있지만 경극의 기원이 정확하게 언제부터인지는 알 수 없다. 독특한 창법, 색채가 화려한 복장 그리고 경쾌한 음악을 통해 중국의 전통예술을 엿볼 수 있다.

약 300여 편이 넘는 경극 작품이 있으며, 고전작품이어서 중국어를 잘하는 한국인들도 그 내용을 이해하기는 쉽지 않다. 심지어 중국인들조차 내용을 잘 모르는 사람들이 있는데 우리가 창이나 민요를 완전히 이해하지 못하는 것과 같다고 할 수 있다.

판다

중국의 티베트 지역과 쓰촨안성(四川省)에서만 서식하는 판다는 서식지가 제한적이고 출생률이 낮아 현재 멸종 위기에 처해 있다. 중국 정부는 판다가 서식할 수 있는 생태계를 유지하기 위해 부단히 노력하고 있다. 판다는 대나무 잎을 주식으로 하는 초식동물이지만 가끔 단백질 보충을 위해 곤충을 잡아먹기도 한다.

중국인들에게 판다는 단순한 동물이 아닌 중국을 대표하는 상징이다. 각종 제품의 캐릭터로 사용되고 애니메이션의 주인공으로 등장하면서 중국인들의 사랑을 듬뿍 받고 있다.

소황제

중국의 부모들도 자식에 대한 정성과 사랑이 전 세계적으로 둘째 가라면 서러울 정도다. 중국 정부가 인구를 억제하기 위해 한족들을 대상으로 1979년부터 한 가정에 한 명만 낳도록 제한했기 때문이다. 자식이 한 명이다 보니 자식에게 쏟는 정성이 정말 대단하다. 거기에서 나온 말이 바로 소황제(小皇帝)다. 본래 뜻은 글자 그대로 어린 황제인데, 부모가 한 명의 자식에게 어린 황제가 받는 대접에 버금가는 대접을 해준다는 의미에서 나온 말이다.

02 중국어 공부하기

공부하는 방법

모든 언어가 그렇듯이 중국어도 짧은 시간에 할 수 있는 것이 아니다. 꾸준히 공부하고 반복 학습해야만 어느 정도 성과를 거둘 수 있다. 중국어는 크게 회화, 문법, 듣기, 독해, 작문으로 나뉜다. 처음 배우는 초보자라면 발음과 성조(声调)를 정확하게 공부해야 한다. 성조는 한국어에는 없는 개념으로, 글자 하나하나에 음이 들어가 있는 것을 말한다. 성조는 4성(声)이 기본이며 그것 말고도 음이 없는 경성(轻声)도 있다. 같은 발음이라도 성조가 다르면 글자와 뜻이 달라지기 때문에 연습을 많이 해야 한다.

그 다음으로 중요한 것이 단어인데, 단어는 문장의 기본 단위다. 문장을 만들려면 단어를 나열해야 하는데 단어를 외우지도 않고 말을 못하겠다며 조바심을 내는 사람들이 있다. 반드시 입으로 소리 내어 읽으면서 단어와 문장을 암기해야 한다. 입으로 소리 내어 읽으면서 공부하지 않으면 나중에 말하려고 할 때 머릿속에서만 맴돈다. 기본기를 확실히 다질 수 있는 방법이니 단어를 외울 때나 책을 읽을 때 반드시 큰소리로 소리 내어 읽는 습관을 기르자.

나는 어릴 때부터 한자를 좋아해서 초기에 독해 수준이 꽤 높은 편이었다. 하지만 자만심

을 갖고 쉽게만 생각하다가 회화에 적응을 못했던 기억이 있다. 자신감은 윤활제가 되지만 자만심은 독이 되니 조심하길.

이런 과정이 끝나면 먼저 회화를 공부하는 것이 좋다. 특히 중국 현지에서 중국어를 재미나게 공부하려면 회화 위주로 공부하면서 중국 친구들에게 배운 것을 사용해보자. 자신도 모르는 사이에 중국어 실력이 향상되었음을 알게 될 것이다.

중국어 실력의 잣대가 되는 한어수평고시(汉语水平考试-HSK)라 불리는 중국어능력시험을 준비하는 것도 좋다. 여러 분야를 테스트하기 때문에 회화뿐 아니라 많은 시간을 책상에 앉아서 따로 준비해야 한다.

어학연수 수업과정
학교 수업은 보통 4시간이며, 회화(口语, 코우위), 듣기(听力, 팅리), 독해(阅读, 위에두), 종합(综合, 쫑허)식으로 진행된다. 방학 단기 연수의 경우 회화와 듣기 위주로 수업이 진행되기도 한다.

이때부터 공부해야 할 것이 문법, 듣기, 작문 그리고 독해다. 먼저 문법은 HSK를 공부하는 데 있어 필수다. 회화를 하다 보면 어느 단계에서 더 이상 진전되지 않을 때가 있는데 그 이유는 문법을 모르기 때문이다. 회화는 문법이 틀리더라도 의사 전달만 하면 되기 때문에 상대방이 알아듣는다. 하지만 중국어를 완벽하게 하려면 문법에 시간을 투자해야 한다. 처음에 회화 위주로 열심히 공부했다면 이후에 문법을 더 잘 이해할 수 있을 것이다.

그 다음으로 문법보다 더 많은 시간을 투자해야 하는 것이 듣기인데, 듣기와 작문은 동시에 공부하도록 한다. 사람들은 보통 그냥 많은 시간을 투자해서 들으면 듣기 실력이 향상된다고 생각하는데 그 방법보다는 들은 내용을 종이에 적는 것이 좋다. 처음부터 뉴스처럼 어려운 것으로 시도하지 말고 쉬운 것부터 시작하자. 듣기 공부에 뉴스가 좋기는 하지만 내용이 어려워서 중간에 포기하기 쉽다. 별로 어렵지 않은 것을 정해 본인이 쓸 수 있을 때까지 듣고 그 다음에는 조금 더 어려운 내용을 듣는 것이 질리지 않으면서도 공부하기에 좋다. 그렇게 하다 보면 작문에도 도움이 많이 된다. 여러 번 같은 내용을 들으면서 받아 적다 보면 읽을 수는 있는데 쓰지 못하는 단어를 발견할 수 있고 이런 것을 여러 번 반복하면 자신이 알고 있는 단어는 틀리지 않고 쓸 수 있게 되며 문장도 자연스럽게 암기된다.

독해는 말 그대로 많이 읽어야 한다. 학교에서 배우는 교재도 소리 내어 많이 읽어보자. 눈으로 읽는 것은 나중에 시험을 볼 때나 하는 것이고 평소에 중국어 독해를 할 때는 소리 내어 읽으면서 하는 것이 좋다. 이렇게 하면 독해와 함께 회화 실력도 향상된다. 그러면서 동시에 단어 정리를 하자. 그런데 그냥 단어만 암기하면 정말 잘못된 공부다. 독해를 할 때 나오는 단어가 어떻게 쓰이는지 정리하자는 것이지, 단순히 단어만 외우는 것은 정말 좋지 않은 방법이다. 되도록 단어만 암기하지 말고 모르는 단어가 나오는 문장 자체를 암기하도록 하자.

작문은 기본실력을 바탕으로 문장을 암기하고 한 번씩 적어보는 것이 도움이 된다. HSK 8급인 사람도 작문을 하라고 하면 정말 많이 틀린다. 쓰는 습관이 안 되어 있고 그냥 문제만 풀었기 때문이다. 중국어를 공부한 사람들이 이구동성으로 하는 말은 회화와 HSK는 공부하는 방법이 다르다는 것이다. 초·중급에서는 그렇게 볼 수 있지만 고급으로 올라가면 회화 실력이 좋은 사람들이라도 문법이나 듣기, 독해, 작문을 같이 병행해서 공부를 해야 한다.

설명은 길게 했지만 사실 중국어는 하나다. 모든 과정이 별개로 떨어져 있는 것이 아니고 서로 얽혀 도움이 된다는 말이다. 공부에 편법은 있을 수 없으니 열심히 하는 게 최선이자 최고의 방법이다.

중국어 공부를 위한 팁

1. 현지 영어학원을 다니자

중국에 연수를 가면 학교 수업은 대부분 아침 8시부터 12시까지의 4시간이 전부다. 수업도 중요하지만 남은 시간을 어떻게 활용하는가가 유학생활의 성패를 좌우한다고 볼 수 있다. 대부분 남는 시간에 학원에 등록해서 HSK 수업이나 부족한 수업들을 보충한다. 이 방법도 나쁘지는 않지만 중국인이 다니는 중국 현지 영어학원에 다니는 것이 훨씬 낫다. 중국인 학원에 한국인이 다닌다면 당연히 관심을 받을 수밖에 없다. 중국 친구를 사귀어 중국어도 배우고 영어 학원이니 자연스럽게 영어공부도 할 수 있어

일석이조다. 중국어를 배우는 유학생들은 영어와 담을 쌓고 있는 경우가 많다. 그러나 한국에서 계속 살아가려면 영어를 어느 정도 할 수 있어야 하니 꼭 시도해보기 바란다. 만약 영어가 정말 하기 싫은 사람들은 취미에 맞는 다른 학원이나 요리학원 등 매일 현지인과 부딪힐 수 있는 환경을 만들어보자.

2. 다른 사람과 비교하지 말자

처음 학교 수업을 시작하면 외국인과 수업을 같이 듣는다는 것도 신기하고 중국어로만 수업을 한다는 것도 정말 신기하다. 중국어를 어느 정도 할 줄 아는 학생들은 별 문제가 되지 않지만 중국어 초급자들은 이런 상황에서 주눅이 들기 쉽다. 교사가 질문을 했는데 나만 못 알아듣는 것 같고, 대답을 못하는 경우도 생긴다. 특히 여학생들은 함께 간 친구나 상대와 비교하며 자괴감에 빠져 적응하기 어려워한다. 보통 이런 경우는 반은 같지만 한국에서 공부를 하고 와서 수준이 조금 차이나는 경우가 많다. 숫자로 예를 들어 보면 본인은 한국에서 1까지만 배우고 왔는데 다른 친구들은 2나 3까지 배우고 온 경우다. 그런데 같은 레벨의 수업을 듣게 되니 당연히 같이 출발했는데 뒤처진다고 느껴질 수밖에 없는 것이다. 일단 학교 수업을 들을 때는 친구와 비교할 필요 없이 본인의 공부에 집중하는 것이 좋다. 남과 비교하려면 본인보다 레벨이 높은 반의 학생과 비교를 하고 따라가려고 노력하도록 하자.

그리고 초급 중국어를 배우는 학생들은 처음에는 무조건 단어를 많이 외워야 한다. 단어를 모르면 하고 싶은 말도 꺼낼 수 없고 한 마디도 알아들을 수 없다. 단어를 외워서 한 문장에서 한두 단어라도 들리면 추론해서 어느 정도 이해할 수 있고, 알아듣는다는 것이 신기해서 더욱 열심히 공부하게 된다.

3. 일기를 쓰자

중국어를 공부하기 시작하고 인사말 정도 할 줄 알게 되면 매일 혹은 이틀에 한 번씩이라도 일기 쓰는 습관을 들여라. 하루에 한 문장을 쓰더라도 꾸준히 일기를 쓰다 보면 자신도 모르는 사이에 같이 시작한 친구들보다 훨씬 실력이 향상된 것을 느낄 수 있다. 하지만 교정이 되지 않은 외국어는 잘못된 언어습관을 기를 수 있다. 그러니 일기를 쓴 다음에는 반드시 학교 선생님이나 푸다오 혹은 중국 친구들에게 교정을 받도록 하자. 일기 쓰기가 언어 능력을 키우는 데 아주 중요하지만 실천하기가 쉽지는 않을 것이다. 그러니 습관을 기르도록 하자.

东煜 dōng yù 동욱	我要报名上语言学习班. wǒ yào bào míng shàng yǔ yán xué xí bān. 어학연수반에 등록하려고 합니다.
职员 zhí yuán 직원	短期的还是长期的? duǎn qī de hái shì cháng qī de? 단기 어학연수요, 아니면 장기 어학연수요?
东煜 dōng yù 동욱	短期的. 我从什么时候开始听课? duǎn qī de. wǒ cóng shén me shí hou kāi shǐ tīng kè? 단기 어학연수요. 수업은 언제부터 하죠?
职员 zhí yuán 직원	今天就可以. 把护照给我, 交两张照片. 这个申请表填一下. jīn tiān jiù kě yǐ. bǎ hù zhào gěi wǒ, jiāo liǎng zhāng zhào piàn. zhè ge shēn qǐng biǎo tián yí xià. 오늘 가능합니다. 여권은 저한테 주시고요, 사진 두 장 주세요. 신청서 기재해주세요.
东煜 dōng yù 동욱	我不知道怎么写, 请你帮我填写申请表, 好吗? wǒ bù zhī dao zěn me xiě, qǐng nǐ bāng wǒ tián xie shēn qǐng biǎo, hǎo ma? 어떻게 쓰는지 모르겠어요. 신청서 쓰는 것 좀 도와주세요.
职员 zhí yuán 직원	行, 你的姓名? xíng, nǐ de xìng míng? 알겠습니다. 성함이 어떻게 되시죠?

나의 과외 선생님, 푸다오

푸다오(辅导). 한국어로는 '과외'를 뜻하며 시간당 어느 정도의 대가를 지불하고 개인적으로 받는 중국어 수업이다. 하지만 일반적으로 과외와 과외 선생님을 통틀어 푸다오라 한다. 굳이 구분해서 쓰자면 과외 선생님은 뒤에 선생님을 붙여서 푸다오라오스(辅导老师)라 해야 한다. 2009년 기준으로 시간당 런민삐 10~50元 정도 하는데 지역마다 다르다. 가격 차이가 나는 이유는 특정 지역(특히 베이찡 우다오코우)이 공급에 비해 수요가 많기 때문이다. 유학생이 많은 곳은 다른 지역에 비해 가격이 오를 수밖에 없다. 중국 학생의 학벌 차이도 있다. 푸다오를 구하는 비용도 만만치 않기 때문에 평소에 중국 친구들을 많이 사귀어둔다면 돈을 쓰지 않고도 자연스럽게 중국어를 공부할 수 있다.

돈을 들이지 않고 공부할 수 있는 방법으로는 서로 돕는다는 의미(서로 각 나라의 언어를 가르쳐줌)의 후씨양빵쥬(互相帮组)가 있다. 한류(韩流) 문화가 전해지고 한국어를 배우려는 중국인들이 많아지면서 후씨양빵쥬를 구하기가 조금은 쉬워졌다. 돈을 안 들이고 배울 수 있다는 장점이 있는 반면 중국 학생이 한국어를 배우려는 의지가 많고 한국어 실력이 높으면 중국어 수업보다 한국어를 쓰는 일이 많아질 우려가 있다. 이런 부분만 잘 조절할 수 있다면 돈을 들이지 않고 친구도 사귀고 공부도 할 수 있을 것이다.

어언대학에 다닐 때 교환교수로 한국에 가는 담당교수와 후씨양빵쥬를 했던 적이 있었다. 한국어 가르치는 것을 우습게 봤다가는 크게 낭패를 볼 수도 있다. 가르치다 보면 한국어가 가장 어렵다는 걸 느끼게 될 것이다. 그때 한국어를 제대로 가르쳐드리지 못했는데도 책 감수까지 해주셔서 참 감사하게 생각한다.

자~~ 그럼 푸다오를 구하는 방법을 알아보자. 어언대학이 있는 베이찡의 우다오코우 지역은 푸다오비가 상당히 비싸다. 이렇게 한국인들이 많이 모여 있는 지역에서 유학을 하는 학생들은 자전거나 버스를 타고 한국인이 거의 없는 가까운 학교에 가서 대자보에 푸다오를 구한다고 써서 붙여보자. 그러면 연락이 많이 오니 반드시 직접 만나서 발음을 들어보고 결정하도록 한다. 그리고 길에서 마음에 드는 학생에게 공부를 가르쳐달라고 용감하게 말해보는 것도 좋은 방법이다. 후씨양빵쥬는 푸다오보다는 구하기가 쉽지 않겠지만 한국어학과가 있는 학교라면 그리 어렵지 않다.

하지만 중국어를 못하는 초보자의 경우 겁부터 나기 때문에 중국인에게 먼저 말을 걸기가 쉽지 않다. 그럴 때는 이미 현지에서 살고 있는 한국인들과 친분을 쌓은 후 그들이 알고 있는 푸다오나 중국인 친구들을 소개받아 중국인과의 친분 쌓기를 시작할 수도 있다.

푸다오는 반드시 자기 마음에 드는 학생을 고르는 것이 좋다. 처음에 지인을 통해 푸다오를 구했을 때 마음에 들지 않았는데도 말을 못하고 계속 공부했었다. 한번은 수업 중에 황사에 대해 이야기하다가 그 친구가 장난으로 말한 것이겠지만 황사가 한국에서 온 것이라고 우기는 것이었다. 한 시간 동안 같은 얘기를 반복했는데 나중에는 정말 그 푸다오가 싫어져서 말도 하고 싶지 않았고 그 이후로 한두 번 더 하고 그만두었다. 마음에 들어야 한마디라도 더 하고 싶어지는 것이니 어렵더라도 마음에 들지 않으면 다른 사람을 찾아보도록 하자.

또한 한 달 정도 주기로 푸다오를 바꾸는 것이 좋고 한 명에게만 받지 말고 한 주에 두어 명으로 나눠서 배우는 것이 좋다. 매일 함께 공부하며 지내다 보면 푸다오가 한국 학생의 못하는 중국어에 적응해서 눈치로 알아듣고 대충 넘어가기 때문이다. 좋은 푸다오는 발음도 중요하지만 말을 할 수 있게끔 잘 유도해주는 사람이다.

푸다오는 학교 수업이나 학원 수업과는 달리 개인적으로 수업을 진행해야 한다. 양질의 수업을 하기 위해서는 학교 교재나 배우고 싶은 교재를 선정해서 가르쳐달라고 하고 수업 전에는 반드시 단어라도 미리 외워야 한다. 수업을 하면서 푸다오에게 친구들을 소개해달라고 하면 많은 중국 친구들을 소개받을 수 있다. 소개받은 중국 친구들과 관계를 돈독히 하면서 중국어 실력을 늘려보자.

푸다오를 구할 때의 전단지 문구 예시

我是韩国留学生. 在北师大学习汉语.
저는 한국 유학생입니다. 북경사범대에서 중국어를 공부하고 있습니다.

我的汉语水平不太好. 为了汉语水平提高进一步找辅导.
저는 중국어를 잘 못합니다. 중국어 수준을 높이기 위해 푸다오를 찾습니다.

我要学习汉语.
저는 중국어를 공부하고 싶습니다.

条件　1. 北京师范大学的本科生
조건　　　북경사범대 본과 학생

　　　2. 专业-中文系, 英文系
　　　　　전공-중문과, 영문과

　　　3. 很漂亮和很善良的女学生
　　　　　예쁘고 착한 여학생

手机号码　13311111111
휴대폰

중국 친구를 사귀거나 푸다오와 공부할 때 가장 중요한 것은 틀린 문장을 교정해주느냐 아니냐다. 분명 대화를 많이 하는 것도 좋지만 틀린 문장을 교정해주지 않고 계속 지내면 잘못된 표현의 중국어가 입에 붙게 된다. 고착되면 고치기 쉽지 않으니 중국 친구를 만날 때는 수시로 말이 틀리면 교정해달라고 주문하자. 사소한 것 같지만 아주 중요한 부분이니 잊지 말고 실천하기 바란다.

Part. 7

여행하기

01 여행 계획

중국은 넓은 땅덩어리를 가진 나라다. 이 넓은 대륙은 소수민족들의 다양한 문화와 지역마다 현저히 다른 환경을 품고 있다. 수천 년의 역사와 넓은 면적을 자랑하듯이 위성사진에서도 보인다는 완리창청(万里长城, 만리장성), 개개인의 표정이 모두 다르다는 삥마용(兵马俑, 병마용), 금빛으로 빛났다는 쯔진청(紫禁城, 자금성) 등 역사적으로 유명한 유적들이 있으며, 지오우쟈이고우(九寨沟, 구채구), 황산(黃山, 황산) 같은 아름다운 자연환경 또한 멋들어지게 자리 잡고 있다. 짧은 시간 안에 여행하기에는 목적지 가까운 곳에 너무 많은 여행지가 있어 아쉬운 마음을 가지고 돌아와야 한다.

다양한 문화가 있는 만큼 다양한 먹을거리 또한 여행자들에게는 빼놓을 수 없는 흥미를 제공한다. 지역마다 음식의 종류와 맛, 향, 요리 방법 등이 달라 외국인들의 입맛에 맞지 않을 수도 있다. 하지만 다양한 문화를 체험할 수 있는 방법 중 하나인 먹을거리를 맛보지 못한다면 무언가 2% 부족한 여행이 될 것이다.

또한 우리 한국인에게는 고구려, 발해의 땅이었던 동북 지역의 문화유적과 일제 강점기의 샹하이 임시정부 등을 둘러보며 우리의 역사를 체험할 수 있는 좋은 기회가 되기도 한다.

일반적으로 사람들은 중국을 상당히 위험한 곳이라고 생각한다. 간혹 우리나라 매스컴을 통해 한국인 사업가가 중국에서 봉변을 당했다는 뉴스를 듣기도 한다. 하지만 중국으로 진출한 한국인이 그만큼 많기 때문에 그 안에서 어쩔 수 없이 사고가 일어나는 것이고, 그만

중국의 법정공휴일

원단(元旦): 1월 1일(한국의 신정. 3일간 휴무)
춘절(春节): 음력 1월 1일(한국의 구정. 7일간 휴무)
청명절(清明节): 4월 4~6일(3일간 휴무)
노동절(劳动节): 5월 1~3일(3일간 휴무)
단오절(端午节): 음력 5월 5~7일(3일간 휴무)
중추절(中秋节): 음력 8월 15~17일(한국의 추석. 3일간 휴무)
국경절(国庆节): 10월 1~7일(7일간 휴무)

중국의 노동법

법정공휴일 근무 시 가산금 200%를 포함해서 300%의 임금 지급
휴일 근무 시 가산금 100%를 포함해서 200%의 임금 지급

원단, 춘절, 노동절, 국경절이 대표적인 공휴일이었으나 2007년에 우리나라의 강릉단오제가 유네스코 세계문화유산으로 지정된 것에 자극받아 다른 명절들도 휴일로 지정하고 많은 활동을 하기 시작했다. 중국은 단오절을 한국에 빼앗겼다고 생각해서 이와 관련한 토론도 많이 했다. 연말마다 다음해의 공휴일을 발표하고 연휴를 맞추기 위해 날짜를 대체하거나 공휴일을 변경하기 때문에 매년 공휴일을 일일이 확인해야 한다.

큼 중국과 가깝고 친숙하기 때문에 더 많은 소식을 접할 수 있는 것이다. 오히려 한국에 있는 중국인이 피해를 입거나 사고를 당하는 경우가 더 많지 않을까?

한국이든 중국이든 세계 어느 나라든 다 사람 사는 곳이다. 좋은 사람이 있는가 하면 그렇지 않은 사람도 있기 마련이다. 오히려 중국보다 치안이 잘 되어 있다는 유럽이나 남미 같은 곳이 훨씬 더 위험하고 도난 사건도 많다. 다만 매스컴에서 자주 접하지 못해서 모르고 있을 뿐이다.

어디를 가도 마찬가지겠지만 중국이 우리보다 후진국이고 발전이 덜 됐다 하더라도 사람을 대할 때 무시하지 않고, 돈 있는 척하지 않고, 겸손하게 진심으로 대한다면 전혀 위험하지 않을 뿐 아니라 좋은 친구도 많이 사귈 수 있다.

여행 정보 수집

최근에는 인터넷으로 정확한 여행 정보를 쉽고 빠르게 구할 수 있다. 웬만한 여행책보다 훨씬 유용하고 생생한 자료들이 수없이 업데이트 되고 있으니 여행하기 전에 반드시 자료를 수집해 예산을 점검하고 일정을 짜보자. 가까이에 중국 여행을 다녀온 친구들도 많이 있을 테니 친구들에게 조언을 구하는 것도 좋다.

중국 여행 인터넷 여행카페

와이드차이나
www.widechina.net
최신 중국 정보, 날씨, 지도, 여행 정보 등

구글번역기
http://translate.google.com/translate
중국어 번역

http://cafe.daum.net/chinacommunity
다음카페 중국여행동호회

http://cafe.naver.com/tramic.cafe
네이버카페 장보고의 중국여행

http://cafe.naver.com/chinahappy.cafe
네이버카페 중국여행 주는 기쁨 나누는 행복(윈난성 전문)

http://cafe.daum.net/studentinbejing
다음카페 베이찡유학생모임(다른 지역의 유학생모임과 함께한다)

여행 방법

여행을 하는 방법에는 크게 두 가지가 있는데 먼저 원하는 곳으로, 원하는 방식으로 자유롭게 여행하는 자유여행이 있다. 자유여행의 장점은 말 그대로 제약 없이 남의 눈치 보지 않고 편하게 다닐 수 있다는 것이다. 하지만 자유로운 만큼 불편함도 따른다. 여행 중 도난을 당하거나 건강에 이상이 생겼을 경우 혼자서 해결해야 하며, 여행 일정 또한 스스로 체크해야 한다. 자유여행을 하는 사람들은 대부분 경비를 넉넉히 가지고 다니지 않기 때문에 몸으로 해결해야 하는 문제들이 많아 육체적으로 피곤함을 느낄 수 있다. 자유여행은 일종의 도전정신과 인내심을 필요로 하니 편한 관광을 생각하는 사람들은 자유여행이 아닌 패키지여행을 떠나는 것이 좋다. 영어나 중국어에 능숙하지 않거나 외국에 대한 막연한 두려움을 갖고 있는 사람들 역시 여행사를 통해 패키지여행을 떠나는 것이 좋다.

패키지여행은 짧은 시간 내에 많은 지역을 볼 수 있으며, 모든 일정과 숙식, 안전문제까지 여행사에서 조정해주기 때문에 정해진 틀 안에서만 움직이면 편안하게 여행할 수 있다는 장점이 있다. 하지만 자유여행보다 가격이 비싸고 단체행동을 해야 하기 때문에 행동에 제약이 따른다.

> **여행사의 패키지 상품을 고르는 방법**
> 패키지 상품을 구입할 때는 일정을 먼저 확인한다. 짧은 여행 기간 내에 많은 것을 보고 싶다는 욕심에 일정이 빡빡하게 짜여 있는 상품을 골랐다가는 여행 기간 내내 즐기기는커녕 일정에 쫓겨 다니기 십상이니 적당한 일정이 짜여 있는 상품을 고르도록 한다. 일정 동안 묵게 되는 숙박시설이 시내에 있는지 시외에 있는지, 몇 성급의 호텔인지를 확인하는 것도 중요하다. 그리고 중국 여행 중 현지에서 따로 드는 돈이 있는지 등의 옵션도 확인해봐야 한다.

누구와 갈 것인가?

혼자 여행을 하면 정말 자신이 하고 싶은 걸 하면서 편안한 마음으로 다닐 수 있다. 하지만 준비나 결정을 혼자 해야 하는 만큼 피곤하기도 하고 외로울 수도 있다. 고생할 각오가 되어 있지 않다면 여러 명이 다니는 것에 비해 비용이 더 들 수도 있고 철저한 준비 없이 떠나면 아무 의미도 발견하지 못한 채 갖은 고생과 시간낭비만 하고 돌아올 수도 있다. 하지만 여행의 진정한 의미를 느끼고 싶다면 철저히 준비하여 혼자 떠나보라고 권하고 싶다.

혼자 떠나는 여행이 아니라면 동행이 있기 마련이다. 동행이 전부터 알고 지내던 지인일 수도 있고 여행을 위해 갑작스럽게 만난 사람일 수도 있다. 혼자 떠나는 여행이라도 간혹 중간에 동행이 생기기도 한다. 마음이 맞는 여러 명이 같이 다니면 외롭지 않고 재미있고 안전하며 숙식 등의 비용절감 효과도 있다.

반면 동행한 사람들과 마음이 맞지 않으면 정말 기억하고 싶지 않은 불편한 여행이 되어버린다. 누군가와 같이 여행할 때는 욕심을 버리고 상대방을 배려하는 마음을 최우선에 둬야 한다. 정 맞지 않을 때는 여행 중에라도 헤어져서 따로 다니는 것이 서로에게 좋고 이후에도 관계를 지속할 수 있다. 그러니 되도록이면 마음이 잘 맞는 지인과 함께하도록 하자. 최근에는 인터넷을 통해 함께 여행하기 위해 급하게 만나는 사람들이 있는데 반드시 상대방이 어떤 사람인지 알아보고 여행을 떠나는 것이 좋다. 가기 전부터 마음이 잘 맞지 않으면 차라리 혼자 떠나는 것이 낫다. 자칫하면 큰 마음 먹고 힘들게 준비한 여행을 망쳐버릴 수 있다.

또 한 가지 중요한 것은 돈 문제다. 비용이 들어가는 부분에서는 여행을 떠나기 전에 전체 예상 비용을 잡아놓고 개인 예산을 따로 잡아놓는 것이 좋다. 그리고 서로간의 규칙을 정해 돈 문제로 감정이 상하지 않도록 한다. 돈 문제는 1元으로도 서로 감정이 상할 수 있으니 사소한 것이라도 규칙을 철저하게 지키려는 노력이 필요하다.

혼자 가든 일행이 있든 무조건 예상 비용을 계산해놓아야 무리하게 쓰지 않으며 최대한 계획대로 움직일 수 있다. 대체로 예상 비용을 초과하게 되니 돈은 예상 비용보다 많이 준비하거나 처음부터 예상 비용을 넉넉하게 잡도록 한다.

어디로 갈 것인가?

중국은 볼거리가 너무나 많은 나라다. 어디로 갈 것인지는 본인이 아름다운 자연을 좋아하는지, 역사적 유적을 좋아하는지, 현지 문화를

체험하기를 원하는지 등에 따라 일정을 짜는 것이 좋다.

경제가 발달된 도시들을 보고 싶다면 황해를 따라 따리엔(大连, 대련)-베이찡(北京, 북경)-샹하이(上海, 상해)-꽝죠우(广州, 광주)-션젼(深圳, 심천)-씨양강(香港, 홍콩)을 잇는 코스가 있고, 역사에 관심이 있다면 베이찡-따통(大同, 대동)-타이위엔(太原, 태원)-루어양(洛阳, 낙양)-씨안(西安, 서안)을 잇는 코스가 있다. 이색적인 자연경관을 보고 싶다면 남쪽의 쑤죠우(苏州, 소주)-항죠우(杭州, 항주)-황산(黃山, 황산)-챵찌양싼씨아(长江三峡, 장강삼협)-쨩찌아지에(张家界, 장가계)-꾸이린(桂林, 계림) 코스가 있으며, 소수민족의 생활과 아름다운 자연을 느끼고 싶다면 윈난셩(云南省, 운남성)의 쿤밍(昆明, 곤명), 따리(大理, 대리), 리찌양(丽江, 려강)을 지나 쓰츄안셩(四川省, 사천성)으로 넘어갈 수 있다. 한국인이라면 한번쯤 가보고 싶어 하는 백두산이 있는 동북3성은 조선족들이 많이 살고 있어 북한 같은 느낌이 들며, 우리의 역사를 체험할 수 있는 코스다.

교통편

중국에서는 대부분 기차로 여행한다.

- 기차 등급

기차명(등급)	특징
动车组(D계열)	200km가 넘는 속도로 달리며, 두 도시 간 무정차(최근 운행 시작)
直达特快(Z계열)	두 도시 간 무정차
特快(T계열)	두 도시 간 노선 중 각 성의 주요 도시 정차
快速(K, N계열)	두 도시 간 노선 중 간이역을 뺀 나머지 역 정차
普快(숫자만)	두 도시 간 모든 역 정차

- 기차의 좌석 종류

좌석	특징
软卧(루안워)	푹신푹신한 침대칸으로, 한 칸에 4개의 침대가 들어간다.
硬卧(잉워)	딱딱한 침대칸으로, 한 칸에 6개의 침대가 들어간다.
软座(루안쭈어)	푹신푹신한 의자
硬座(잉쭈어)	딱딱한 직각의자

짐 보관

여행을 하다 보면 숙박을 하지 않고 하루 일정으로 끝나는 지역들이 있다. 이런 때는 가지고 있는 짐을 모두 들고 다녀야 하는 상당히 번거로운 상황이 연출된다. 하지만 기차역이나 버스터미널에 짐을 보관해두면 여행의 피로를 조금은 덜 수 있다. 유동 인구가 많은 기차역이나 버스터미널에는 짐을 보관할 수 있는 지춘(寄存)이나 춘빠오(存包)가 있다. 얼마의 돈을 내고 당일 저녁(보통 저녁 7시 정도)까지 짐을 보관할 수 있는데 허술해 보이기는 하지만 귀중품과 필요한 물품만 휴대하고 나머지 짐들을 보관하기에 좋다. (보관표는 분실하지 않도록 주의하자.)

중국의 대표적인 역

장거리 여행을 할 때는 잉워를 이용해서 이동하는 것이 좋다. 루안워가 더 편하기는 하지만 가격이 거의 비행기 수준이고, 잉워도 그렇게 불편하지는 않다.

가끔 입석표만 남아 있을 때가 있다. 시간적으로 여유가 있다면 다음 기차를 타도 되겠지만 그렇지 않을 경우에는 입석표를 구입해 기차에 일찍 타자. 기차 중간쯤에 있는 식당칸 바로 앞칸으로 가면 비어 있는 좌석을 구매할 수 있다. 예약 장부가 있으니 먼저 이름을 적어놓는 것이 좋다. 하지만 예약 장부에 적어놓아도 무조건 먼저 들이미는 사람 순으로 자리를 준다. 이때는 질서라고는 찾아볼 수 없다. 열차가 출발한 후 한 시간 이내에 표를 판매하니 힘들더라도 일찌감치 줄을 서서 기다리고 있자.

기차표가 없거나 중·단거리를 여행할 때는 챵투치쳐(长途汽车-장거리 시외버스)를 이용할 수도 있다. 장거리버스 중에는 화장실이 구비되어 있는 차도 있고 그렇지 않은 차도 있으니 표를 구입하기 전에 본인에게 맞는 버스를 고르도록 하자. 최근에는 깨끗한 차들이 많지만 아직까지 위생적으로 깨끗하지 않은 버스들이 대부분이다. 여성이라면 꽤 불쾌감을 느낄 수도 있으니 마음의 준비를 하고 타길 바란다. 중국은 우리나라와 달리 도로에 휴게소가 잘 갖춰져 있지 않기 때문에 많은 불편을 느낄 수 있다. 되도록이면 장거리버스보다 기차로 이동하라고 권하고 싶다. 비위생적이고 불편하기 때문이기도 하지만 기차보다 약간 더 위험하다.

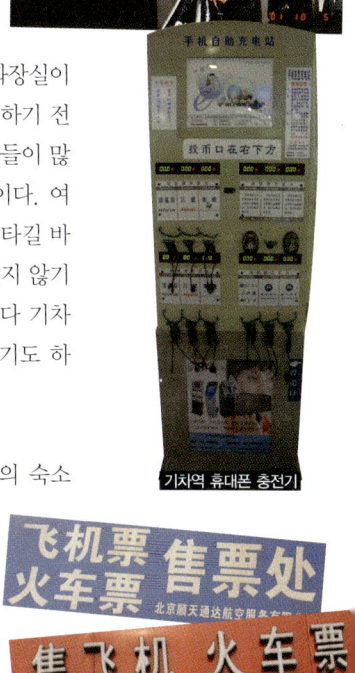

기차역 휴대폰 충전기

기차역이나 장거리버스 터미널에 내리면 호객꾼들이 역 앞의 숙소나 여행지 투어버스를 이용하라며 여행자들을 붙들고 집요하게 매달린다.

특히 여행지에서는 호객꾼들을 조심해야 한다. 착해 보이고 싸게 부른다고 따라갔다가는 크게 바가지를 쓰게 된다. 중국에서의 바가지는 한국에서 생각하는 바가지와는 차원이 다르다. 여행비를 단번에 다 털릴 수도 있으니 조심해야 한다. 특히 발마사지를 받는 곳에 갈 때는 조명이 이상하고 방이 칸칸이 나눠져 있는 곳은 가서는 안 된다. 그런 데는 거의 다 퇴폐적인 곳이며 들어갔다가 발마사지만 받고 나오더라도 엄청 많은 돈을 요구한다. 분위기가 조금 이상하다 싶으면 바로 나오는 게 상책이다.

기차표, 비행기표 사는 곳

东煜 dōng yù	我想买一张到大连的火车票. wǒ xiǎng mǎi yì zhāng dào Dà lián de huǒ chē piào.
동욱	따리엔 가는 기차표 한 장 사려고 하는데요.
售票员 shòu piào yuán	您要软卧还是硬卧? nín yào ruǎn wò hái shì yìng wò?
판매원	부드러운 침대칸(루안워)을 원하세요, 딱딱한 침대칸(잉워)을 원하세요?
东煜 dōng yù	请给我一张软卧票. qǐng gěi wǒ yì zhāng ruǎn wò piào.
동욱	부드러운 침대칸(루안워)으로 한 장 주세요.
售票员 shòu piào yuán	上铺还是要下铺? shàng pù hái shì yào xià pù?
판매원	위칸으로 드릴까요, 아니면 아래칸으로 드릴까요?
东煜 dōng yù	我要上铺的. wǒ yào shàng pù de.
동욱	위칸으로 주세요.
售票员 shòu piào yuán	一百五十块. yì bǎi wǔ shí kuài.
판매원	150위안입니다.

관광지를 이동하는 시간이 많이 걸리니 여행 시간과 일정을 미리 잘 계산해두었다가 도착하는 즉시 기차표나 버스표를 예매하는 것이 좋다.

대도시 여행

베이찡 여행, 4박 5일 코스
첫날은 숙소에 짐을 푼 뒤 치엔먼(前门, 전문)에서 쇼핑을 즐기고, 왕푸징(王府井, 왕부정)에서 꼬치를 먹으며 중국 문화를 충분히 느끼고 다음 여정을 준비한다. [ ] 안은 각각 하루 일정의 코스다. 이 중 원하는 장소를 선택해서 움직이면 된다.
[밍스싼링(明十三陵, 명13릉), 완리챵청(万里长城, 만리장성), 롱칭씨아(龙庆峡, 용경협)]-[티엔안먼꽝챵(天安门广场, 천안문광장), 쯔진청(紫禁城, 자금성), 베이하이꽁위엔(北海公园, 북해공원), 호우하이꽁위엔(后海公园, 후해공원)]-[티엔탄꽁위엔(天坛公园, 천단공원), 위엔밍위엔(圆明园, 원명원), 이허위엔(颐和园, 이화원)]

샹하이 여행, 약 1주일 코스 (쑤죠우, 항죠우 포함)
샹하이뿐 아니라 근처의 쑤죠우(苏州, 소주)와 항죠우(杭州, 항주)를 함께 관광하는 것이 좋은데 각각 하루 일정의 코스다. 샹하이에 도착하면 난찡루(南京路, 남경로)와 와이탄(外滩, 외탄)을 구경하자. 현란한 네온사인과 아름다운 야경을 볼 수 있다. 다음날에는 위위엔(豫园, 예원)과 위위엔쌍청(豫园商城, 예원상성), 씬티엔띠(新天地, 신천지), 따한민궈린스쩡푸지오우즈(大韩民国临时政府旧址, 대한민국 임시정부)를 하루 만에 볼 수 있고 그 다음날은 구완스챵(古玩市场, 골동품시장), 런민꽝챵(人民广场, 인민광장) 등 나머지 지역을 둘러보며 쇼핑을 한다.

윈난(云南, 운남) 여행, 약 1주일 코스
윈난의 쿤밍(昆明, 곤명)에 도착하면 먼저 스린(石林, 석림)을 보고 밤에 침대버스로 리찌양(丽江, 려강)으로 출발하면 숙박비와 시간이 절약된다. 이튿날 리찌양에서 구청(古城, 고성)과 위롱쉐산(玉龙雪山, 옥룡설산)을 구경하고 3~4일째 후티아오씨아(虎跳峡, 호도협)를 넘어온 후, 5~6일째에는 따리(大理, 대리)로 가서 얼하이후(洱海湖, 이해후)와 자연을 만끽하고 쿤밍으로 돌아오면 여정 끝.

쓰츄안(四川, 사천) 여행, 약 1주일 코스
청뚜(成都, 성도)에 도착하면 시내를 돌아보고, 다음날 아침에는 쏭판(松潘, 송번)으로 이동해 1박 2일이나 2박 3일 코스로 호스 트레킹 horse

trekking을 하고 황롱(黄龙, 황룡)을 거쳐 지오우쟈이고우(九寨沟, 구채구)로 1박 2일 혹은 2박 3일 여정을 마친 후 청뚜로 돌아온다.

베이찡~씨안(西安, 서안)~루어양(洛阳, 낙양), 약 1주일 코스

베이찡에서 가깝다고 할 수는 없지만 밤기차를 타고 이동할 수 있는 지역인 명승고적(名胜古迹)이 있는 씨안과 루어양을 둘러보는 코스다. 베이찡에서 2~3일 정도 머문 후 밤기차로 루어양으로 향한다. 루어양에서 하루 머물고 씨안으로 떠나서 1~2일 정도 여행한 후 베이찡으로 돌아온다.

베이찡~샹하이, 약 1주일 코스

대부분의 사람들이 베이찡과 샹하이를 가보고 싶어 한다. 하지만 베이찡과 샹하이의 거리 차가 있어서 베이찡~샹하이를 여행하는 사람은 많지 않다. 약 1주일 정도 시간이 있다면 충분히 두 곳을 둘러볼 수 있다. 베이찡~샹하이 간 이동은 밤기차를 타면 아침에 도착한다. 시간과 숙박비를 줄일 수 있는 방법 중 하나다. 일정은 베이찡에서 4일, 샹하이에서 3일 정도가 적당하다.

www.huoche.com.cn
출발지와 도착지를 입력하면 기차편에 대한 자세한 정보가 나온다.

여행 가방 꾸리기

여행 가방은 최대한 가볍게 꾸려야 여행 도중 쌓이는 피로를 최소화할 수 있다.

여행 기간과 지역, 계절에 따라 짐이 조금씩 달라지겠지만 바지는 입은 것(되도록이면 청바지가 좋다)을 제외하고 여벌로 한 벌 정도, 상의는 두 벌 정도, 속옷은 3~4벌, 양말은 5켤레 정도면 충분하다. 혹시나 하고 더 챙기는 것보다 모자라면 현지에서 산다고 생각하는 것이 짐을 줄일 수 있는 방법이다. 패션쇼 하러 가는 게 아니라면 모자라지는 않을 것이다. 중국은 물이 많거나 깨끗한 나라가 아니기 때문에 물티슈와 휴대용 나이프도 챙겨 가면 여행 중에 아주 요긴하게 쓸 수 있다.

중국 유명 여행지의 먼피아오(门票, 입장료)는 상당히 비싼 편이다. 여행 경비 중 적지 않은 부분을 차지하는 것이 바로 입장료다. 입장료를 낼 때마다 돈이 너무 아깝다는 생각이 들면서 들어갈까 말까 고민하게 된다. 그래도 학생은 입장료의 50% 정도 할인되니 중국에서 학교를 다니는 학생들은 학생증을 반드시 지참하자. 중국 학생증이 없는 사람들은 우리나라 주민등록증이라도 들고 가서 한국 학생증이라고 우기면 할인해주는 곳도 적지 않으니 잊지 말고 가져가자.
최근에는 디지털카메라의 보급으로 사진 찍기가 편리해졌지만, 메모리카드의 용량이 초과할 경우를 대비해 사진을 보관할 공 CD를 몇 장 준비해가는 것이 좋다. 각 여행지의 PC방에서 CD로 구워 보관하자.

중국에는 씨아오토우(小偸, 좀도둑)가 많다. 특히 열차나 버스를 타면 짐 관리를 잘 해야 하는데 나는 여행 중 이런 것은 생각지 않고 큰 가방을 안고 자리에 앉아 있는 중국인 여성에게 짐을 짐칸에 올려준다고 했다가 도둑놈 취급을 당했었다. 하지만 이것이 인연이 되어 그 친구와 지금까지도 친하게 지내고 있다. 중국인들도 좀도둑을 주의할 정도니 특히 여행 중에는 본인의 짐은 스스로 잘 챙기자.

여행지 입장권과 중국 학생증

중국 전체 지도

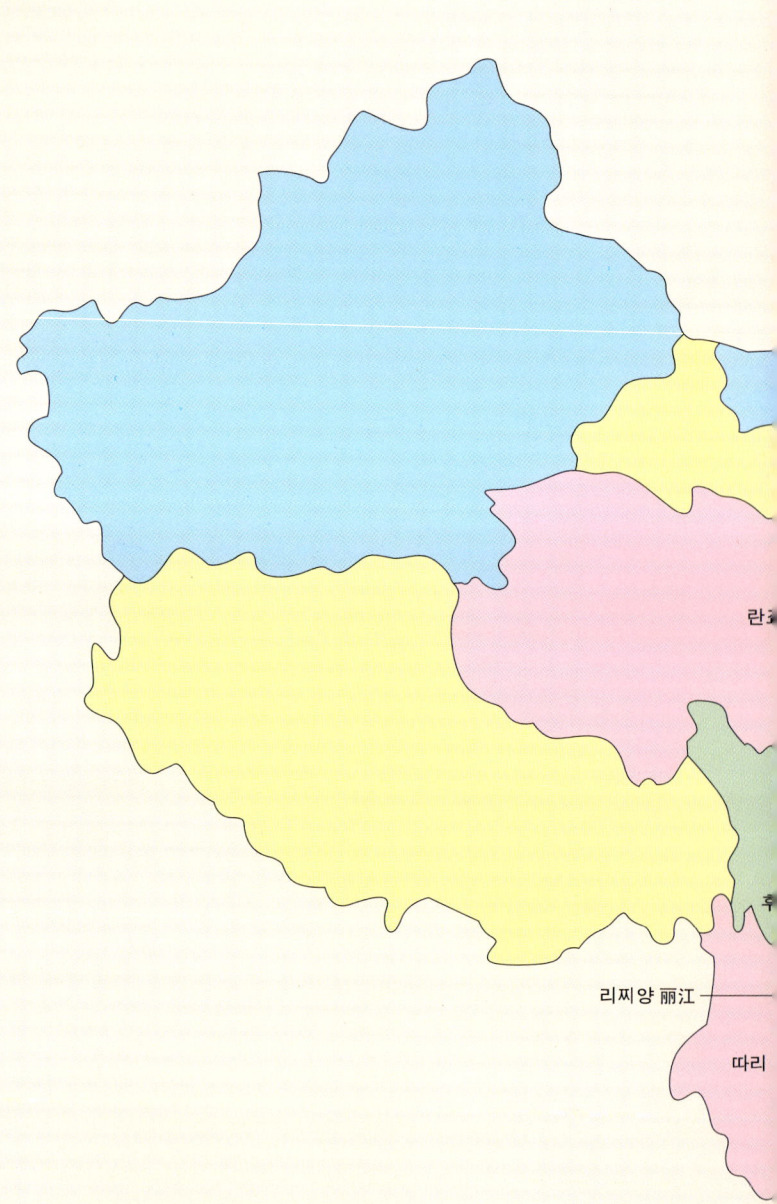

02 추천 여행지

베이찡(北京, 북경)

이허위엔(颐和园, 이화원)

이허위엔은 베이찡의 서북 근교에 위치해 있고 290만㎡나 되는 땅을 차지하고 있다. 이허위엔 북쪽에는 웅장하고 수려한 완쇼우샨(万寿山, 만수산)이 자리 잡고 있다. 휘황찬란한 포씨양거(佛香阁, 불향각)는 완쇼우샨 서남쪽에 위치해 있는데 그 아래쪽으로 끝없이 넓고 아득한 쿤밍후(昆明湖, 곤명호)가 펼쳐져 있다. 이허위엔 총면적의 약 4분의 3을 차지하고 있는 쿤밍후는 인공호수이며, 쿤밍후를 만들 때 판 흙을 쌓아둔 것이 완쇼우샨이 되었다. 1998년, 유엔에서 세계문화유산으로 지정했다.

- 입장료
성수기(4월 1일~10월 31일): 30元, 학생 15元, 전체 관람료 60元
비수기(11월 1일~다음해 3월 31일): 20元, 학생 10元, 전체 관람료 50元
- 개방시간
하절기 06:30~18:00
동절기 07:00~17:00
- 교통편
버스 301, 303, 330, 331, 332, 346, 362, 374, 375, 904, 905路

위엔밍위엔(圓明园, 원명원)

청화대학교 서문에서 이허위엔 방향에 위치해 있다. 1725년, 청나라 옹정제(雍正帝) 때 착공되어 바로크 양식과 로코코 양식이 혼합된 매우 호화로운 건축물이었으나 1860년 제2차 아편전쟁 때 영국군에 의해 파괴되어 현재는 건물 잔해만 남아 있다. 특별한 볼거리는 없으니 큰 기대는 하지 않고 가는 것이 좋다.

- 입장료
10元, 학생 5元(유적지는 15元 별도)
- 개방시간
07:00~19:00
- 교통편
버스 特4, 特6, 320, 320专, 331, 332支, 332专, 365, 375支, 375路, 365专, 375支

쯔진청(紫禁城, 자금성) - 꾸공(故宮, 고궁)

쯔진청이라 불리는 베이찡 중심에 위치한 꾸공은 명ㆍ청시대의 황궁이었다.
1407~1420년에 건조되었으며 남북으로 961m, 동서로 753m, 총면적이 72만여m²로 14년간 100만 명의 인부가 동원되었다. 모두 남향으로 지어진 800여 개의 건축물과 9,999개의 방이 있으며, 황제 일가를 위해 9천 명의 시녀와 1천 명의 내시가 있었다고 한다.

영화 〈마지막 황제〉에 나오는 쯔진청의 대표적인 건축물인 타이허띠엔(太和殿, 태화전)은 중국에서 가장 오래된 목조 건물이다. 쯔진청을 지을 때 침입자를 막기 위해 40여 장의 돌을 겹쳐 바닥에 깔았고, 암살자가 나무 뒤에 숨을 수 없도록 후원을 제외한 지역에 나무를 심지 못하도록 했다.

쯔진청은 1949년에 중국공산당이 정권을 잡은 뒤 공개되었고, 1987년에는 중국에서 첫 번째로 세계문화유산에 등록되었다.

쯔진청을 보고 있으면 왠지 모를 허전함을 느끼게 된다. 넓어서 그런 느낌을 받을 수도 있지만 무언가 내용물이 없다는 느낌을 받는다. 이유는 중국국민당과 중국공산당의 내전(국공내전) 당시 국민당의 찌양지에스(蔣介石, 장개석)가 패하면서 쯔진청에 있던 거의 모든 유물을 가지고 대만으로 넘어갔기 때문이다. 그래서 쯔진청에 가면 단조로운 건축물만 보게 되어 지루함을 느낄 수도 있다.

- 입장료
  성수기(4월 1일~10월 31일): 60元, 학생 20元 (발권 08:30~16:00)
  비수기(11월 1일~3월 31일): 40元, 학생 20元 (발권 08:30~15:30)

- 개방시간
  성수기 08:30~17:00
  비수기 08:30~16:30

- 교통편
  1, 2, 4, 5, 10, 20, 22, 52, 54, 57, 120, 802, 特1路 버스를 타고 中山公園 또는 天安门 역에서 하차. 혹은 지하철 天安门东 역

티엔안먼꽝챵(天安门广场, 천안문광장)

티엔안먼꽝챵은 베이찡 시의 중심인 쯔진청 앞에 위치해 있으며 남북으로 880m, 동서로 500m, 총면적 44만m²이고, 100만 명의 인원이 군집할 수 있는 세계 최대의 도시광장이다.

티엔안먼꽝챵은 1919년에 반일(反日)운동인 5·4운동, 1949년 10월 1일(국경절) 중화인민공화국의 개국 선포 등 중국인에게 불굴의 혁명정신과 영웅기개를 느끼게 해주는 역사상 중요한 장소다. 하지만 한국인을 비롯한 외국인들에게는 1989년에 민주주의와 정치개혁을 요구하며 시위를 벌이던 시민과 학생들을 장갑차를 앞세워 무력진압(천안문 사태)했던 곳으로 더 잘 기억된다.

광장의 북쪽에는 1417년에 명나라 영락제(永乐帝)가 난찡에서 베이찡으로 수도를 옮기면서 세웠던 승천문[承天门, 1651년에 천안문으로 개명했고 현재는 마오쩌뚱(毛泽东, 모택동) 초상화가 걸려 있다]이 있고 남쪽으로는 치엔먼(前门, 전문), 동쪽으로는 중국혁명박물관(中国改革博物馆)과 역사박물관(历史博物馆)이 있으며 서쪽으로는 인민대회당(人民大会堂)이 있다.

광장의 중앙 부근에는 칭다오 지방에서 가져온 무게가 약 10,000톤 가량이나 되는 화강암으로 만든 37.94m의 인민영웅기념비(人民英雄纪念碑)가 세워져 있다. 기념비는 1958년 5월 1일에 세워졌으며, 근대 100여 년간의 혁명과정을 기리는 글이 새겨져 있다. 1989년의 천안문 사태 당시에 생긴 총탄자국도 남아 있으니 그 흔적을 찾아보는 것도 재미있을 것 같다. 인민영웅기념비 뒤쪽으로 모주석(毛主席-모택동 주석) 기념당이 있고 그 안의 수정관(水晶棺)에 마오쩌뚱 시신이 안치되어 있다.

매일 일조시간과 일몰시간에 맞춰 티엔안먼과 광장 사이의 큰 도로

화비아오(华表, 화표)

화표는 중국의 전통 건축물로, 오랜 역사를 가지고 있다. 원시사회인 요·순 시대부터 도로표지나 행인들이 글을 남기는 등의 목적으로 쓰였다.

를 막고 티엔안먼에서 군인들이 나와 국기게양식과 하양식을 거행하는데 엄청나게 많은 관광객이 이를 보기 위해 몇 시간 전부터 장사진을 이룬다.

• 교통편
지하철 1호선 天安门东 역에서 하차

베이하이꽁위엔(北海公园, 북해공원)

중국 담배 중에서 한국 담배와 비슷해 중국에 사는 한국인들이 애용하는 쫑난하이(中南海, 중남해)라는 담배가 있다. 이 담배의 이름은 베이하이꽁위엔 근처에 있는 쫑난하이에서 따왔다.

베이하이꽁위엔은 면적이 71만m²나 되는 중국의 역대 황실정원으로 요(辽), 금(金), 원(元), 명(明), 청(淸) 등 5대에 걸쳐 황실에서 사용했으며, 이 중 절반이나 되는 면적이 연못이나 호수다. 공원 중앙에는 치옹화다오(琼华岛, 경화도)라 불리는 인공섬이 있는데 그 위에는 1651년에 달라이라마의 방문을 기념해 건축한 티베트 양식의 백탑(白塔)이 있다. 베이하이(北海, 북해) 근처에는 쫑난하이(中南海, 중남해)가 있는데 중화인민공화국이 성립된 후, 1949년부터 중국공산당 중앙위원회와 국무원 청사로 이용하고 있어 관광객의 출입이 금지되고 있다.

• 입장료
성수기(4월 1일~10월 31일): 10元
비수기(11월 1일~다음해 3월 31일): 5元

• 개방시간
11월, 12월, 1~3월: 06:30~20:00, 19:30까지 입장
4월, 5월, 9월, 10월: 06:00~21:00, 20:30까지 입장
6~8월: 06:00~22:00, 21:30까지 입장

• 교통편
南门: 101, 103, 109, 812, 814, 846路
北门: 107, 111, 118, 701, 823路
东门: 5路

찡샨꽁위엔(景山公园, 경산공원)

찡샨(景山, 경산)은 요(辽), 금(金) 시기에 짓기 시작해 1천여 년의 역사를 갖고 있다. 1928년에 공원이 되었고 해발 94.2m의 높이에 23만 m²의 면적으로 지어졌으며, 요나라부터 청나라까지의 고건축물들을 잘 보존하고 있다. 1644년에 명나라의 마지막 황제였던 숭정제(崇祯帝)는 이자성(李自成)의 난 때 40만 농군이 베이찡으로 진격하자 찡샨으로 올라가 목을 매어 자살했다고 한다. 찡샨꽁위엔의 꼭대기에 있는 완춘팅(万春亭, 만춘정)에서 보면 쯔진청이 한눈에 들어온다. 하지만 베이찡은 날씨가 좋은 날이 많지 않으니 매번 쯔진청을 볼 수는 없다.

- 입장료
성인 2元
학생 1元

- 교통편
5路 버스를 타고 景山西街에서 하차/ 58, 60, 111, 124路 버스를 타고 景山东街에서 하차/ 111, 124路 버스를 타고 景山东门에서 하차

티엔탄꽁위엔(天坛公园, 천단공원)

티엔탄꽁위엔은 명·청 양대의 동지(冬至)와 정월(正月) 때 황제들이 제사를 지내고 풍년을 기원하던 곳으로, 1998년에 세계문화유산으로 지정되었으며, 내단(内坛)과 외단(外坛)으로 나뉜다. 1420년 명나라 영락제(永乐帝) 때 건립되었으며 총면적은 273만m²로 주요 건축물은 내단에 집중되어 있다. 티엔탄의 상징물인 치니엔띠엔(祈年殿, 기년전)은 3층짜리 원형지붕으로, 못을 한 개도 사용하지 않은 목조 건물이다. 환치오우탄(圜丘坛, 원구단)은 가운데에 원심석(圆心石)이 있는데, 회음벽(回音壁)이라 하여 그곳에서 소리를 내면 벽에 소리가 반사되어 메아리처럼 울린다.

- 입장료
  성수기(4월 1일~10월 31일): 15元, 전체 관람료 35元
  비수기(1월 1일~3월 31일): 10元, 전체 관람료 30元
  학생은 50% 할인
- 개관시간
  06:00~22:00
  3월 1일~6월 30일: 16:00 전체 관람표 판매 정지, 17:30 폐관
  7월 1일~10월 31일: 16:30 전체 관람표 판매 정지, 18:00 폐관
  11월 1일~2월 28일: 15:30 전체 관람표 판매 정지, 17:00 폐관
- 교통편
  6, 15, 17, 20, 35, 39, 54, 106, 120, 122, 803, 特8路 버스를 타고 天坛公园 역에서 하차

밍스싼링(明十三陵, 명13릉)

명나라의 3대부터 16대까지의 13대 황제 능이 모여 있어 밍스싼링이라 불린다. 롱칭씨아(龙庆峡, 용경협)나 완리챵청(万里长城, 만리장성)을 가는 도중에 거치는 코스다. 능이 워낙 넓기 때문에 특별한 볼거리는 없으니 큰 기대는 하지 말고 일정이 빠듯하다면 안 보고 넘어가도 되는 코스다.

비수기: 11월 1일~3월 31일
성수기: 4월 1일~10월 31일

- 입장료
  신로(神路): 비수기 15元, 성수기 20元
  소릉(昭陵): 20元
  정릉(定陵): 비수기 40元, 성수기 70元
  장릉(长陵): 비수기 30元, 성수기 40元
- 개방시간
  하절기 08:00
  동절기 08:30
- 교통편
  前门(东北)에서 游1, 游5, 游5支

롱칭씨아(龙庆峡, 용경협)

베이찡에서 자동차로 약 1시간 정도 걸리는 곳에 위치한 롱칭씨아는 1973년에 계곡을 막고 댐을 건설하면서 생긴 인공호수로 댐의 높이가 70m다. 댐 위까지 올라가는 용 모양의 에스컬레이터가 있으며, 유람선을 타고 감상하는 인공호수는 너무나 아름답다. 또 산과 산 사이에 줄을 연결해놓고 아슬아슬한 곡예를 펼치기도 한다. 겨울에 하얼빈의 삥쉐지에(冰雪节, 빙설제)만큼은 아니지만 빙등예술제(冰灯艺术节)가 열리니 하얼빈까지 가기 힘든 사람들은 한번쯤 가보는 것도 좋다.

- 입장료 35元
  배표 40元
  백화동(百花洞) 10元
  신선원풍경구(神仙院景区) 10元
- 개방시간
  07:30~16:30
- 교통편
  前门东北角, 安定门地铁西口에서
  游8路(왕복 32元) 또는 919支

완리챵청(万里长城, 만리장성)

1. 빠다링(八达岭, 팔달령)

- 입장료
  성인 45元
  학생 22.5元
  케이블카 왕복 60元
- 개방시간
  하절기 06:30~19:00
  동절기 07:00~18:00
- 교통편
  德胜门에서 911, 919路 버스를
  타고 八达岭长城에서 하차

2. 무티엔구(幕田峪, 모전욕)

- 입장료
  성인 40元
  학생 20元

- 개방시간
  하절기 06:30~19:00
  동절기 07:00~18:00

- 교통편
  东直门에서 916, 936路 버스를 타고 怀柔龙山宾馆에서 하차하면 幕田峪로 가는 작은 버스들이 많이 있다.

3. 쓰마타이(司马台, 사마대)

- 입장료
  성인 40元
  학생 20元
  인원수 제한: 1,500명 이하
  케이블카: 편도 30元, 왕복 50元

- 개방시간
  하절기 06:30~19:00
  동절기 07:00~18:00

- 교통편
  东四十条, 宣武门에서 游12路 버스를 탄다.

완리챵청과 롱칭씨아, 밍스싼링은 같은 방향에 있기 때문에 하루 일정으로 한꺼번에 관광하는 것이 좋다.

베이찡에서 갈 수 있는 완리챵청은 일반적으로 빠다링, 무티엔구, 쓰마타이 세 곳이 있다. 완리챵청은 세계적으로 아주 유명하지만 막상 가보면 특별한 감흥이 없다. 완리챵청 전체를 볼 수 있는 것도 아니고 특히 빠다링챵청은 관광객 유치를 위해 부서진 부분을 보수해 놓아 관광지 분위기가 너무 많이 나기 때문에 완리챵청의 원형 유적을 느끼고 싶은 사람은 무티엔구챵청이나 쓰마타이챵청으로 가는 것이 좋다.

왕푸징(王府井, 왕부정)

쯔진청 동쪽(도보로 약 10분)에 있는 왕푸징은 베이찡의 최고 번화가로, 백화점 등 상점들이 모여 있다. 꼬치 등의 먹을거리가 유명한 곳으로 갖가지 동식물을 꼬치에 끼워 팔고 있다. 한국에서는 상상도 못할 재료들이 꼬치에 꽂아져 진열되어 있으니 기념으로 하나씩 먹어보기 바란다. 이곳은 오후 늦은 시간에 가야 볼거리가 많으니 어쩔 수 없는 상황이 아니면 오전 시간대는 피하자.

• 교통편
1. 지하철 1호선 王府井에서 하차
2. 티엔안먼꽝창을 구경한 후 티엔안먼 우측(동쪽) 방향으로 걸어서 10분 정도 가면 베이찡판띠엔을 지나 바로 왕푸징이 나온다.

씨우쉐이지에(秀水街, 수수가)

비단으로 유명한 거리였으나 현재는 그 거리가 사라지고 씨우쉐이지에라는 이름의 대형 쇼핑몰이 들어서 있다. 비단이나 옷, 잡화 등을 팔고 있는데 서양 사람들이 많이 찾아서인지 다른 곳에 비해 바가지가 더욱 심하니 물건을 살 때 주의하기 바란다. 특별히 볼 것이 있는 것은 아니니 쇼핑을 원한다면 한 번 둘러보자.

• 교통편
베이찡 지하철 1호선 永安里 역 西北 출구A口
버스 1, 4, 9, 28, 37, 43, 120, 126, 403, 639, 640, 668, 673, 728, 729, 802, 810路를 타고 永安里 역에서 하차

우다오코우(五道口, 오도구)

유명한 볼거리라고는 하나도 없던 곳이지만 대학들이 모여 있는 지역이라 한국인 유학생이 기하급수적으로 늘어나면서 코리아타운이 형성된 유학생 거리다. 이곳에 가면 한국에나 있는 대부분의 것을 구할 수 있으며 편의시설이 잘 갖추어져 있다. 오히려 중국 식당을 찾기가 힘이 들 정도다.

• 교통편
베이찡 지하철 13호선 五道口 역

싼리툰(三里屯, 삼리둔)

길 양쪽에 바(bar)가 즐비한 카페거리로 유명했으나 베이찡 올림픽 때 한쪽편에 있던 카페들을 모두 허물고 대형 쇼핑몰이 들어섰다. 이전의 카페거리의 명성은 잃어가고 있지만 새로운 모습으로 변모하는 중이다. 이 쇼핑몰에는 세계에서 가장 큰 아디다스 매장이 있다.

- 교통편
  113, 406, 431, 701, 758路

호우하이꽁위엔(后海公园, 후해공원)

베이하이꽁위엔 뒤편에 위치해 있으며, 최근 카페거리로 각광받고 있는 곳이다. 호숫가에 위치해 있어 해질녘이면 운치가 한층 더해진다. 공원 뒤쪽으로는 중국의 전통 골목길인 후통(胡同)이 자리 잡고 있으니 그냥 지나치지 말고 한 번 구경하기 바란다. 많은 인력거꾼들이 후통 관광 호객행위를 하는데 처음에는 상당히 비싸게 부르니 함부로 타지 말고 관심 없는 척하며 가격을 흥정해보자. 약 30~40元 정도면 충분하다. 이것도 아깝다는 생각이 드는 사람은 걸어가보자. 그다지 멀지 않으며 인력거를 따라가면 쉽게 찾을 수 있다.

- 교통편
  东单에서 111路 버스를 타고 北海北门에서 하차
  西单 204路 버스를 타고 北海北门에서 하차

샹하이 (上海, 상해)

와이탄 (外灘, 외탄)

와이탄은 샹하이 시 중심구역으로, 챵찌양(長江, 장강)의 마지막 지류인 황푸(黃浦, 황포) 강변을 따라 조성된 1.5km의 산책로로서 샹하이를 관광할 때 빼놓을 수 없는 곳이다. 아편전쟁 이후 영국과 독일의 식민 지배를 받으며 유럽풍의 건물들이 생겨나기 시작했다. 20세기 초, 샹하이가 중국 금융의 중심이 되면서부터 대형 은행들이 모여들고 고층빌딩들이 생겨나면서 모래사장이었던 곳까지 빌딩들이 지어져 지금의 와이탄이 탄생했다. 와이탄 앞의 황푸 강은 우리나라의 한강과 비슷하지만 중국의 경제도시라 그런지 수많은 화물선들이 오가며 밤에는 고층빌딩에 붙어 있는 수많은 큰 간판들의 네온사인이 번쩍인다.

• 교통편
버스 17, 20, 22, 26, 37, 42, 49, 55, 64, 65, 66, 71, 127, 135, 576, 868, 909, 928路

난찡루(南京路, 남경로)

약 1.5㎞ 정도의 거리가 쇼핑타운으로 이루어진 곳으로 우리나라의 명동과 비슷하다. 와이탄과 이어져 있는 난찡루는 와이탄과 함께 샹하이의 대표적인 관광명소다. 상하이 소개에서 빠지지 않고 나오는 네온사인 거리가 바로 이 난찡루이다. 각양각색의 백화점과 호텔, 레스토랑, 상점들이 즐비하며 주말에는 인산인해를 이룬다. 자동차가 없는 난찡루의 동서 양 끝자락에는 중국의 전 주석인 찌양쩌민(江澤民, 강택민)의 친필로 난찡루뿌씽지에(南京路步行街, 남경로보행가)라는 문구가 새겨져 있다.

• 교통편
지하철 1호선 人民广场 역, 버스 17, 18, 20, 21, 23, 37, 921路

난찡루에는 외국인 남자 관광객을 대상으로 사기를 치는 여자들이 많다. 사기 유형은 다음과 같다. 중국 여자가 먼저 친근하게 다가와 가볍게 맥주나 음료를 마시자며 술집이나 카페로 유인한다. 그곳에서 주문해서 마시면 맥주 몇 병에 중국 돈 몇천 元이 청구된다. 내가 아는 어떤 형님은 중국어는 못하고 일본어만 할 줄 아는데 상하이로 여행을 갔다가 일본어를 하면서 접근하는 중국 여자에게 걸려 맥주 4병을 마시고 억압적인 분위기에서 어쩔 수 없이 6,000元가량을 뜯겼다. 그 형님은 아직까지도 중국을 경멸하고 있다. 특히 난찡루에서는 이런 여자들에게 걸리지 않도록 조심하자. 최근에는 남녀를 가리지 않고 접근하고 있으며 최신 전자기기를 싸게 사지 않겠느냐며 접근해 지갑 등을 훔치는 경우도 있으니 낯선 사람의 접근은 주의하는 것이 좋다.

루쒼꿍위엔(鲁迅公园, 노신공원) - 홍코우꿍위엔(虹口公园, 홍구공원)

1932년 4월 29일, 일본의 샹하이사변(上海事变) 전승축하회가 열리던 날, 윤봉길 의사가 도시락폭탄을 던져 일본의 군 수뇌부 요인을 제거한 현장이다. 1994년이 되어서야 의거를 기념하는 정자인 메이팅(梅亭, 매정)과 '윤봉길 의거 현장'이라 적힌 비석이 세워졌다. 중국 근대화의 아버지라 불리는 문학가이자 사상가, 혁명가였던 루쒼(鲁迅, 노신)의 묘도 이곳에 있다. 루쒼은 중국에서 추앙받는 인물이기 때문에 다른 지역에도 루쒼꿍위엔이라 이름 지어진 공원이 많다. 루쒼의 동상도 있는데 그 뒤편에는 마오쩌뚱(毛泽东, 모택동)의 친필로 '루쒼 선생의 묘'(鲁迅先生之墓)라 쓰여 있다.

• 교통편
지하철 3호선 虹口足球场 역에서 도보로 10분

윤봉길 의사의 비

위위엔(豫园, 예원)

위위엔은 명나라 때의 관리였던 반윤단(潘允端)이 자신의 아버지 반은(潘恩)을 위해 베이찡의 이허위엔을 본떠 만든 개인정원이다. 1559년부터 1577년까지 18년에 걸쳐 완공되었지만 이 정원이 완공되었을 때 반윤단의 아버지 반은은 이미 세상을 떠난 뒤였으며 반윤단도 몇 년 살지 못하고 세상을 떠났다고 한다.

위위엔 안에는 윈난(云南, 운남) 지역에서 가져온 태호석으로 꾸며진 인공산인 따지아산(大假山, 대가산)이 있는데, 2만 2천 톤에 달하는 돌이 사용되었다고 한다. 위위엔 안에 황제만이 사용할 수 있는 용 모양의 담 때문에 역적으로 몰리기도 했으나 용의 발가락이 한 개 더 있어 이무기라 하여 위기를 모면했다고 전해진다.

- 입장료
성수기(4월 1일~6월 30일, 9월 1일~11월 30일): 성인 40元
비수기: 30元

- 개방시간
08:30~17:00

- 교통편
버스 11, 66, 126, 926路

위위엔쌍청(豫园商城, 예원상성)

위위엔을 중심으로 형성된 고풍스런 모양의 대형 상점 건물들이다. 약 2km에 걸쳐 형성된 이 지역에는 1,000여 개의 상점들이 모여 있어 관광객들이 이곳을 위위엔으로 착각하는 경우도 종종 있다. 위위엔 쌍청에서 유명한 것은 상점 중심 쪽에 있는 난씨양만토우띠엔(南翔饅頭店, 남상만두점)의 게살만두다. 이곳은 감히 먹을 엄두를 내지 못할 정도로 항상 줄이 길게 서 있다. 상점 안에서 먹으려면 더 많은 돈을 주고 먹어야 하는데 이곳 역시 줄을 서서 기다려야 한다. 주변의 의견도 들어보고 개인적인 생각을 종합해볼 때 이 만두가게가 유명하기는 하지만 줄을 서서 기다렸다가 먹을 정도로 맛있는 것 같지는 않다.

씬티엔띠(新天地, 신천지)

영화배우 성룡(成龙)이 만들어낸 카페거리로 유명해진 곳이다. 중국이라기보다 유럽에 온 듯한 느낌을 주는 곳으로, 낮보다는 해가 저물어가는 저녁 무렵 네온사인이 켜질 때 운치가 더해지는 곳이다.

- 교통편
지하철 1호선 黃陂南路 역 2번 출구, 태평양(太平洋) 백화점에서 두 블록

따한민궈린스쩡푸지오우즈(大韩民国临时政府旧址, 대한민국 상하이 임시정부)

대한민국 임시정부는 1919년에 독립 운동가들이 세운 망명정부다. 1993년과 2002년에 복원공사를 해서 현재의 모습을 갖추었다. 건물 안으로 들어갈 때는 비닐로 만든 덧신을 신어야 하며 각 층에는 당시에 쓰던 물건들과 집무실 등을 복원해놓았다. 막상 가보면 특별한 것은 없지만 우리 한민족의 뿌리를 찾고 느낄 수 있는 곳이니 꼭 들러보기 바란다. 현재는 중국의 볼모가 되어버린 것 같아 안타까운 기분이다.

- 개방시간
08:30~17:00(월요일 오전 휴관)

- 교통편
씬티엔티 씽바커(星巴克, 스타벅스) 옆 마땅루(马当路, 마당로)에서 두 블록(马当路 302~304호 3층 건물)

똥팡밍쥬(东方明珠, 동방명주)

푸똥(浦东) 지역에 있는 샹하이의 대표적이고 가장 높은 건축물로, 486m 높이의 방송용 탑이다. 중간에 263m 전망대와 꼭대기에 350m 회전형 전망대가 있다. 와이탄에서 보는 똥팡밍쥬의 야경은 매우 아름답다. 하지만 낮에 가까이서 보면 실망할 정도로 볼품이 없으니 너무 기대하지 말고 보기를 바란다.

두 번째 구(263m 전망대) 70元
세 번째 구(350m 전망대) 100元

• 교통편
버스 81, 82, 85, 870, 871, 872路, 지하철 2호선 陆家嘴 역

똥타이루구완스챵(东台路古玩市场, 골동품 거리)

그다지 크지 않은 관광지이지만 관광차들이 끊임없이 드나드는 곳이다. 자칫하면 그냥 지나칠 수 있는데 가보면 구경할 것이 많다. 하지만 각 상점들에 진열되어 있는 물건들은 거의 비슷하다. 많은 관광객들 때문에 진짜 골동품보다 인테리어를 위한 물건을 사는 곳으로 변해가고 있다. 현재는 진짜 골동품을 찾아보기 힘들다고 한다. 구완스챵 옆 찻길 건너편에는 꽃, 새, 물고기, 곤충 등을 판매하는 시장이 있으니 구완스챵에 들르면 한 번 가보자.

• 교통편
지하철 8호선 老西门 역에서 도보로 3분 거리

치푸루(七浦路, 칠포로)

샹하이 의류도매시장인 치푸루는 우리나라의 동대문시장과 비슷하다. 원래 유명한 짝퉁 시장이었던 씨양양스챵(襄阳市场, 샹양시장)이 사라지면서 치푸루로 많이 옮겨 갔다. 하지만 그전의 씨양양스챵의 짝퉁보다 질이 좋은 편은 아니며 여느 중국시장과 마찬가지로 처음 부르는 가격은 판매가의 약 10배 정도다.

짝퉁이 아닌 의류, 잡화 등도 있으니 시간을 내서 쇼핑해보자. 사람들이 많은 만큼 소매치기도 적지 않게 있으니 소지품에 주의해야 한다.

• 교통편
지하철 2호선 南京东路 역에서 내려 2번 출구로 나와 좌측으로 걸어서 10분 거리

샹하이커지관(上海科技馆, 상해과학기술관)

푸똥(浦东) 지역의 스지꿍위엔(世纪公园, 세기공원) 옆에 있는 샹하이커지관은 '자연, 인간, 과학기술'을 기치로 내걸어 지어진 건물로, 공상과학 영화관도 있다. 과학관보다 샹하이야타이신양푸스리핀스창(上海亚太新阳服饰礼品市场, 과학관 지하의 짝퉁시장)을 구경하기 위해 관광객들이 많이 찾는다. 하지만 A급 짝퉁은 찾아보기 힘들다.

- 개방시간
  화~일요일 09:00~17:15(월요일 휴관)
- 교통편
  638, 640, 794, 983, 984, 987路

런민꽝창(人民广场, 인민광장)

샹하이 중심에 있는 가장 큰 광장으로 지하철 3개 노선이 지나가고 샹하이 시 정부 청사, 미술관, 대극원 등 주요 건물이 있으며 넓은 지하상가도 있다. 지하에는 1930년도의 샹하이 모습을 재현해놓은 샹하이 1930 펑찡지에(上海1930风情街, 상해 1930 풍경거리)가 있으니 한 번 찾아가 보길.

- 교통편
  지하철 1, 2, 8호선 人民广场 역

항죠우(杭州, 항주)
쑤죠우(苏州, 소주)

항죠우와 쑤죠우는 샹하이에 간다면 그냥 지나칠 수 없는 코스 중 하나다. 항죠우는 샹하이와 약 2시간 거리, 쑤죠우는 약 1시간 거리에 있기 때문에 빼놓고 가기에는 너무나 아쉬운 곳이다. 하지만 단순한 관광을 목적으로 빨리 둘러보고 가는 사람들에게는 볼거리가 전혀 없다고 해도 과언이 아니다. 이곳을 여행할 때에는 시간적 여유를 두고 정취를 느껴야 한다.

항죠우(杭州, 항주)

중국의 4대 호수 중 하나로 꼽히는 씨후(西湖, 서호)를 품고 있는 작은 도시다. 볼거리들은 대부분 씨후 근처에 모여 있는데 씨후스찡(西湖十景, 서호10경), 페이라이펑(飞来峰, 비래봉) 정도가 볼만하다. 아침이나 저녁 무렵 씨후를 거닐면서 아름다운 풍경을 만끽할 수 있으며 해가 저문 저녁에는 씨후 북서쪽의 위에미야오(岳庙, 악묘) 건너편에서 씨후를 무대로 하는 쨩이모우(张艺谋, 장예모) 감독의 〈인씨양씨후〉(印象西湖, 인상서호)를 보면 좋을 것이다.

- 개방시간
  일~목요일 19:45~20:50(일~목요일)
  금~토요일 19:45~20:50, 21:15~22:20(금~토요일)
- 인씨양씨후 좌석 비용
  220元(보통석), 450元(귀빈석 아래층), 600元(귀빈석 위층)
  인터넷으로 알아보면 조금 할인된 가격으로 표를 구할 수 있다.

씨후의 경치가 너무도 아름다워 서태후(西太后)는 별궁인 이허위엔(颐和园, 이화원)을 지을 때 씨후를 본따 인공호수인 쿤밍후(昆明湖)를 만들었다.

쑤죠우(苏州, 소주)

운하로 둘러싸인 이곳은 동양의 베니스라 불리는데, 아름다운 정원과 미인이 많은 곳으로 유명하다. 하지만 이런 말들은 도시화가 되지 않았던 먼 옛날의 일들이 되어버렸다. 현재는 악취가 나는 구정물 운하만 남아 있을 뿐이다. 미인들도 다른 지방으로 떠났는지 찾아보기가 힘들다. 그래도 중국의 4대 명원으로 꼽히는 쭈어쩡위엔(拙政园, 졸정원)과 리오우위엔(留园, 유원)은 아름다운 풍경을 그대로 간직하고 있다. 쑤죠우의 볼거리는 정원뿐이라 이 두 곳만 보아도 충분하다. 쑤죠우 관광은 작게 보기보다는 도시 전체를 느끼면서 차분히 돌아보는 것이 좋다.

- 쭈어쩡위엔
  성수기(4월 16일~10월 30일): 70元
  비수기(10월 31일~4월 15일): 50元
- 리오우위엔
  성수기(4월 16일~10월 30일): 40元
  비수기(10월 31일~4월 15일): 30元

칭다오에는 삼륜차가 적지 않게 다니는데 이 삼륜차는 장애인 허가 택시가 대부분이다. 따라서 일반택시들보다 조금 위험할 수 있으며 가격 또한 목적지에 도착한 후에 처음 흥정한 가격보다 더 부를 수 있으니 반드시 타기 전에 확실히 흥정하자. 칭다오에 사는 내 중국 친구는 위험하다며 삼륜차를 타지 않는다.

칭다오에서 차가 많이 막히는 곳에는 어김없이 따이루(带路)라고 씌어진 푯말을 들고 있는 사람들이 있다. 약간의 돈을 받고 그 차가 먼저 갈 수 있도록 길을 뚫어주는 사람들이다. 중국에는 정말 별의별 직업이 다 있다. 칭다오의 토질은 화강암으로 이루어져 있어 도시가 발달되어도 지하철을 만들기 힘들다.

삼륜 택시

지모루스챵(即墨路市场, 즉묵로시장)

지모루스챵은 처음에는 길거리에 있었으나 한국인이 많아지고 발달하면서 현재의 위치로 옮겨져 한국 상품의 도매시장과 함께 큰 시장 상가로 변모했다. 짝퉁 시장으로 유명하며 한국인들이 상당히 많이 찾는다. 물건의 가격은 100元 내외. 여느 쇼핑거리와 마찬가지로 중국 상인들은 처음에는 무조건 터무니없는 가격을 부른다. 한국인에게는 적당한 가격처럼 느껴질지 모르나 전체적인 물건들은 우리 돈으로 만 원 정도라고 생각하고 흥정하는 것이 좋다.

• 교통편
  기차역에서 2, 5路 버스를 타고 市立医院 역에서 하차

짠치아오(栈桥, 잔교)

짠치아오는 칭다오 해변을 상징하는 관광지로, 1891년에 해군의 군용 물자 운송을 위해 약 200m 길이의 부두로 건설되었으며 1897년에 독일의 점령과 수차례의 보수로 현재는 440m로 길어졌다. 이 길의 끝에는 후이란거(回澜阁, 회란각)가 있다.

• 교통편
  버스 2, 5, 6, 8, 25, 26, 217, 218, 220, 223, 225, 301, 304, 305, 307, 311, 316, 320, 321, 501, 801路

하이쥔보우관(海军博物馆, 해군박물관)

씨아오칭다오꽁위엔(小青岛公园, 소청도공원)과 루쒼꽁위엔(鲁迅公园, 노신공원) 사이에 있는 하이쥔보우관에는 중국 해군의 역사와 발전 과정, 해상전투의 성과 등을 전시하고 있으며 관람용 군함도 정박되어 있다.

- 입장료
30元
- 교통편
6, 26, 202, 304, 316路

루쒼꽁위엔(鲁迅公园, 노신공원)

해변가에 조성되어 있는 루쒼을 기념하는 루쒼꽁위엔은 아담하지만 암석과 어우러져 독특한 정취를 느낄 수 있으니 반드시 들러야 할 관광코스 중 하나다. 공원에는 루쒼의 얼굴만 제대로 묘사되어 있는 동상이 있다.

- 교통편
6, 26, 231, 304, 311, 312, 316, 321, 501, 801路

하이쉐이위챵(海水浴场, 해수욕장)

대표적으로 제1, 2, 3 해수욕장이 있다. 우리나라와는 달리 해수욕장 이름이 숫자로 되어 있다. 중국은 학교나 병원들의 이름도 대부분 숫자로 되어 있다.

씨아오위샨꽁위엔(小鱼山公园, 소어산공원)

제1해수욕장 뒤쪽에 위치한 씨아오위샨꽁위엔은 해발 60m의 산으로, 산 정상에는 18m 높이의 팔각탑이 있다. 해변가여서 그런지 엄청난 강풍이 불어 모자를 쓰고 올라갈 때 조심해야 한다. 정상에서 칭다오 시내가 한눈에 다 들어오니 반드시 날씨 좋은 날을 택해 카메라를 들고 찾아가보자.

- 입장료
15元
- 개방시간
07:30~18:30
- 교통편
6, 26, 202, 223, 228, 304, 311, 312, 316, 321, 501, 801路 버스를 타고 海水浴场 역에서 하차

빠다꾸안(八大关, 팔대관)

여덟 개의 관문이 있던 곳이라 하여 빠다꾸안이라 불렸다. 빠다꾸안은 공원과 정원이 하나로 결합된 듯한 모습을 하고 있으며 아름다운 수목과 꽃들이 많다. 이곳의 또 다른 매력은 러시아, 영국, 프랑스, 독일, 미국, 일본 등 20여 개국의 건축양식으로 지어진 건물들이 한 곳에 모여 있어서 이국적인 풍경을 연출한다는 것이다. 현재는 중국 부자들의 별장이나 퇴역군인의 요양원으로 사용되고 있는 건물들이 대부분이다. 특별한 지점이 있는 것이 아니니 이국적인 건물들과 아름다운 거리가 함께 있는 곳을 발견한다면 그 지역이 빠다꾸안이라고 생각하면 된다.

- 교통편
26, 31, 304, 314路 버스를 타고 武胜关路에서 하차

쫑샨꽁위엔(中山公园, 중산공원)

루쒼꽁위엔과 마찬가지로 중국 어느 지역에서나 흔히 볼 수 있는 공원 이름이다. 쫑샨(中山)은 중국혁명의 아버지인 '쑨원(孙文)'의 호로, 중국인이 존경하는 인물이다. 쫑샨루(中山路, 중산로)라는 이름이 붙은 길도 많다. 쫑샨꽁위엔은 칭다오에서 가장 크고 오랜 역사를 자랑하며 공원, 놀이시설 등 모든 시설이 갖추어져 있어 특별히 놀이 문화가 없는 많은 중국인들이 이곳으로 놀러 온다.

• 입장료
무료

• 교통편
6, 15, 302, 304, 316路

칭다오피지오우지에(青岛啤酒街, 청도 맥주거리)

시 북구의 등주로(登州路)에 위치. 1897년의 독일 점령 당시 독일 군영이 주둔하면서 맥주를 만들어 마셨고, 1903년에 맥주공장이 들어서면서 본격적으로 맥주거리가 생겨나기 시작했다. 맥주 제조공정과 역사를 볼 수 있는 맥주박물관도 있다. 이 지역에서 파는 생맥주는 정말 맛있다.

짜피(扎啤, 생맥주)

라오샨(崂山, 노산)

해안선으로부터 시작된 산으로 산에 오르면 가까이 아름다운 바다를 볼 수 있다. 오악(泰山, 华山, 衡山, 恒山, 嵩山)만큼 유명하지는 않지만 중국 내에서 명산으로 꼽힌다.

- 입장료

  라오샨리오우칭(崂山流清), 타이칭(太清), 양코우요우란취(仰口游览区)
  성수기 70元, 비수기 50元

  베이지오우쉐이요우란취(北九水游览区)
  성수기 50元, 비수기 30元

  후아로우뤼요우취(华楼旅游区)
  10元/人

  타이칭수어따오(太清索道, 태청 케이블카)
  왕복 50元, 편도 30元

  양코우수어따오(仰口索道, 앙구 케이블카)
  왕복 40元, 편도 20元

- 교통편

  104, 106, 107, 110, 304, 311, 312路

티엔쥬찌아오탕(天主教堂, 천주교당)

독일이 세운 것으로 쌍둥이 탑이 있는 성당이다. 짠치아오 근처에 있는 죵샨루(中山路) 언덕 위쪽의 져찌양루(浙江路)에 있다.

황샨(黃山, 황산)

1990년에 세계문화자연유산으로 등록된 황샨은 '오악(泰山, 华山, 衡山, 恒山, 嵩山)을 보고 나면 다른 산이 보이지 않고, 황샨을 보고 나면 오악이 보이지 않는다'는 옛말이 있을 정도로 아름다운 절경을 자랑한다. 기이한 소나무(奇松), 괴석(怪石), 운해(云海), 온천(溫泉)을 황산사절(黃山四绝)이라 부른다.

윈구쓰(云谷寺, 운곡사), 위삥로우(玉屏楼, 옥병루), 타이핑(太平, 태평)에서 케이블카(缆车)를 탈 수 있는데 일반적으로 운곡 케이블카를 타고 올라간다. 체력이 좋은 사람이라면 케이블카를 이용하지 말고 직접 등산해보자. 다만 무거운 짐은 산 아래에 맡겨두고 필요한 짐만 가지고 올라가길 바란다. 하지만 각오를 단단히 하고 올라야 한다.

황샨의 정상은 해발 1,800m 정도다. 산 정상은 기상변화가 심해 맑다가 갑자기 비가 오기도 한다. 여름에도 새벽녘에는 싸늘하니 일출이나 일몰을 보려고 올라가는 사람들은 긴 옷이나 점퍼를 준비하는 것이 좋다. 그리고 산 위에서는 물건을 터무니없이 비싸게 팔 수도 있으니 주의한다. 수분이 부족해질 수 있으니 오이 같은 수분이 많

은 채소나 과일을 가지고 올라가는 것도 등산하는 데 도움이 된다. 만약 짊어지고 가기 힘들다면 조금 비싸더라도 위에서 사먹는 것도 괜찮다.

• 입장료
성수기(3월 1일~11월 30일): 230元
비수기(12월 1일~2월): 120元
윈구란쳐(云谷缆车, 운곡 케이블카): 비수기 65元, 성수기 80元
위빙란쳐(玉屏缆车, 옥병 케이블카): 비수기 65元, 성수기 80元
타이핑란쳐(太平缆车, 태평 케이블카): 비수기 65元, 성수기 80元
뻬이추에이구(翡翠谷, 비취곡): 50元
지오우롱빠오(九龙瀑, 구룡폭포): 50元

짐꾼

영화 〈와호장룡〉에서 주윤발이 대나무 위에서 칼 휘두르는 장면을 찍은 곳

쨩찌아지에 (张家界, 장가계)

1982년에 중국 최초로 국가삼림공원으로 지정된 곳으로, 3천여 개의 기암괴석으로 이루어져 있으며 97.7%가 삼림으로 덮여 있고 157종의 수목과 수많은 희귀수목들이 자라고 있다. 쨩찌아지에에서만 유일하게 볼 수 있는 새우꽃(龙虾花), 하루에 색이 다섯 번이나 변하는 오색화(五色花) 등이 있으며, 1992년에 쨩찌아지에가 속한 우링위엔(武陵源, 무릉원)이 세계자연유산으로 등록되면서 더욱 유명해졌다. 우링위엔의 서북쪽에 위치한 티엔쯔산(天子山, 천자산)은 개발이 가장 늦게 되어 자연친화적일 뿐 아니라 자연 경관도 빼어나다.

중국에는 '사람이 태어나서 쨩찌아지에에 가보지 않았다면, 100세가 되어도 어찌 늙었다고 할 수 있겠는가?'라는 말이 있을 정도다. 한국인 관광객들이 많이 가는 곳으로 기념품 상점들에서 한국말로 천 원, 천 원을 외쳐댄다.

- 입장료
쨩찌아지에구어지아썬린꽁위엔(张家界国家森林公园, 장가계국가삼림공원) 245元(이틀 유효)
로우찌양피아오리오우(娄江漂流, 래프팅) 118元

- 교통편
유명한 관광지여서 공항, 기차역, 시내에서 출발하는 버스를 쉽게 찾을 수 있다.

꾸이린(桂林, 계림) - 양슈어(阳朔, 양삭)

꾸이린은 계수나무가 숲처럼 우거져 있다고 해서 붙여진 이름이다. 계림천하산수갑(桂林天下山水甲)이라 하여 꾸이린의 산수는 천하제일이라 일컬어진다. 10만 개 이상의 봉우리들이 있는 이곳은 어디를 둘러봐도 병풍이 둘러쳐져 있는 느낌을 받는다.

꾸이린에는 명 태조인 주원장이 지은 왕궁 터에 두씨오우펑(独秀峰, 독수봉)과 코끼리가 강물을 마시는 듯한 바위산이 있는 씨양샨꽁위엔(象山公园, 상산공원)이 있다. 가장 유명한 것이 꾸이린에서 양슈어까지 가는 이강유람(怡江游览)인데, 양슈어까지 약 8시간 걸린다. 하지만 꾸이

린에서의 이강유람보다 양슈어에서 씽핑(兴坪, 흥평)까지의 구간이 이강의 경치 중 가장 아름다운 곳으로 일컬어지며 관광객들이 가장 많이 둘러보는 코스다. 양슈어는 꾸이린에서 가장 아름답다는 곳인데, 마을에서 자전거를 빌려 자연환경을 느끼며 달려보는 것이 양슈어를 가장 잘 감상할 수 있는 방법이다. 양슈어 주변에는 봉우리 한가운데가 뚫려 있는 위에리양산(月亮山, 월량산)과 1412년 명나라 때 만들어졌다는 길이 36m, 넓이 4.2m, 높이 9m의 위롱치아오(遇龙桥, 우롱교)도 볼 수 있다.

리찌양(漓江), 이강(漓江) 유람 배표(4, 5월이 적기)

• 입장료
성수기: 210元
비수기: 190元

윈난성(云南省, 운남성)

따리(大里, 대리)

대리석이 특산물로 많이 나오는 지역으로 곳곳에 대리석 작업장이 있다. 대리석이라는 이름도 이곳의 지명에서 따온 것이다. 이곳에는 모르고 보면 바다로 착각할 수 있는 얼하이후(洱海湖, 이해호)가 있는데 1m가 넘는 장어가 잡히는 날이면 한국인이 운영하는 게스트하우스에서 장어를 구해다 요리를 해 먹기도 한다. 차분한 느낌의 따리구청(大里古城, 대리고성)이 볼만하며 창산(苍山, 창산)에 올라가서 보는 얼하이후와 따리 시가지의 풍경은 상당히 아름답다. 따리구 옆에 있는 삼탑사라 불리는 숭성사(崇圣寺)는 당나라 때 건립된 따리의 상징으로 3개의 탑이 높이 솟아올라 있다. 따리구 내에는 자전거를 빌려주는 곳이 있으니 자전거를 타고 구 부근을 돌아다녀보자.

- 교통편

쿤밍(昆明, 곤명)에서 따리로 가는 버스는 구청(古城, 고성)으로 바로 가지 않고 구청에서 약 20분 정도 떨어져 있는 씨아꾸안(下关, 하관)까지 운행한다. 씨아꾸안에서 구청까지 4路 버스를 타며, 다른 미니버스도 많이 운행된다.

리찌양(丽江, 려강)

윈난성(云南省, 운남성)을 여행할 때 빼놓지 말아야 할 지역이 바로 따리와 리찌양이다. 리찌양의 가장 큰 매력은 1997년에 세계문화유산으로 지정된 리찌양구청(丽江古城, 려강고성)이다. 옛 모습을 그대로 간직하고 있는데 지금도 사람이 살고 있는, 말 그대로 살아 있는 고성이다. 최근에는 관광객이 많아져 조금은 옛 느낌이 퇴색했지만 구석구석 구경할 곳이 많다. 숙소는 구청 안의 객잔(客栈)에서 해결하면 가격도 저렴하고 순박한 나시족(纳西族)의 정취도 느낄 수 있다. 하지만 구청 안은 미로처럼 되어 있기 때문에 객잔을 찾아갈 때 기억을 잘해야 한다. 나도 이곳에서 길을 못 찾아 헤맸던 기억이 있다. 객잔에서 지도를 주는데도 찾기가 쉽지 않다.

성내를 둘러보고 반드시 해봐야 할 것이 있다면 근처에서 자전거를 빌려 넓은 대지, 머리 위에 있는 하늘과 구름을 느끼며 달려보는 것이다. 자전거를 타고 시내에서 조금만 벗어나면 멀리 위롱쉐샨(玉龙雪山, 옥룡설산)이 보이는데 산 정상은 1년 내내 빙하로 덮여 있다.

• 교통편
大里에서 丽江까지 운행하는 버스가 수시로 있으며 약 2시간 소요된다.

후티아오씨아 (虎跳峽, 호도협)

후티아오씨아는 리찌양에서 보이는 위롱쉐샨의 반대편에 위치해 있으며, 호랑이가 뛰어서 건너갈 수 있을 정도로 협곡이 좁다는 뜻에서 이와 같은 이름이 지어졌다. 이곳은 보통 1박 2일이나 2박 3일로 트래킹을 하는 코스다. 산을 타야 하는 여정이어서 1박 2일 코스는 여성들에게 조금 무리일 수도 있으니 감안하고 일정을 잡는 것이 좋다. 여름에는 후티아오씨아 계곡의 길이 끊기는 경우가 있으니 이곳을 들르기 전에 현지 정보를 미리 알아보도록 하자.

- 입장료
50元, 학생 25元
- 교통편
리찌양에서 따쥐(大具, 대주)와 치아오토우(桥头, 교두)로 가는 버스가 매일 3~4회 운행된다.

스린(石林, 석림)

쿤밍(昆明, 곤명)에서 남쪽으로 120㎞ 떨어져 있는 스린은 2007년 세계자연유산으로 지정되었다. 3억 6, 7천만 년 전의 데본기(Devon)에 형성된 바다 밑의 일부분으로, 약 2억 7천만 년 전의 지층작용으로 융기하여 형성된 카르스트 지형이다. 자연의 경이로움이 느껴지는 곳이다. 쿤밍역이나 버스터미널 근처에 1일 관광하는 투어버스들이 많이 서 있다. 이 버스들은 스린의 입장료보다는 저렴하지만 원치 않는 기념품 매장을 많이 들러 저녁나절에나 쿤밍으로 다시 돌아온다. 개인적으로 갈 것인지 돈을 조금 아껴 이 버스를 탈 것인지 잘 선택하자.

- 입장료
140~150元, 학생 100元
- 교통편
쿤밍 동부 터미널(昆明东部客运站)이나 쿤밍 기차역 광장(昆明火车站广场)에서 스린으로 가는 버스를 탄다.(약 2시간 소요)

쓰츄안성(四川省, 사천성)

지오우쟈이고우(九寨沟, 구채구)

1992년에 세계자연유산으로 등록되었으며, 1997년에는 희귀 동식물의 존재가 인정되어 세계동물권보호구로도 지정되었다. '황산을 보고 나면 다른 산을 보지 않고 지오우쟈이고우를 보고 나면 다른 물을 보지 않는다.'라는 말이 있을 만큼 지오우쟈이고우는 그 아름다움을 자랑한다. 이곳은 2,000~3,400m에 걸쳐 100여 개 이상의 카르스트 담수 호수를 이루고 있다. 물이 투명해서 바닥까지 들여다보이며 석회질 성분 때문에 호수가 낮에는 파란색, 저녁에는 오렌지색으로 보인다. 자연보호를 위해 개발이 제한되어 있으며 일일 관광객 수도 제한을 두고 있다. 지오우쟈이고우는 워낙 넓기 때문에 하루 만에 다 돌아보기는 쉽지 않다. 그래서 보통 1박을 하는데 매표소 앞쪽으로 숙소들이 많이 있지만 가장 좋은 방법은 (불법이기는 하지만) 지오우쟈이고우 안에 살고 있는 장족(藏族)이 운영하는 숙소를 이용하는 것이다. 그렇지 않으면 낡은 시설에 비해 가격이 비싼 삔관(宾馆)을 이용해야 한다.

- 입장료
성수기(4월 1일~11월 15일): 220元(학생 할인 170元) + 차비 90元
비수기(11월 16일~3월 31일): 80元(학생 할인 70元) + 차비 80元

- 개방시간
성수기 07:00~19:00
비수기 08:00~17:30

- 교통편
대부분 지오우쟈이고우를 갈 때는 청뚜(成都, 성도)에서 출발하는데, 찌아오통 판띠엔(交通饭店) 옆의 씬난먼 터미널(新南门旅游客运站)에서 매일 아침 버스가 출발한다. (약 13시간)

황룽(黃龙, 황룡)

황룽은 1992년에 지오우쟈이고우와 함께 세계자연유산으로 등록되었다. 원난성에서 쏭판과 지오우쟈이고우가 건빵이라면 황룽은 별사탕 같은 곳으로 빼놓을 수 없는 관광지다. 독특한 형태의 석회암 지대에 층층이 투명한 에메랄드빛의 물이 고여 흐르고 있는 모습은 자연적으로 만들어졌다고 믿기 힘들 정도로 아름답다. 안에는 황룽쓰(黃龙寺, 황룡사)라는 절이 있는데 황룽쓰 옆으로는 황룽에서 가장 아름답다는 채지(彩池-비취빛 연못)가 있다.

- 입장료
  성수기(4월 1일~11월 15일): 200元, 학생 150元
  비수기(11월 16일~다음해 3월 31일): 60元, 학생 50元
  케이블카: 편도 80元

- 교통편
  지오우쟈이고우에서 매일 아침 황룽으로 출발하는 차가 있다.(약 3시간)
  쏭판(松潘, 송번)에서 황룽으로 가는 버스가 있다.(1시간 반)

쏭판(松潘, 송번)

쏭판은 여행자들에게 호스 트레킹으로 유명한 곳이다. 하늘과 경치가 너무나 아름다워 한번 가면 다시 가보고 싶어진다. 개인당 한 명씩 마부가 붙어 관리하며 야영을 한다. 마부들에게 진심을 보이면 그들도 진심으로 대해준다. 나는 쏭판에서 야영하던 중에 생일을 맞이했는데 그때 마부들이 밀가루로 생일케이크를 만들어주었다. 야영 중에는 여러 명이 돈을 조금씩 모으면 산에서 키우는 양을 잡아먹을 수 있다.

- 교통편

청뚜(成都)와 란죠우(兰州) 간 도로 중간에 위치하며 청뚜나 란죠우에서 출발한다. 청뚜의 新南门 기차역과 西南门 기차역에서 아침에 직행버스가 있다.

호스 트레킹(horse trekking)

- 쏭판 트레킹 1인당 비용

1일 160元: 반나절 코스
2일 310元: 모우니꼬우(牟尼沟)를 갈 경우 입장료 70元
3일 일정: 520元 쉐빠오딩(雪宝顶)
4일 일정: 640元 쉐빠오딩(4일인 경우 올라갈 때 야영지가 두 군데 있다.)
5일 780元: 치창고우(七藏沟, 잘 알려지지 않았지만 지오우쟈이고우와 달리 또 다른 자연의 정취를 맛볼 수 있다.)

씨안(西安, 서안)

뻥마용(兵马俑, 병마용)

우리가 많이 들어보았던 '장안'이란 도시가 바로 씨안으로, 당나라 때 인구 100만이 넘었던 정치, 경제, 문화의 중심이자 유럽과 연결된 실크로드의 시발점이었던 도시다. 오래된 역사와 문화, 고대유적을 가진 씨안은 천연역사박물관이라 불리기도 한다.

1987년에 세계문화유산으로 등록된 친스황링(秦始皇陵, 진시황릉)과 세계 8대 불가사의로 알려진 뻥마용, 성벽으로는 지금까지 가장 보존이 잘 되어 있는 씨안의 고대 청뻐(城壁, 성벽) 등이 있다.

친스황링은 동서로 486m, 남북으로 515m, 높이가 약 76m에 달하는데 우리나라 관광객들은 이곳에 가면 좀 허무함을 느낀다. 평소 우리가 생각하던 능이 없기 때문이다. 능을 찾아 올라가다보면 오르고 있는 그 산 자체가 하나의 능이다. 이 능의 지하에는 전자파 등을 이용해 탐측한 결과 높이 30m, 동서 168m, 남북 142m의 건축물이 있다고 한다.

뻥마용은 1, 2, 3호 갱으로 나뉜다. 6호 갱까지 발굴되었다고 하나 일반인에게는 3호 갱까지만 공개하고 있다. 가장 크고 넓은 곳이 6,000여 보병이 있는 1호 갱인데 막상 가보면 완리챵청과 마찬가지로 특별한 감흥이 오지는 않는다. 가까이서 보지 못하게 하는 데다가 너무 기대치가 커서 그런 것 같다. 오히려 TV에서 보는 것이 더 멋지게 느껴진다. 2, 3호 갱은 1호 갱에 비해 규모가 작지만 보병, 기병, 전차 등의 주력부대가 있다.

> 씨안은 석류로도 유명하다. 신맛을 좋아하는 사람들은 이곳에서 조금 덜 익은 석류를 맛보자. 그 신맛 때문에 씨안을 다시 찾고 싶을 정도로 맛있다.

- 입장료
  성수기(3월 1일~11월 말): 90元
  비수기(12월 1일~2월 말): 65元
- 개방시간
  08:30~17:00
- 교통편
  씨안 기차역에서 306路, 游7

Part 7. 여행하기

루어양(洛阳, 낙양)

롱먼스쿠(龙门石窟, 용문석굴)

흔히 중원(中原)이라 불리는 곳이 바로 루어양으로, 당나라 때 문화와 예술이 발달했던 곳이다. 2000년 세계문화유산에 등록된 1.5km의 암벽을 따라 각기 다른 표정을 가진 10만여 개의 불상조각들이 늘어서 있는 롱먼스쿠는 루어양의 가장 큰 볼거리다.

또 삼국지에 나오는 유명한 관우(关羽)의 무덤인 꾸아린미아오(关林庙, 관림묘)가 있는데 중국인들은 관우를 의리와 믿음의 상징으로 여기며 신성시한다. 간혹 식당 같은 곳에 가면 관우상을 모시고 향을 피우는 모습을 볼 수 있다.

후한(后汉) 때인 서기 67년에 인도의 승려가 흰말을 타고 불상과 경전을 싣고 루어양에 왔다고 해서 이름 붙여진 중국 최초의 절인 바이마쓰(白马寺, 백마사)가 있다.

- 입장료
80元(龙门石窟, 白园, 白居易墓, 香山寺 합해서)
- 개방시간
07:30~18:30(춘계/하계/추계)
07:30~17:30(동계)
- 교통편
루어양 기차역에서 81路나 일일여행 순환버스를 탄다.

하얼빈(哈尔滨, 하얼빈)

쫑양따지에(中央大街, 중앙대가)

우리나라의 명동이라 할 수 있는 쫑양따지에는 하얼빈의 최대 번화가다. 약 1,500m나 되는 보행자 도로 양 옆으로 러시아와 유럽풍의 건물들이 늘어서 있어 이국적인 느낌을 준다. 대부분 상점이나 백화점으로, 쑹화(松花) 강변 쪽의 쫑양따지에의 끝부분은 러시아 물품들을 기념품으로 팔고 있어 러시아시장이라고도 불린다. 이 길 중간쯤에는 유로프라자라는 건물이 있는데 이 건물 지하 1층에 태극기가 그려져 있는 문으로 들어가면 커튼이 있는데 그 커튼을 젖히면 윤봉길 의사의 동상이 있다. 겨울에는 거리 곳곳에 얼음조각들을 전시해놓는다.

• 교통편
1, 2, 5, 12, 13, 15, 20, 21, 65, 75, 102, 106, 112, 113, 114路

쓰따린꽁위엔 (斯大林公園, 스탈린공원)

쫑양따지에서 강변 방향에 위치해 있다.(도보로 10분 거리) 쫑양따지에 끝자락의 쏭화 강변 쪽으로 홍지니엔타(防洪紀念塔, 방홍기념탑)가 있다. 이 기념탑은 1957년에 이곳에 큰 홍수가 났을 때 막아낸 기념으로 세워진 탑이다. 기념탑 옆으로 쓰따린꽁위엔이 있는데 특별히 볼만한 것이 없는 평범한 공원이다. 여름에는 쏭화 강에서 수영을 즐기고 겨울에는 스케이트를 타거나 얼음수영을 즐긴다.

쨔오린꽁위엔 삥덩지에 (兆麟公園 冰灯节, 조린공원 빙등제)

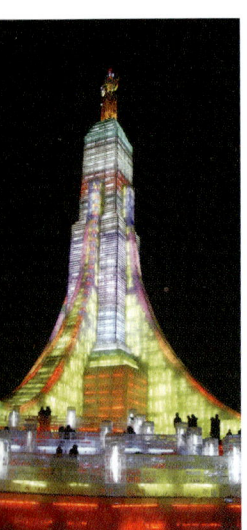

쫑양따지에 바로 옆의 동쪽에 있다.(도보 5분 거리) 안중근 의사가 사형대에 오르면서 조국이 독립되기 전까지 묻어달라고 유언을 남겼다는 하얼빈 공원의 현재 이름인 쨔오린꽁위엔은 하얼빈의 여행코스 중 가장 유명한 삥덩지에(빙등제)가 열리는 곳이다. 매년 1월 5일부터 2월 5일까지 한 달간 세계적인 예술가들이 대형 얼음조각을 전시해 수많은 관광객을 하얼빈으로 끌어들이고 있다.

- 입장료
  일반 공원 입장료는 무료
  삥덩지에 입장료
  저녁표(14:00~21:00): 100元, 학생 50元
  낮표(10:00~15:00): 50元, 학생 25元
- 개방시간
  매년 12월 22일 개장

타이양다오꽁위엔 삥쉐지에(太阳岛公园 冰雪节, 태양도공원 빙설제)

쏭화 강을 건너 섬에 가면 타이양다오꽁위엔이 있다. 섬 전체가 공원으로 조성된 이곳은 다른 계절에는 산수가 어우러진 아름다운 공원이고 겨울에는 삥쉐지에가 열리는 곳이다. 타이양다오꽁위엔의 삥쉐지에는 삥덩지에보다 규모도 크고 볼거리와 놀잇거리가 많다. 쯔진청, 완리챵청 등의 유명한 건축물과 예술작품들을 전시하고 있는데 조금 멀다고 안 가면 후회할 곳 중 하나이다. 삥쉐지에나 삥덩지에는 저녁 때 조명을 켜기 때문에 해가 저물 즈음에 가는 것이 좋다.

• 입장료
평소 30元
눈조각예술박람회(雪雕艺术博览会): 120元, 학생 60元

• 개방시간
08:00~17:00

• 교통편
101, 102, 103路 전차, 13, 79路 버스/쏭화 강변에서 유람선

성수어삐이야 찌아오탕(圣索菲亚教堂, 성소피아 성당)

쫑양따지에 옆에 위치한 그리스 정교회 성당. 53.35m 높이에 전체 면적 721㎡로 전형적인 비잔틴 건축양식으로 지어진 건물이다. 1903년에 중동 철도의 개통으로 러시아군이 하얼빈에 들어오면서 1907년에 고향을 떠나온 군인들의 안정을 위해 건축하게 되었고, 1923년에 재건축을 시작해 아름다운 건축예술품인 지금의 성수어삐이야 찌아오탕의 모습을 갖추게 되었다. 성당 옆의 광장에서는 음악에 맞춰 물이 올라오는 분수를 볼 수 있다.

- 입장료
  25元
- 교통편
  1, 2, 13, 15路

이에쓰(夜市, 야시장)

쫑양따지에 근처의 쓰따린꽁위엔 옆에는 저녁 6시부터 9시까지 야시장이 열린다. 옷이나 잡화를 팔며 그 옆의 넓은 공간에서는 먹을거리를 팔고 있으니 시간을 내서 꼭 들러보자.

띠치싼야오 부뚜에이(第七三一部队, 731부대)

생체실험으로 유명한 731부대. 2차대전 당시 세균전을 준비하던 일본군이 1936년부터 1945년까지 3,000여 명을 대상으로 세균실험이나 약물실험 등을 했던 곳이다. 희생자들은 한국인, 중국인, 러시아인, 몽골인 등이었으며, 이들은 생체실험도구로 '마루타'라 불렸다. 하얼빈 시내 남쪽으로 20km 떨어진 지역에 있으며, 버스로 약 30분이 걸린다.

- 입장료
무료(하루 1,000명으로 제한)
- 개관시간
09:00~11:30, 13:00~16:00
- 교통편
210, 338, 343, 交5(시 외곽에 위치해 있어서 택시를 타면 요금이 많이 나오니 버스를 이용하도록 하자.)

챵바이산(长白山, 장백산) – 바이토우산(白头山, 백두산)

중국에서는 백두산을 장백산이라 부른다. 백두산은 6월부터 9월까지가 관광하기 좋다. 이 시기 외에는 잦은 날씨변화와 눈, 추위 때문에 천지(天池)를 보기가 쉽지가 않다. 해발 2,750m의 백두산 천지까지 가는 길은 많은 계단으로 이루어져 있어 적지 않은 체력이 요구되니 쉽게 생각하고 올라가지 않도록 한다. 장백폭포로 올라가는 길에 온천물에 찐 계란(温泉鸡蛋)을 비싸지 않은 가격에 팔고 있으니 기념 삼아 한번 먹어보자. 하지만 산 위에서 조선족이 그럴싸하게 꾸며서 팔고 있는 장뇌삼은 절대 사지 말 것. 몇백 元을 부르며 팔고 있는데 산 아래로 내려오면 단돈 10元 정도에 아무 상점에서나 판다.

• 입장료
성인 100元, 학생 50元
순환버스 68元
보험 5元
폭포 입장료 15元
온천욕 80元
하계 지프 이용료 80元(왕복)
동계 지프 이용료 200元(왕복)

• 교통편
백두산을 가려면 바이허(白河, 백하)나 얼따오바이허(二道白河, 이도백하)로 가야 한다. 대부분 좀 더 큰 바이허로 가서 하루 지내고 다음날 얼따오바이허에서 백두산으로 출발한다. 이곳에는 백두산으로 가는 차가 아주 많다.

딴똥(丹东, 단동)

중국과 북한을 잇는 철교가 있으며 바로 옆에는 한국전쟁 때 끊어진 신의주(압록강) 다리가 을씨년스럽게 남아 있다. 다리 건너편에는 북한의 놀이공원이 있는데 대외적으로 보여주기 위함이라는 느낌을 지울 수 없다. 북한 쪽으로 약 10m 앞까지 유람하고 오는 보트도 있으니 겁먹지 말고 이용해보자. 북한이 가까워지면 두려움과 함께 묘한 기분이 든다. 유람선이나 보트 요금은 10~30元 정도.

중국 기차 시간표
http://chinatrain.co.kr/(한글 서비스)
www.gaocan.com/train(중문 서비스)

중국 호텔 예약 정보
www.gaocan.com/(중문 서비스)

여행 관련 정보 검색
www.fokok.com(중문 서비스)
www.tourlib.cn/China/v/2224/6(중문 서비스)

Part. 8

문제 해결하기

주요 연락처

재중(在中) 주요 기관 연락처

- 주중(駐中) 한국대사관
  주소: 中国北京市朝阳区东方东路20号
  　　　No.3, 4th Avenue East San Li Tun, Chaoyang District,
  　　　Beijing 100600, China
  전화: (86-10) 6532-0290
  팩스: (86-10) 6532-0141
  이메일: webmaster@koreanembassy.cn
  홈페이지: www.koreanembassy.cn

- 주베이찡 총영사관: (86-10) 6532-6774, 6775
- 주상하이 총영사관: (86-021) 6295-5000, 6295-2639
- 재중국 한인회: (86-10) 8454-5770

중국 내 주요 전화번호

- 범죄자신고 110
- 전화번호 안내 114
- 화재신고 119
- 긴급구조신고 120
- 날씨예보 121/12121
- 교통사고신고 122
- 우편번호 안내 185

주중 한국대사관

01 여권 분실

여권은 분실하지 않는 것이 최선이다. 중국에서 여권을 분실하면 한국 사람은 정말 많은 고충을 겪게 된다. 특히 중국은 행정적으로 한국 사람의 여권 분실을 민감하게 처리한다.

현재 중국에서 한 해 동안 분실되는 여권은 6만 건이다. 그중 한국 여권이 70%에 이른다. 여권을 불법적으로 판매하거나 그 여권을 가지고 한국으로 들어오는 중국인과 조선족 때문이다. 중국유학 시절, 한국 여권이 고액에 판매된다고 어느 중국인이 귀띔해준 적이 있었다.

주중 한국대사관에서는 여권 분실을 아래와 같이 정의하고 있다.

'우리 국민이 중국 체류 중 여권을 분실한 경우, 즉시 분실지역 관할 총영사관과 중국 공안당국에 신고하기 바람. 분실 여권은 위/변조되어 범죄, 불법행위 등에 이용될 수 있으며 이로 인해 본인도 시간, 경제상 손실과 불이익을 받을 수 있음.'

자, 그럼 중국에서 여권을 분실했을 때 어떻게 대처해야 하는지 알아보자. 중국에서 여권을 분실하면 두 가지 형태로 분실신고를 해야 한다.

첫 번째는 단기로 중국에 입국해서 한국으로 돌아가야 할 경우(여행자증명서로 한국으로 출국할 경우)

두 번째는 장기로 중국에 입국해서 시간이 흐른 후 한국으로 돌아가야 할 경우(여권과 비자를 재발행할 경우)

여행자증명서를 발급받는 경우

1. 가까이에 있는 주중 한국영사관에 전화해서 도움을 요청한다.

2. 주숙증명(住宿证明)을 받는다.
묵고 있던 곳이 호텔이나 외국인 숙박 가능 지역이면 주숙증명(住宿畵明)을 바로 받을 수 있다. 만약 묵고 있던 곳이 민박이나 친구 집인 경우 주숙등기(住宿登记)를 하지 않았다면 슬슬 곤란해진다. 이때에는 벌금을 내더라도 주숙등기를 해야 한다. 그리고 방문 목적이었던 친척, 친구, 가족, 거래처 등의 확인서, 일종의 보증서와 같은 서류를 첨부한다. 또한 회사를 방문 중이라면 보통 회사 이름이나 회사 책임자의 도장/서명 등을 기입한다. 그리고 성명, 여권번호, 비자번호, 현 중국 내 주소, 거주 이유, 여행기간, 연락처 등을 모두 중문으로 적어서 가까운 해당 파출소로 간다.
파출소의 주숙증명은 따로 정해진 양식이 없다. 본인이 직접 중문으로 한 통의 편지를 써야 한다. 내용은 대충 '내가 여기(주소)서 체류하다가 여권을 분실했다'라는 것을 육하원칙에 따라 기술하면 된다. 그래서 '주숙증명이 필요하다'라는 글을 쓰면 된다.

3. 주숙증명을 받았으면 소재지 파출소의 분실신고서를 받는다.
항공권 복사본, 여권 복사본, 비자 복사본이 있으면 주숙증명과 함께 첨부한다. 그런 다음 해당 파출소의 분실증명신고 부서로 간다. 그곳에서 잃어버린 경위와 기타 본인의 인적사항을 기재한 후 분실신고서를 가지고 출입국관리소로 향한다. 각 도시별로 출입국관리소가 다르기 때문에 해당 파출소에 가서 위치를 물어봐야 한다.

파출소에서는 분실신고서를 잘 접수해주지 않는다. 너를 어떻게 믿고 분실신고서를 발급해주냐고 반문하며 2~3일 후에 다시 오라고 할 수도 있다. 분명히 파출소에서는 분실신고서를 당일 발급해주어야 한다. 그러나 돈을 원하는 경우가 많다. 내 친구의 경우, 300元 정도 줬던 것으로 기억한다. 돈으로 해결되지 않으면 어떻게든 사정해야 한다. 절대 신경을 거스르는 언동은 삼가고 사정을 하는 것이 가장 좋다. 만약 화가 나더라도 아쉬운 사람은 분실한 본인이니 참고 인내하기 바란다.

파출소

4. 모든 서류를 들고 공안국 출입국관리소로 간다.
공안국에 가면 직원이 무슨 일을 처리하러 왔는지 물어본다. 여권을 분실해서 방문했다고 하면 해당부서를 알려준다. 이때 직원이 엉뚱한 이야기를 할 때가 있다. 신고접수하는 데 한 달 정도 걸리니 자기가 아는 사람에게 맡기면 금방 해결할 수 있다고 말한다. 하지만 절대 그런 말에 속지 말고 해당부서를 찾아 서류를 접수시키고 언제 다시 와야 하는지 직원에게 물어본다. 대충 4~5일 안에 접수가 완료되며 분실증명서가 나온다. 이것을 가지고 대한민국 영사관을 찾아가면 한 시간 안에 여행자증명서를 발급해준다.

5. 여행자증명서를 들고 다시 출입국사무소로 간다.
여행자증명서가 나왔으면 그것을 가지고 다시 출입국관리소로 간다. 얼마 전에 봤던 그 직원에게서 서류를 받고 설명에 따라 출국비자를 준비하면 1~2주가 걸린다. 여행자증명서로 머물 수 있는 기간이 대략 한 달이므로 빨리 준비해서 출국하는 것이 좋다.

여권과 비자를 재발급하는 경우

과정은 여행자증명서를 발급받는 것과 같다. 다른 점은 대한민국 영사관에서 여행자증명서가 아닌 여권재발행신청을 해야 하며, 출입국관리소에서 비자를 다시 받아야 한다는 것. 이 경우 최소 한 달의 시간이 필요한데, 길면 두세 달 걸리기도 한다.

간단히 요약하자면 다음과 같다.
1. 먼저 숙박한 호텔에 투숙했다는 증명서를 발급받는다.
2. 투숙 증명서를 갖고 관할 파출소에 가서 여권분실신고를 한다.
3. 파출소에서는 본인의 인적사항을 요구한다. 이때 각종 신분을 보장할만한 서류를 모두 제출한다.
4. 파출소에서 증명을 해준다.
5. 공안국 출입국관리소로 가서 신고한다. 이때 1개월 유효 분실증명서를 발급해준다.

6. 분실증명서를 가지고 한국영사관에 가서 여권분실신고를 한다.(사진 2매와 경비를 가지고 가야 함)
7. 한국영사관에서 여권이나 여행자증명서를 발급해준다.
8. 발급받은 여권/여행자증명서와 출입국관리소에서 받은 임시증명을 가지고 출입국관리처에서 비자를 받는다.(30일짜리 비자)

东煜		我丢了护照, 该怎么办好呢?
dōng yù		wǒ diū le hù zhào, gāi zěn me bàn hǎo ne?
동욱		여권을 잃어버렸는데 어떻게 하면 좋을까요?

公务员　　　在哪儿丢失的?
gōng wù yuán　zài nǎr diū shī de?
공무원　　　어디서 잃어버리셨나요?

东煜　　　不知道在哪儿丢的. 护照怎样重新办理?
dōng yù　　bù zhī dao zài nǎr diū de. hù zhào zěn yàng chóng xīn bàn lǐ.
동욱　　　어디서 잃어버렸는지 모르겠어요. 여권은 어떻게 다시 발급받나요?

公务员　　　请先把遗失证明书填一下, 然后拿这张遗失证明书到韩国领事馆就行了.
gōng wù yuán　qǐng xiān bǎ yí shī zhèng míng shū tián yí xià, rán hòu ná zhè zhāng yí shī zhèng míng shū dào hán guó lǐng shì guǎn jiù xíng le.
공무원　　　우선 분실증명서를 작성해주신 후에 이 분실증명서를 들고 한국영사관으로 가셔서 처리하시면 됩니다.

东煜　　　谢谢.
dōng yù　　xiè xie.
동욱　　　고맙습니다.

公务员　　　不用谢.
gōng wù yuán　bú yòng xiè.
공무원　　　천만에요.

02 은행카드 분실

중국 은행에서 발급받은 현금카드를 분실했을 때는 분실신고 7일 후에 본인이 직접 신분증을 지참하고 카드 개설 은행에 가면 재발급을 받을 수 있다. 만약 VIP카드라면 당일 신고 및 재발급이 가능하다. VIP 고객은 은행에서 얼굴을 다 알고 있기 때문이다.

중국에서 사업을 하고 있는 형이 상당한 액수의 현금을 송금해야 하는데 통장을 잃어버렸던 적이 있었다고 한다. 그 당시 무척 황당한 일을 겪어서 지금은 통장을 여러 개 만들어 분산 관리하고 있다고 한다. 형은 통장을 잃어버린 후에 전화로 분실신고를 했는데 전화로 통장정지신청을 하면 24시간 동안 임시로 정지된다. 그리고 신분증을 가지고 은행에 가서 정식으로 분실신고 후 재발급을 받아야 하는데 여기서 문제가 발생했다. 사업을 하는 사람이라 몇만 위안을 당장 인출해야 했는데 통장을 재발급 받기까지 약 일주일이나 걸려 그동안 돈을 돌리지 못해 애를 먹었다고 한다. 중국의 은행 업무는 지역과 은행마다 다소 차이가 있으니 일단은 문의해보는 것이 좋다. 중국에서는 많은 부분이 우리의 상식으로 통하는 나라가 아니라는 걸 늘 인지해야 한다.

东煜 dōng yù	我丢了钱包. 钱包里面有信用(现金)卡. 怎么办? wǒ diū le qián bāo. qián bāo lǐ miàn yǒu xìn yòng(xiàn jīn) kǎ, zěn me bàn?
동욱	지갑을 잃어버렸는데요. 지갑 안에 신용(현금)카드가 있어서요. 어떻게 하죠?

营业员	什么时候丢的?
yíng yè yuán	shén me shí hòu diū de?
직원	언제 잃어버리셨어요?

东煜	一个小时前丢的. 我想挂失信用卡. 信用卡的号码是 000-00000-000.
dōng yù	yí ge xiǎo shí qián diū de. wǒ xiǎng guà shī xìn yòng kǎ. xìn yòng kǎ de hào mǎ shì 000-00000-000.
동욱	한 시간 전에 잃어버렸어요. 신용카드 분실신고를 하려고요. 신용카드번호는 000-00000-000입니다.

营业员	信用卡重新申办吗?
yíng yè yuán	xìn yòng kǎ chóng xīn shēn bàn ma?
직원	신용카드는 다시 신청하실 건가요?

东煜	我要重新申办信用卡.
dōng yù	wǒ yào chóng xīn shēn bàn xìn yòng kǎ.
동욱	다시 신청하려고 합니다.

营业员	好. 你先把遗失证明书填一下, 再把信用卡重新申请表填一下就行.
yíng yè yuán	hǎo. nǐ xiān bǎ yí shī zhèng míng shū tián yí xià, zài bǎ xìn yòng kǎ chóng xīn shēn qǐng biǎo tián yí xià jiù xíng.
직원	네. 먼저 분실증명서를 작성해주시고 다시 신용카드 재발급신청서를 작성해주세요.

东煜	给你这两张.
dōng yù	gěi nǐ zhè liǎng zhāng.
동욱	여기 두 장 있습니다.

03 교통사고

중국에서의 교통사고는 우리나라와는 판이하게 다르다. 예전에 우리는 사고가 나면 일단 목소리가 큰 사람이 이기곤 했지만 지금은 많이 달라졌다. 사고가 나면 보험회사에서 바로 출동하고 사고에 대한 잘잘못을 정확하게 판단한다.

중국은 우리와 어떻게 다를까? 중국 사람들은 절대 큰소리치지 않는다. 서로 이야기도 하지 않는다. 그리고 사고현장 주변으로 바로 사람들이 우르르 모여든다. 잘잘못은 모여든 사람들끼리 이야기하는데 주변 사람은 중요하지 않다. 목격자도 중요하지 않다. 만약 사람이 죽었어도 절대 건드리지 않는다. 경찰이 오더라도 대수롭게 생각하지 않는다. 그럼 교통사고 당사자들은 그 사이에 도대체 무엇을 할까?
바로 인맥! 교통사고가 일어난 후 바로 휴대전화로 인맥에게 전화를 걸어 어떻게든 도움을 청한다. 그 인맥이 정계에 있거나 군장성이거나 올라가면 올라갈수록 큰 도움을 받을 수 있다.

하지만 위의 사항은 중국인일 경우다. 한국인이 교통사고를 당하거나 피해를 주었을 때의 대처방법은 완전히 다르다.

교통사고가 났을 때

현장보호를 잘해야 한다. 차량을 사고지점에서 움직이지 않도록 한다. 만약 길가로 주차하거나 차가 밀려서 다른 장소로 이동하면 증거인멸이 될 수 있다. 따라서 다른 차들이나 사람들은 개의치 말고 그 자리에서 비상등을 켜고 기다린다.

그리고 상대방이 잘못을 시인하거나 명백하게 상대방 잘못이라면 상관이 없지만 그렇지 않으면 일단 상대방과 논쟁을 피해야 한다. 중국어를 잘한다고 상대방과 논쟁을 벌이면 불리해질 수 있다. 또한 사진기가 있으면 사고현장을 꼭 촬영해놓아야 하며 만약 인명사고라면 해당 지역 한국영사관에 전화를 걸어 도움을 요청하는 것이 바람직하다.

1. 접촉사고

    가벼운 접촉사고라면 서로 협의해서 처리하는 것이 좋다. 만약 협의가 되지 않는다면 일단 보험회사에 연락해서 처리하는 것이 좋다.

2. 대인사고

    현장보호도 중요하지만 일단 구급차를 불러 환자를 보호해야 한다. 상태가 심각하다고 임의로 환자를 이송했다가는 불리한 일이 생길지 모른다. 또한 환자가 가벼운 부상이라며 그냥 가겠다고 하면 반드시 각서를 받아놓는 것이 좋다. 나중에 터무니없는 요구를 할지 모르기 때문이다. 만약 자신이 피해자라면 가벼운 상처라도 꼭 병원에서 진단서를 받아놓도록 한다. 나중에 후유증이 생길지도 모르기 때문이다.

중국의 교통상황은 상당히 낙후되어 있다. 교통시설은 보행자 기준이 아닌 자동차 기준으로 만들어져 있으며 자동차보험도 지나치게 저렴해 사고를 당해도 크게 보상받기 힘들다. 외국인이 중국에서 살아남으려면 항상 주변을 살피면서 보행하고, 횡단보도에 파란불이 켜져 있어도 그냥 건너지 말고 일단 중국인이 먼저 건너는 것을 보고 건너야 한다. 나는 중국에서 너무 많은 교통사고를 보았으며 웬만한 교통사고는 거의 사고현장을 차마 보기도 힘든 인사사고였다. 중국의 운전자들은 신호를 무시하기 일쑤고 횡단보도에서도 속도를 줄이지 않는다는 사실을 꼭 명심하자.

| 东煜
dōng yù
동욱 | 喂！喂！那里是公安局吗？
wèi! wèi! nà lǐ shì gōng ān jú ma?
여보세요! 여보세요! 거기 공안국이죠? |

| 警察
jǐng chá
경찰 | 对．您需要什么帮助？
duì. nín xū yào shén me bāng zhù?
맞습니다. 무슨 도움이 필요하신가요? |

| 东煜
dōng yù
동욱 | 刚才发生了交通事故．
gāng cái fā shēng le jiāo tōng shì gù?
방금 교통사고가 났습니다. |

| 警察
jǐng chá
경찰 | 有没有受伤的人？
yǒu méi yǒu shòu shāng de rén?
다친 사람이 있나요? |

| 东煜
dōng yù
동욱 | 幸好没有．但是我的车完全不能用了．
xìng hǎo méi yǒu. dàn shì wǒ de chē wán quán bù néng yòng le.
다행히도 없습니다. 그런데 제 차가 완전히 망가졌네요. |

| 警察
jǐng chá
경찰 | 是吗？您现在在哪儿了？
shì ma? nín xiàn zài zài nǎr le?
그래요? 지금 어디에 계세요? |

| 东煜
dōng yù
동욱 | 我在海军总医院的门口．
wǒ zài hǎi jūn zǒng yī yuàn de mén kǒu.
해군종합병원 입구에 있습니다. |

| 警察
jǐng chá
경찰 | 好．10分钟就到．
hǎo. shí fēn zhōng jiù dào.
네. 10분이면 도착합니다. |

Part. 9

귀국하기

01 짐 정리

중국에서 연수를 했거나 장기간 생활했던 사람은 귀국하려면 살면서 마련한 짐을 정리하기가 만만치 않을 것이다. 생활용품과 짐들을 어떻게 처리할 것인가?

주변 친구들에게 주거나 팔고 온다

현지에서 생활하다 보면 한국에 가져올 수 없는 생활용품들이 생길 수밖에 없다. 그런 짐들은 귀국하기 전에 남아 있는 친구들에게 주거나 파는 것이 좋다. 친구들에게 팔기 어려우면 살고 있던 집에 새로 들어오는 유학생에게 팔아도 되고, 한국인들이 자주 가는 근처의 유명한 식당에 물건을 판다고 메모를 남겨놓아도 어렵지 않게 처분할 수 있다. 최근에는 지역별 인터넷 카페도 잘 운영되고 있기 때문에 그 지역 인터넷 카페를 이용하는 것도 좋은 방법이다.

중국에서 이용 가능한 택배 회사
우체국 EMS
FEDEX
DHL
UPS
KGB 택배
로젠 택배

택배 회사 찾기
http://cafe.daum.net/studentinbejing
다음 카페 북경 유학생의 모임

택배로 보낸다

생활용품을 정리하고 나면 한국으로 가져올 짐이 남는다. 남학생들이라면 최대한 짐을 직접 들고 귀국할 것이다. 하지만 여학생들은 남학생들보다 짐이 더 많고 힘도 약하기 때문에 한국으로 짐을 보내는 경우가 많다. 최근 택배 회사들이 많이 생겨 인터넷이나 현지에서 택배 회사를 찾기가 쉬워졌다. 하지만 작은 택배 회사 중에는 종종 배송에 문제가 있는 곳들도 있으니 잘 알아보고 선택하자. 택배를 보낼 때 가격은 일반적으로 10kg당 5만 원 정도이며 내륙 지역은 조금 더 비싸다.

02 항공권 예약

연수를 마치고 귀국할 날짜를 정했으면 항공권을 예약하도록 한다. 많은 학생들이 중국에서 항공권 예약하기를 두려워하는데 절대 그럴 필요 없다. 한국 국적기의 경우 한국어로 예약이 가능하며 중국 국적기도 오픈항공권이라면 한국에 있는 해당 중국 항공사에 전화해서 예약할 수 있다. 예약할 때는 여권상의 영문성명과 항공권 번호를 알려주면 된다.

편도로 간 사람들은 항공권을 구매해야 한다. 중국도 요즘은 E-TICKET을 사용하기 때문에 인터넷으로 구입할 수 있다. 직접 항공권을 구하기가 어려우면 여행사를 통해서 하도록 하자.

항공권 컨펌 및 리컨펌

어학연수를 갈 경우 왕복항공권은 한 달 이내 또는 1년 이내에 오픈항공권을 선택할 수 있다. 최근에는 3개월, 6개월, 1년 기간의 왕복 오픈항공권이 있기 때문에 본인의 연수 기한에 맞는 항공권을 구입하면 된다. 1년 오픈항공권은 귀국 날짜를 정하지 않고 출국한 뒤 필요할 때 귀국 날짜를 정해 사용할 수 있는 가장 편리한 항공권이다. 즉, 출국 후 1년 이내라면 아무 때나 귀국 날짜를 항공사에 통보해 일정을 정한 후 돌아올 수 있다.

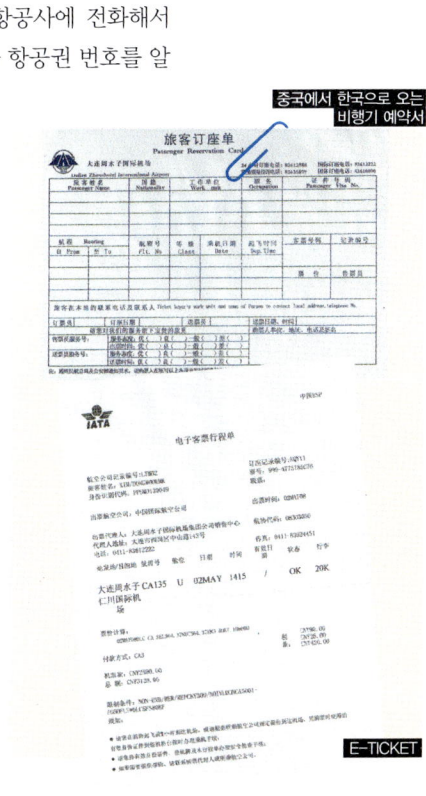

중국에서 한국으로 오는 비행기 예약서

E-TICKET

하지만 돌아오는 날짜를 항공사와 사전 협의 없이 마음대로 정할 수 있는 것은 아니므로 오픈항공권을 사용하려면 현지에서 항공권 컨펌(confirm) 및 리컨펌(reconfirm)을 해야 한다.

성수기에는 항공권 예약에 차질이 있을 수 있으니 성수기에 돌아올 예정이라면 미리 예약하는 것이 좋다.

대한항공 중국 지점
베이찡(北京) (86-10) 6505-0089
티엔진(天津) (86-22) 2319-0088
하얼빈(哈尔滨) (86-451) 230-9025
샹하이(上海) (86-21) 6275-6000
칭다오(青岛) (86-532) 387-0088
션양(沈阳) (86-24) 2287-0088
싼야(三亚) (86-899) 828-9184/5

아시아나항공 중국 지점
베이찡(北京) (86-10) 6468-4000
샹하이(上海) (86-21) 6219-4000
창춘(长春) (86-431) 894-8948
꽝죠우(广州) (86-20) 8760-9037
하얼빈(哈尔滨) (86-451) 234-4000
옌타이(烟台) (86-535)662-8000
꾸이린(桂林) (86-773) 285-8985
씨안(西安) (86-29) 870-3405
총칭(重庆) (86-23) 6383-3908

컨펌

해당 항공사에 전화 혹은 방문해서 귀국하고 싶은 날짜를 지정하고 예약한다. 보통 한 달 전에 미리 원하는 날짜를 정해 예약해야 나중에 좌석이 없어 귀국이 늦추어지는 사태를 막을 수 있다.

컨펌은 전화로 하는 방법과 직접 해당 항공사에 방문해서 하는 방법이 있다. 전화로 할 경우는 항공용어와 PNR(예약번호) 읽는 법을 알아야 하므로 중국어 실력이 어느 정도 돼야 한다. 하지만 한국 항공사의 경우에는 한국어로 예약할 수 있으며 일부 중국 항공사에서도 한국어를 하는 직원들이 있으니 큰 문제는 없을 것이다. 전화 컨펌 후에도 잊지 말고 만일을 위해 탑승 3~4일 이전에 리컨펌을 하도록 한다. 항공사 사무실에 직접 갈 경우에는 먼저 번호표를 뽑고 차례를 기다렸다가 항공권을 제시하면서 원하는 날짜를 요청한다. 귀국 날짜가 정해지면 항공사 직원이 항공권에 스티커 처리를 해주거나 E-TICKET을 출력해서 귀국 날짜를 다시 확인시켜준다.

리컨펌

리컨펌은 컨펌된 날짜에 비행기에 탑승하겠다는 예약상황을 재확인하는 것이다. 보통 출국일을 앞두고 3, 4일 전에 하거나 컨펌을 하면서 바로 하기도 한다. 전화로 컨펌했을 경우에는 필히 리컨펌을 해야 한다. 항공사 규정에도 72시간 이전에 리컨펌을 하도록 되어 있다. 간혹 항공사 측에서 오버부킹(150석인데 160명 예약을 받아두는 경우)을 해서 리컨펌을 하지 않으면 본인의 좌석을 할당받을 수 없는 황당한 경우가 생길 수 있기 때문이다.(성수기 때는 빈번히 발생) 리컨펌은 국내/해외 항공 일정이 있는 사람은 누구나, 어느 나라에서건 반드시 거쳐야 하는 절차다.

服务员 fú wù yuán	您好! 这里是中国民航航空公司. nín hǎo! zhè lǐ shì zhōng guó mín háng háng kōng gōng sī.
직원	안녕하세요! 중국민항항공입니다.
东煜 dōng yù	你好! 我要预定飞机票. nǐ hǎo! wǒ yào yù dìng fēi jī piào.
동욱	안녕하세요! 항공권을 예약하려고 하는데요.
服务员 fú wù yuán	你要往哪儿去的飞机票? nǐ yào wǎng nǎr qù de fēi jī piào?
직원	어디로 가는 항공권을 원하시나요?
东煜 dōng yù	到仁川的. dào rén chuān de.
동욱	인천 가는 거요.
服务员 fú wù yuán	要什么时候出发的? yào shén me shí hou chū fā de?
직원	언제 출발하는 걸 원하시나요?
东煜 dōng yù	下个星期四的. xià ge xīng qī sì de.
동욱	다음주 목요일요.
服务员 fú wù yuán	请您告诉我你的英文名字. qǐng nín gào sù wǒ nǐ de yīng wén míng zi.
직원	영문 성명을 알려주세요.

东煜 dōng yù 동욱	我姓 KIM, 名字是 DONG WOOK. wǒ xìng KIM, míng zi shì DONG WOOK. 성은 KIM, 이름은 DONG WOOK입니다.	
服务员 fú wù yuán 직원	好的. 定好了. hǎo de. dìng hǎo le. 알겠습니다. 예약되었습니다.	
东煜 dōng yù 동욱	谢谢! 再见! xiè xie! zài jiàn! 고맙습니다. 안녕히 계세요.	

항공권을 예약할 때는 먼저 일기예보를 확인하도록 하자. 일기예보를 확인하지 않으면 난감한 상황을 겪을 수도 있다. 2007년 설 연휴, 부모님과 함께 베이찡 관광을 마치고 귀국하는 날이었다. 베이찡쇼우뚜찌창과 인천국제공항에 짙은 안개가 끼면서 중국에서 인천공항으로 오는 모든 항공 일정이 취소되었다. 자연적인 일이었기 때문에 누구에게 책임지라고 할 수도 없어 어쩔 수 없이 베이찡에서 하루를 더 머물렀다.

혹여 이런 상황에 처한다면 당황하지 말고 항공권을 가지고 해당 항공사 창구에 가서 한국에 가장 빨리 돌아갈 수 있는 시간으로 비행시간을 연기해달라고 요청하자. 각 항공사마다 공항에서 근무하는 항공사 창구가 있다. 종종 이런 일이 있기 때문에 연수가 끝났다고 런민삐를 모두 사용하지 말고 하루 정도 지낼 수 있는 비상금은 항상 가지고 있기 바란다. 이럴 때 가진 돈이 없으면 정말 난감하다.

东煜 dōng yù 동욱	你好! 今天的飞机都取消了. 我要改期. nín hǎo! jīn tiān de fēi jī dōu qǔ xiāo le. wǒ yào gǎi qī. 안녕하세요! 오늘 비행기를 취소하고 날짜를 바꾸려고 합니다.	
服务员 fú wù yuán 직원	要什么时候? yào shén me shí hou? 언제로 바꾸시려고요?	

东煜 dōng yù 동욱	有没有明天上午的? yǒu méi yǒu míng tiān shàng wǔ de? 내일 오전에 있나요?
服务员 fú wù yuán 직원	明天上午没有了. 但是有下午3:00的. 怎么样? míng tiān shàng wǔ méi yǒu le. dàn shì yǒu xià wǔ sān diǎn de. zěn me yàng? 내일 오전에는 없습니다. 그러나 오후 3시 것은 있네요. 어떠세요?
东煜 dōng yù 동욱	丸法. 那好吧. 定那个. bànfǎ. nà hǎo ba. dìng nà ge. 어쩔 수 없지요. 그럼 좋습니다. 그걸로 예약해주세요.

03 공항

한국에서 중국으로 출국할 때와 마찬가지로 공항에는 출국 2시간 전에 도착해서 수화물을 보내고 예약 항공권을 탑승권으로 교환해야 한다. 여기서 한 가지 주의해야 할 것은 수화물의 무게다. 한국에서와 마찬가지로 무게 제한이 있다. 무게가 초과되면 당연히 그만큼의 비용을 지불해야 한다. 짐이 많으면 여행자나 출장을 갔다가 귀국하는 사람들에게 자신의 짐을 같이 붙이자고 해보자. 나도 중국으로 출장을 갔다가 귀국할 때 학생들의 짐을 내 짐으로 해서 붙여준 적이 몇 번 있었다. 학생이기에 가능한 일이었다. 본인 재량껏 시도하는 것이 오버차지를 내는 것보다 좋을 것이다.

이제 여권과 탑승권을 보고 출국카드를 작성한 후 출국심사를 받자. 출국심사대를 통과할 때 여권과 항공권, 출국카드를 제시하면 된다. 심사대를 지나 보안검색대를 통과하면 출국 수속은 다 마친 것! 탑승권에 기재된 시간에 맞춰 기다리다가 탑승한다.
나는 유학을 마치고 한국으로 돌아오기 전날, 술을 많이 마시고 늦잠을 자는 바람에 비행기를 놓쳤었다. 다행히 해당 항공사데스크에 가서 비행기를 놓쳤다고 말하고 다음 비행기를 탈 수 있었지만 다음 비행기에 자리가 남았을 경우에만 이 방법이 가능하니 늦지 않게 준비하도록 하자.

东煜 dōng yù 동욱	到首尔的中国民航, 在哪儿办手续? dào Shǒu ěr de zhōng guó mín háng, zài nǎr bàn shǒu xù? 서울로 가는 중국민항은 어디서 수속해야 하나요?
机场职员·A jī chǎng zhí yuán A 공항직원 A	在D号台办手续. zài D hào tái bàn shǒu xù. D 카운터에서 수속하시면 됩니다.
东煜 dōng yù 동욱	谢谢. xiè xie. 고맙습니다.
机场职员·A jī chǎng zhí yuán A 공항직원 A	不客气. bú kè qi. 천만에요.

机场职员·B jī chǎng zhí yuán B 공항직원 B	您好. 请给我您的飞机票和护照. 您要坐在哪儿? nín hǎo. qǐng gěi wǒ nín de fēi jī piào hé hù zhào. nín yào zuò zài nǎr? 안녕하세요. 탑승권과 여권을 보여주세요. 어느 쪽에 앉고 싶으세요?
东煜 dōng yù 동욱	靠窗的位子就行. kào chuāng de wèi zi jiù xíng. 창가면 좋겠습니다.
机场职员·B jī chǎng zhí yuán B 공항직원 B	这是您的登机卡. 登机口是32号, 3点35分开始. zhè shì nín de dēng jī kǎ. dēng jī kǒu shì sān shí èr hào, sān diǎn sān shí wǔ fēn kāi shǐ.
공항직원 B	탑승권 여기 있습니다. 탑승구는 32번입니다. 3시 35분에 탑승 시작입니다.
东煜 dōng yù 동욱	谢谢. xiè xie. 감사합니다.

북경 공항

탑승을 하면 한국으로 날아오는 동안 검역신고서, 여행자 휴대품 신고서를 작성한다. 2006년 8월 1일부터는 내국인과 90일 이상 장기체류할 목적으로 출입국사무소에 외국인 등록을 마친 외국인들은 입국신고서를 작성하지 않아도 된다.

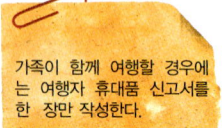
가족이 함께 여행할 경우에는 여행자 휴대품 신고서를 한 장만 작성한다.

비행기에서 내리면 검역대를 통과하게 된다. 검역대를 통과하는 동안 검역관이 열감지 카메라로 전염병에 걸리지 않았는지 살펴본다. 입국심사 때는 내국인이라고 표시된 곳으로 가서 여권만 제출하면 된다. 입국심사를 마치고 나오면 수화물 도착 안내 모니터에서 자신이 타고 온 비행기가 몇 번 수취대에서 내리는지 확인하고 1층으로 내려가서 짐을 찾도록 한다.

세관심사는 자진 신고제이며 여권과 기내에서 작성한 휴대품 신고서만 있으면 된다. 보통 주류는 개인당 400㎖ 이하 1병, 담배는 200개비(한 보루), 향수 2온스(약 50㎖)까지는 면세이지만 만 19세 미만의 미성년자는 반입 금지다. 담배의 경우 일반적으로 가방에 나눠 가지고 오면 2~3보루까지는 가능하지만 때에 따라 걸려서 빼앗기는 경우도 있다.

중국 공항 내부 모습

중국 항공권

부록

어학연수

중국 어학연수 어디로 갈까?

중국으로 어학연수를 가려고 마음먹었다면 가장 먼저 지역과 학교를 선택해야 한다. 가장 중요한 것은 어학연수 성공의 열쇠는 '외국에 나가 어학능력을 향상시키겠다'라는 변함없는 초심에 달려 있다는 것이다.

지역을 선택할 때 많은 사람들이 발음에 신경을 쓴다. 중국에는 한족뿐 아니라 수많은 소수민족들이 살고 있기 때문이다. 중국인들조차 타 지역 사람들을 만나서 대화할 때 서로 어려움을 겪는 것을 본 적이 있다. 중국의 동북(东北) 지역이 표준말을 가장 정확하게 사용하는 곳이다. 발음에 대해 신경을 많이 쓰는 유학생들은 이런 이유로 동북 지역을 찾기도 한다. 그러나 요즘은 중국의 모든 지역학교에서 어릴 때부터 중국 학생들에게 표준말(푸통화: 普通话)을 가르치기 때문에 어느 곳을 가더라도 표준말을 사용하는 데 큰 문제가 없다. 또한 각 대학에서 어학연수 교사들을 채용할 때 표준말 실력을 기준으로 하기 때문에 중소도시로 가더라도 괜찮다.

그 다음으로는 지역의 물가에 따른 학비를 생각해야 한다. 이것은 현실적인 문제이기 때문에 꼼꼼하게 따져보아야 할 사항이다. 6개월 기준으로 대도시인 베이찡이나 샹하이는 다른 지역에 비해 많게는 200만 원가량 차이가 나기도 한다.

돈에 여유가 없거나 절약하면서 유학생활을 하고 싶은 사람들은 돈이 많이 드는 대도시보다 지방의 저렴하면서도 커리큘럼이 떨어지지 않는 학교를 찾아 가야 한다. 가격이 비싸다고 무조건 좋은 곳도 아니고 가격이 싸다고 무조건 나쁜 곳도 아니니 지역과 학교를 잘 선택해 본인에게 가장 맞는 효과적인 곳으로 갈 수 있도록 하자.

마지막으로 커리큘럼과 한국인 유학생 수 비율이다. 커리큘럼과 한국인 유학생 수 비율은 불가분의 관계에 있다. 많은 사람들이 커리큘럼은 좋고 한국인 유학생 수가 적은 곳으로 가고 싶다는 꿈을 꾸며 준비한다. 하지만 이것은 요즘과 같이 인터넷이 발달된 정보의 바다 속에서는 현실적으로 불가능하다. 내가 아는 정보는 인터넷 상으로 다른 이들도 이미 알고 있기 때문이다.

한국 학생이 없는 학교가 좋은 학교?

커리큘럼, 즉 학교에서 수업을 가르치는 방법도 중요하지만 그것 못지않게 자신의 수준에 맞게 분반되어 있느냐도 상당히 중요하다. 유학생 수가 적은 학교들은 재정 문제와 교원 확충 문제 때문에 학생들의 수준에 맞는 분반을 할 수가 없다. 맛있는 음식점에 손님이 몰리듯이 어학연수 학교도 마찬가지다. 커리큘럼이 좋고 유명한 학교에 학생들이 몰리는 것은 당연하다. 한국 학생이 많아지면 주변에 편의시설들과 수준 높은 사설학원들이 생겨나서 방과 후 공부를 보충하거나 HSK를 준비하는 데 도움이 된다. 따라서 한국 유학생들이 많다는 것은 그만큼 커리큘럼이 좋고 주변 부대시설이 잘 갖추어져 있으며 치안이 잘되어 있다는 것을 반증한다고 보면 된다.

한 가지 단점은 한국 학생들에게 맞는 놀이 문화가 잘 만들어져 있어 자칫하면 공부보다 유흥에 빠져 유학생활을 망칠 수 있다는 점이다. 가기 전이나 가서도 목표의식을 잃지 않도록 부단히 노력해야 한다.

'커리큘럼이고 뭐고 한국인이 없는 곳을 가야겠다'고 생각하는 학생들은 검증이 확실히 되지 않은 학교로 갈 수 있기 때문에 공부에 별 도움이 안 될 수도 있다. 또한 대부분 알려지지 않은 지방 학교라 주변 환경의 발음이 사투리일 수 있다. 또한 적은 수라도 분명 한국 학생들이 있을 텐데 그렇게 되면 한국 사람들이 별로 없다 보니 오히려 더 친밀한 사이가 된다. 한국인을 피해 간 곳에서 한국인과 더욱 오랜 시간을 함께 보내는 상황이 벌어질 수 있는 것이다.

공부하려는 의지만 있다면 한국인이 많은 곳에서도 충분히 중국인과 사귀면서 생활할 수 있다. 한국 학생의 비율이 많다 뿐이지 그곳은 한국이 아닌 분명히 중국어를 사용하는, 중국인이 사는 땅덩이가 넓은 중국이다.

결론을 말하자면 어느 곳을 가든지 장단점이 있다. 요즘과 같은 시대에 한국인이 없는 대학은 찾아보기가 힘들다. 다만 한국인의 비율이 많고 적음으로 이야기하는 것이 적절할 것이다. 한국인의 비율이 높은 지역은 사설학원이 있어서 자신의 부족한 부분을 보충할 수 있지

중국의 대학들은 개강하기 두 달 전쯤 등록을 마감한다. 하지만 많은 학생들이 이런 점을 모르고 방학이 시작된 뒤 뒤늦게 준비를 하다가 연수를 가지 못한다. 어학연수를 준비하는 사람들은 꼭 방학 전에 준비하기 바란다(학교마다 다소 차이가 있음).

만 비율이 낮은 지역은 그렇지 못한 반면 유흥의 유혹은 덜 받을 것이다. 따라서 어느 지역을 선택하든지 처음 어학연수를 준비할 때의 초심을 잃지 말고 꾸준히 공부하도록 하자.

> **어학연수, 유학 등록기간**
> • 9월 학기 등록기간
> 3월~6월 15일까지
> • 3월 학기 등록기간
> 9월~12월 15일까지
> • 대학원 등록기간
> 3월경

사설학원
중국에는 학교뿐 아니라 사설학원들도 적지 않다. 대부분 한국 사람이 운영하고 있는 학원인데, 사설학원은 학교 수업을 마치고 보충하기 위해 다니는 것이 좋다. 단계적으로 반이 개설되어 있지 않기 때문에 만약 초/중급 학생이 처음부터 학교를 다니지 않고 학원을 다니면 효과적으로 공부하기가 쉽지 않다. 어느 정도 수준을 갖춘 후 부족한 부분을 채우기 위해 학원만 다니는 것은 괜찮다. 하지만 학원만 다닐 경우 수업에 빠지고 나태해지기 쉬우니 이 점은 꼭 염두에 두길 바란다.
학원비는 주 5일, 하루 1시간 반 수업에 600元가량(지역과 학원마다 약간의 차이는 있다.)

중국의 학제
중국은 우리나라와 학제가 비슷하다.

1. 소학교(초등학교) 6년
초등학교는 보통 지방정부에서 설립운영하며, 기업이나 개인이 운영하기도 한다.

2. 초중(중학교) 3년

3. 고중(고등학교) 3년

4. 중등직업기술교육(상업계나 공업계 고등학교) 2년, 3년, 4년
중학교 졸업 후 시험을 쳐서 일부는 고중으로, 일부는 직업고등학교로 입학한다. 중등전문학교(2년), 기술학교(3년), 직업학교(4년)는 중급 정도의 기술노동자 양성이 목적이다. 중등전문학교와 기술학교의 전공과목은 공과, 농과, 임과, 의약, 사범, 경제, 재정, 정치, 예술, 법률, 문화교육, 관광, 요리, 공예미술 등이 있다.

5. 대학도 4년제와 전문대격인 2~3년제가 있다.
중국 학생의 대학 진학률은 전체의 3%도 되지 않는다.
북경대나 청화대 같은 경우에는 거의 수재들만 들어간다고 해도 과언이 아니다. 그만큼 대학생들의 위상도 높다. 종합대학의 경우에는 중국 교육위원회가 관리하고, 학원이라 불리는 대학들은 성(省)이나 시(市)에서 관리한다.
요즘에는 학원들도 마음대로 대학이라는 이름을 사용할 수 있어서 예전에는 학원이었지만 현재는 대학으로 불리는 곳이 많다. 또 작은 학원들이 합쳐져 하나의 큰 종합대학으로도 부상하고 있다. 한 예로 중국 베이찡의 연합대학교를 연상하면 쉽게 이해가 될 것이다.
6. 대학원 3년
7. 박사과정 3년

중국은 매년 9월에 한 학년의 학기가 시작된다. 월반이 가능하기 때문에 나이와 학년에 크게 구애받지 않는다. 또한 중학교와 고등학교를 진학할 때 시험을 보기 때문에 경쟁은 우리나라보다 더 치열하다고 할 수 있다. 우리나라의 사교육보다는 활성도가 떨어지지만 개인교사를 둘 정도로 교육열이 높다. 최근 우리나라 유학생들이 많은 관심을 보이는 것은 대학원과 박사과정이다. 대학원 과정은 우리나라보다 1년이 길지만 박사과정은 우리나라보다 짧기 때문이다. 우리나라에서 석사를 졸업하고 중국에서 박사과정을 밟는 것이 시간을 줄이는 길이라고 말하는 이들도 있다.

대외한어과를 나오면 취직이 잘 될까?

흔히 대외한어과를 진학하면 졸업 후 취직하는 데 불이익이 없냐는 질문을 많이 한다. 대외한어과에 대해 말하자면 외국인만 입학 가능한 외국인 전용학과로 4년제다. 그래서 일반 본과보다 입학이 쉬우며 외국인끼리 수업을 듣기 때문에 수업 난이도 또한 쉬운 편이다. 뿐만 아니라 대부분의 유학생들이 한국 학생들이어서 본과와는 확실히 차이가 있기 때문에 대외적인 인지도도 좋은 편은 아니다.
하지만 중국의 어느 대학 어느 학과를 나왔느냐보다 실력을 어느 정도 갖추고 있느냐가 가장 중요하다. 표면상으로는 본과를 나온 것이 유리하겠지만 실력을 갖추고 있지 않다면 아무 소용이 없다. 취업시장에서는 중국어 실력과 중국어 외에 다른 능력들이 더 큰 힘을 발휘할 것이다.
아주 간단히 본인에게 질문해보자. 내가 직원을 구하는 사장이라면 어떤 사람을 뽑을 것인지 말이다. 요즘에는 외국어 하나만으로는 취업시장에서 살아남기 힘든 상황이다. 따라서 중국어만이 아닌 자기만의 전문성을 키워나가기 바란다.

학교소개(어학연수 기준)

베이찡 지역

청화대학교(清华大学)
홈페이지 www.tsinghua.edu.cn　　주소 北京市海淀区清华大学
우편번호 100084　　유학생사무실 (86-10) 6278-4857

등록비	600元
학비	10,500元/학기
기숙사비	*20호동, 21호동 2인 2실, 한 학기(150일 기준) 11,250元 (1~60일) 80元, (61~179일) 75元, (180일 이상) 70元 *22호동 1인 1실, 한 학기(150일 기준) 11,700元 (1~60일) 80元, (61~179일) 78元, (180일 이상) 75元
기타 비용	교재비 250元, 기숙사보증금 500元

흔히 북경대를 중국의 최고 대학으로 알고 있지만 사실 청화대가 중국 내 최고 대학으로 꼽힌다. 본과 입학은 경쟁이 상당히 치열하다. 어학연수는 초·중급 과정이 비교적 좋은 편이다. 신기숙사 증설로 시설은 좋으나 학교가 워낙 넓어 학교 밖으로 나가려면 택시를 타는 편이 좋다.

북경사범대학교(北京师范大学)

홈페이지 www.tsinghua.edu.cn 주소 北京市新街口外大街9号
우편번호 100875 유학생사무실 (86-10) 5880-8364

등록비	450元
학비	11,600元/학기
기숙사비	*新松公寓(신송기숙사) 2인 1실/65元/일, 한 학기(150일 기준) 9,750元 2인 1실/70元/일, 한 학기(150일 기준) 1,0500元 2인 1실/75元/일, 한 학기(150일 기준) 11,250元 여러 종류의 기숙사동이 있음.
기타 비용	교재비 250元, 기숙사보증금 200元

어언대와 함께 중국 내에서 커리큘럼이 최고라고 평가받는 학교다. 초·중·고급 과정이 모두 잘되어 있고 수업 중 테스트를 자주 보는 편으로 면학 분위기가 좋다. 신청하는 학생들이 많아 기숙사가 조기 마감되는 경우가 있다.

북경어언문화대학교(北京语言文化大学)

홈페이지 www.blcu.edu.cn 주소 北京市海淀区学院路15号
우편번호 100083 유학생사무실 (86-10) 8230-3168

등록비	450元
학비	11,600元/학기
기숙사비	*17호동(신기숙사라 인기가 많아 조기 마감된다.) 2인실/60元/일, 한 학기(150일 기준) 9,000元 1인실/115元/일, 한 학기(150일 기준) 17,250元 *구기숙사(4호동, 10호동, 11호동, 12호동) 2인실/60~65元/일, 한 학기(150일 기준) 9,000~9,750元
기타 비용	교재비(학비에 포함), 기숙사보증금 약 600元

어학연수로는 북경사범대학과 함께 중국 내 최고로 평가받고 있으며 수준별 등급이 세분되어 있어 수준에 맞는 분반이 이루어진다. 유학생이 많아 근처에 편의시설과 사설학원들이 있어 이용하기 편리하다. 하지만 편리한 만큼 중국인보다 한국인과 부딪힐 일이 많다는 단점이 있다.

수도사범대학교(首都师范大学)

홈페이지 www.cnu.edu.cn
우편번호 100048
주소 北京市西三环北路105号
유학생사무실 (86-10) 6890-2656

등록비	450元
학비	9,200元/학기
기숙사비	2인실/60元/일, 한 학기(150일 기준) 9,000元 1인실/100元/일, 한 학기(150일 기준) 15,000元
기타 비용	교재비 200元, 기숙사보증금 300元

기숙사를 새로 지어 깨끗한 시설과 각종 편의시설을 이용할 수 있다. 수업도 같은 건물에서 이루어져 동선을 최소화했다. 한국인이 많은 우다오코우와는 조금 떨어져 있어 우다오코우 쪽을 피하려는 학생들이 많이 간다.

북경항공항천대학교(北京航空航天大学)

홈페이지 www.buaa.edu.cn
우편번호 100083
주소 北京市海淀区学院路37号
유학생사무실 (86-10) 8231-6488

등록비	400元
학비	8,200元/학기
기숙사비	2인 2실/1,300元/月, 한 학기(150일 기준) 6,500元 4인 2실/550元/月, 한 학기(150일 기준) 2,750元 기숙사비를 월 단위로 지불 가능
기타 비용	교재비 200元, 기숙사보증금 300元

우다오코우와 도보로 20분 정도 떨어져 있으나 한국인을 찾아보기 힘들 정도로 우다오코우와는 분위기가 많이 다르다. 유흥의 유혹에 빠지지 않으면서도 수업 후 우다오코우에 있는 사설학원을 이용하기가 좋다. 베이찡에 있는 학교답지 않게 학비나 기숙사비가 저렴하며 기숙사에 주방도 갖춰져 있다.

샹하이 지역

상해외국어대학교(上海外国语大学)

홈페이지 www.shisu.edu.cn
주소 上海市虹口区大连西路550号 2号楼202室 外国留学生部
우편번호 200083　　　　　　　　　유학생사무실 (86-21) 6536-0599

등록비	450元
학비	8,400元/학기
기숙사비	*上外迎宾馆(상외영빈관 기숙사-18층) 2인 1실/65元/일, 한 학기(150일 기준) 9,750元 1인 1실/110元/일, 한 학기(150일 기준) 16,500元 *上外宾馆(상외빈관 기숙사-18층) 2인 1실/75元/일, 한 학기(150일 기준) 11,250元 1인 1실/150元/일, 한 학기(150일 기준) 22,500元 *专家楼(전가루 기숙사-4층) 2인 1실/50元/일, 한 학기(150일 기준) 7,500元 1인 1실/85元/일, 한 학기(150일 기준) 12,750元
기타 비용	교재비 250元, 기숙사보증금 400元

다른 학교에 비해 외국인 비율이 높은 편이나 일본인이 대부분이다. 전철역과 가깝고 근처에 이마트나 까르푸가 있어 생활하기가 편리하다. 한국어학과 학생들이 있어 서로 도와가며 언어를 배울 수도 있다.

상해재경대학교(上海财经大学)

홈페이지 www.shufe.edu.cn
주소 上海市中山北一路369号 上海财经大学 国际文化交流学院
우편번호 200083　　　　　　　　　유학생사무실 (86-21) 6536-1944

등록비	415元
학비	9,000元/학기
기숙사비	2인 1실/40元/일, 한 학기(150일 기준) 6,000元
기타 비용	교재비 250元, 기숙사보증금 800元

상해외국어대 맞은편에 있는 재경대 어학연수 캠퍼스는 상해재경대 MBA 과정 캠퍼스 안에 있다. 교통 이용이 편리하고 편의시설이 가까이 있어 이용하기 수월하다.

상해교통대학교(上海交通大学)

홈페이지 www.sie.sjtu.edu.cn
주소 上海市华山路1954号 国际教育学院招生办公室
우편번호 200030　　　　　　　　　유학생사무실 (86-21) 6293-2277

등록비	450元
학비	9,100元/학기
기숙사비	*桃李苑(도리원 기숙사) 2인 1실/45元/일, 한 학기(150일 기준) 6,750元 2인 1실/35元/일, 한 학기(150일 기준) 5,250元 *联兴楼(연흥루 기숙사) 1인 1실/70元/일, 한 학기(150일 기준) 10,500元 *9호동 기숙사(공용 화장실) 1인 1실/75元/일, 한 학기(150일 기준) 11,250元
기타 비용	교재비 250元, 기숙사보증금 400元, 관리비 340元

초·중급 과정에 비해 고급 과정이 약하다는 얘기도 있으나 최근 안정되면서 많은 유학생들이 찾고 있다. 타 학교보다 1인실을 많이 보유하고 있어 1인실에 들어가기가 수월하다. 한국인 유학생 비율이 높은 편이지만 외국인 유학생도 많은 편이다.

복단대학교(复旦大学)

홈페이지 www.fudan.edu.cn
주소 上海市邯郸路220号 复旦大学留学生办公室招生部
우편번호 200433   유학생사무실 (86-21) 6564-2258

등록비	400元
학비	10,500元/학기
기숙사비	2인 1실/60元/일, 한 학기(150일 기준) 9,000元 1인 1실/90元/일, 한 학기(150일 기준) 13,500元
기타 비용	교재비 300元, 기숙사보증금 200元

복단대학은 세계적으로 유명한 학교라 한국 학생들이 선호하는 학교 중 하나여서 근처에 한국인 편의시설이 잘 갖춰져 있다. 하지만 인지해야 할 것은 본과가 유명하지 어학연수 코스가 유명한 것은 아니라는 것이다. 단지 학교 이름 때문에 이곳을 선택하지 않기를 바란다. 유학생 기숙사와 교실이 조금 멀리 떨어져 있다.

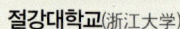

항죠우 지역

절강대학교(浙江大学)

홈페이지 www.zju.edu.cn
주소 杭州浙江大学玉泉校区W-99信箱国际教育学院
우편번호 310027   유학생사무실 (86-571) 8795-1717

등록비	400元
학비	9,000元/학기
기숙사비	2인 1실/60元/일, 한 학기(150일 기준) 9,000元 1인 1실/50元/일, 한 학기(150일 기준) 7,500元
기타 비용	교재비 200元, 기숙사보증금 800元

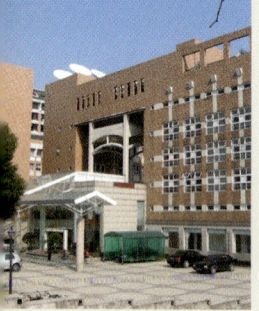

항죠우 내 5개 지역에 캠퍼스를 두고 있으며 근처에 큰 마트가 있다. 어학연수로 가는 학생들은 옥천(玉泉) 캠퍼스로 간다. 조용하고 아름다운 도시인 항죠우에 있어 공부에 전념할 수 있는 분위기다. 기숙사 1인실과 2인실 가격이 같아 1인실은 조기 마감된다.

티엔진 지역

천진대학교(天津大学)
홈페이지 www.tju.edu.cn
우편번호 300072
주소 天津市南开区卫津路924号
유학생사무실 (86-22) 2740-6147

등록비	420元
학비	6,000元/학기
기숙사비	*友园(전기세 별도) 1인실/50元/1일, 한 학기(150일 기준) 7,500元 *留园A区(전기세 별도) 2인실/42元/1일, 한 학기(150일 기준) 6,300元 *留园B区(전기세 별도) 2인실/46元/1일, 한 학기(150일 기준) 6,900元
기타 비용	교재비 250元, 기숙사보증금 30元

고급과정이 조금 약하다는 평이 있으나 유학생 규모가 커지면서 예전에 비해 커리큘럼이 다양해지고 예전보다 수업 내용이 좋아져 학생들의 만족도가 높아지고 있다. 기숙사에 들어가면 2개월은 의무적으로 살아야 하니 외주를 원하는 사람은 미리 준비하는 것이 좋다.

남개대학교(南开大学)

홈페이지 www.nankai.edu.cn
우편번호 300071
주소 天津市南区卫津路94号
유학생사무실 (86-22) 2350-8686

등록비	400元	
학비	입문·초급 5,000元/학기, 중급 6,000元/학기, 고급 7,000元/학기	
기숙사비	*2호동 2인 1실/50元/일, 한 학기(150일 기준) 7,500元(한 달씩 지불 가능)	
	*4호동 2인 1실/60元/일, 한 학기(150일 기준) 9,000元(한 달씩 지불 가능)	
	*爱大会馆(애다회관 기숙사) 2인 1실/60元/일, 한 학기(150일 기준) 9,000元(한 학기 지불)	
기타 비용	교재비 250元, 기숙사보증금 300元	

수업시간에 수시로 테스트를 보며 숙제가 많아 열심히 공부하게 된다. 티엔진의 다른 학교들보다 학비와 기숙사비가 비싼 편이라 많은 학생들이 외주를 한다. 본과로 편입하고 졸업한 경우 정식 4년제 졸업장이 나오지 않으니 편입을 준비하는 학생들은 미리 알아보고 준비하자.

칭다오 지역

청도대학교(青岛大学)

홈페이지 www.qdu.edu.cn
우편번호 266071
주소 青岛市宁夏路308号
유학생사무실 (86-532) 8595-4708

등록비	400元
학비	7,000元/학기
기숙사비	*敏行楼(민행루 기숙사) 남향 - 1인실, 55元(1,600元/월) 2인실, 30元(900元/월) 북향 - 1인실, 50元(1,500元/월) 2인실, 27元(800元/월) *浩园(호원 기숙사) 남향 - 1인실, 55元(1,600元/월) 2인실, 30元(900元/월) 북향 - 1인실, 45元(1,350元/월) 2인실, 27元(800元/월) *浩园(신루 기숙사) 남향 - 1인실, 60元(1,800元/월) 2인실, 30元(900元/월) 북향 - 1인실, 55元(1,600元/월) 2인실, 27元(800元/월)
기타 비용	교재비 200元, 기숙사보증금 400元

칭다오에는 한국인 주재원들과 공장이 많이 들어가 있어 한국식 시설들이 많이 있다. 학교 정문 근처에도 한국식 편의시설과 사설학원이 있어 생활이 편리하다. 사설학원에서 영어, 일본어도 배울 수 있어 영어와 일어 공부를 병행하고 싶은 사람에게 좋다.

헤이룽찌양 지역

흑룡강대학교(黑龙江大学)
홈페이지 www.hlju.edu.cn
우편번호 150080

주소 哈尔滨市南岗区南通大街145号
유학생사무실 (86-451) 8660-8417

등록비	260元
학비	6,500元/학기
기숙사비	*C구 1동, 2동(욕조 有) 2인 1실/29元, 33元/일(욕조 有), 　한 학기(150일 기준) 4,350元, 4,950元 1인 1실/58元, 66元/일(욕조 有), 　한 학기(150일 기준) 8,700元, 9,900元
기타 비용	교재비 200元, 기숙사보증금 500元

발음이 좋다는 하얼빈 지역의 학교 중 가장 인기가 많다. 유학생사무실에 한국어를 할 줄 아는 중국인 선생님이 있어 문의하기가 편하다. 선택식 수업이 있어 본인이 원하는 수업을 선택해 들을 수 있다. 하지만 인기가 있는 만큼 한국인이 많으며 신 기숙사는 강의실과 많이 떨어져 있다. 학교 앞에는 복장시장(腹装市场, 의류·잡화 소매시장)이 있어 중국인과 접할 기회가 상당히 많다.

하얼빈공업대학교 (哈尔滨工业大学)

홈페이지 www.zju.edu.cn
우편번호 150001
주소 哈尔滨市南岗区司令街92号
유학생사무실 (86-451) 8641-8461

등록비	260元
학비	6,500元/학기
기숙사비	4인 2실 600元/월, 한 학기(150일 기준) 1,800元 2인 2실 1,200元/월, 한 학기(150일 기준) 6,000元
기타 비용	교재비 200元, 기숙사보증금 300元

공대 계열로 중국 내에서 상위 대학으로 손꼽히며, 어학연수 커리큘럼도 상당히 좋고 외국인 유학생의 비율도 높은 편이다. 하얼빈 시내에 있어 교통이 편리하고, 학교 내에 대형마트, 병원, 중국은행, 서점 등 편의시설이 모두 갖추어져 있다.

따리엔 지역

요녕사범대학교 (辽宁师范大学)

홈페이지 www.lnnu.edu.cn
우편번호 116029
주소 大连市黄河路850号
유학생사무실 (86-411) 8280-4986

등록비	400元
학비	8,900元/학기
기숙사비	2인 1실/50元/일, 한 학기(150일 기준) 7,500元 1인 1실/80元/일, 한 학기(150일 기준) 12,000元
기타 비용	교재비·활동비 750元, 기숙사보증금 300元

초·중급 과정을 배우기에 적당한 학교다. 교사를 길러내는 사범대인 만큼 중국 본과 학생들의 수준이 상당히 높으며 그 학생들에게 저렴한 비용으로 푸다오를 할 수 있다. 학교 내 편의시설이 잘 갖춰져 있다.

대련외국어대학교(大连外国语大学)

홈페이지 www.dlufl.edu.cn
우편번호 116002
주소 大连市中山区延安路94号
유학생사무실 (86-411) 8280-1297

등록비	400元
학비	8,900元/학기
기숙사비	*유학생 기숙사 2인 1실/32元/일(화장실 공용), 한 학기(150일 기준) 4,800元 1인 1실/50元/일(화장실 공용), 한 학기(150일 기준) 7,500元 2인 1실/56元/일, 한 학기(150일 기준) 8,400元 1인 1실/100元/일, 한 학기(150일 기준) 15,000元 1인 1실/80元/일, 한 학기(150일 기준) 12,000元
기타 비용	교재비·활동비 850元, 기숙사보증금 50元

따리엔 시내에 위치해 교통편과 근접 편의시설 이용이 용이하다. 그러나 중국 본과 캠퍼스가 다른 지역으로 이전해서 어학연수 학생들은 중국 학생을 만나기가 쉽지 않다. 현재는 학교라기보다 학원에 가까운 형태이며 기숙사 시설도 상당히 열악해 외주하는 학생들이 많다.

대련이공대학(大连理工大学)

홈페이지 www.dlut.edu.cn
우편번호 116024
주소 大连市甘井子区凌工路2号
유학생사무실 (86-411) 8470-8702

등록비	500元
학비	8,500元/학기, 16,000元/년
기숙사비	*留学生公寓(유학생 기숙사) 2인 1실/22.5元/일, 한 학기(150일 기준) 3,375元 1인 1실/45元/일, 한 학기(150일 기준) 6,750元 *专家招待所(전가초대소) 2인 1실/30元/일, 한 학기(150일 기준) 4,500元 1인 1실/60元/일, 한 학기(150일 기준) 9,000元
기타 비용	교재비 200元, 기숙사보증금 800元

따리엔 지역에서 저렴한 비용으로 중국 유학을 할 수 있는 학교로, 최근 유학생 수가 급증해 다양한 커리큘럼으로 체계를 잡아가고 있다. 신기숙사를 건설해 기숙사 시설이 상당히 깨끗하며 초급 수준의 학생이 가서 적응하기에 괜찮은 학교이다.

베이찡 지하철 노선도

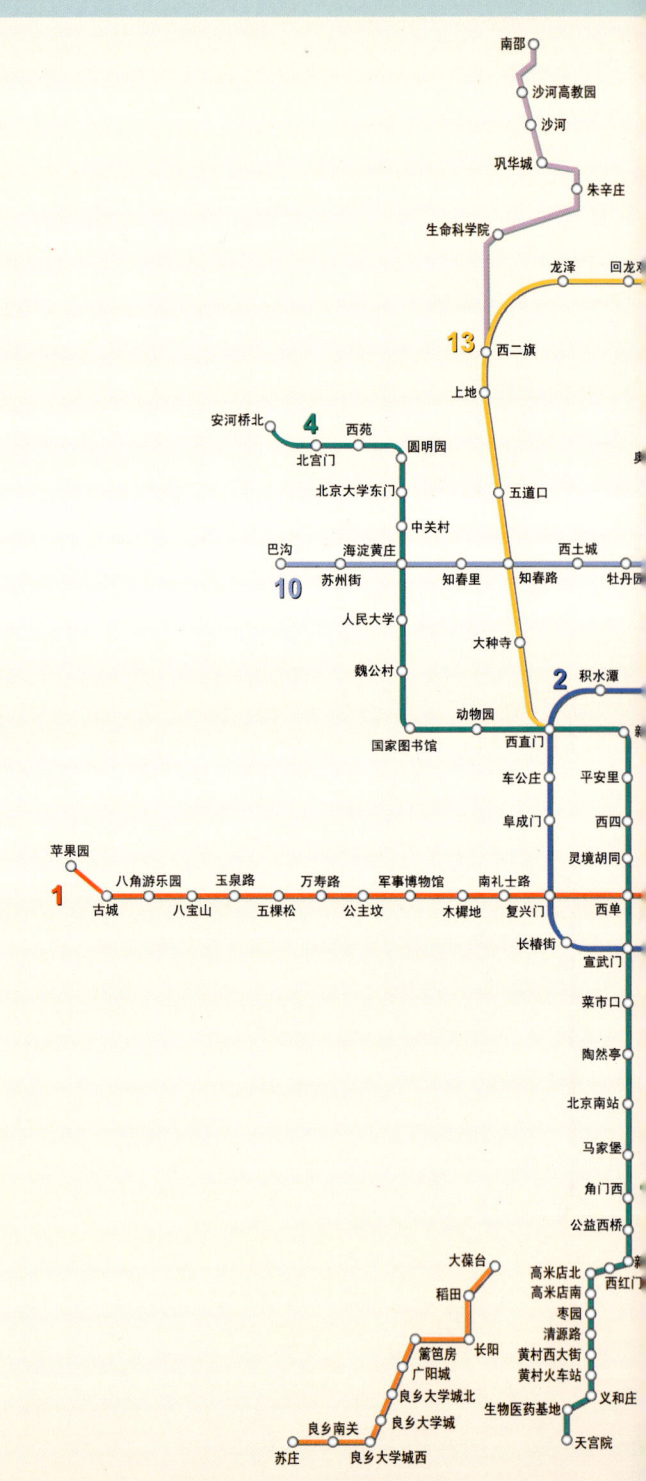

샹하이 지하철 노선도

狀·況·別·中·國·語

내 인생을 바꾸는
중국에서 홀로서기

2009년 11월 25일 초판 1쇄 발행
2012년 1월 11일 초판 2쇄 발행

지은이 | 김명순 · 이성연 · 김동욱
감수 | 곽효린(郭曉麟)

펴낸이 | 김영철
펴낸곳 | 국민출판사
등록 | 제6-0515호
주소 | 서울특별시 마포구 서교동 382-14
전화 | (02)322-2434 (대표) 팩스 | (02)322-2083
홈페이지 | www.kukminpub.com

편집 | 최용환 · 양승순 · 김옥남   교정 | 정난진
디자인 | 서정희   표지디자인 | 송은정   본문디자인 | 김성엽
영업 | 김종허 · 이민우   관리 | 한정숙

ⓒ 김명순 · 이성연 · 김동욱, 2009
ISBN 978-89-8165-208-1 13980

＊잘못된 책은 구입한 서점에서 교환하여 드립니다.